中国服务经济理论前沿（2）

Frontiers of the Theoretical Development of China: Service Economy

夏杰长　刘奕/主编

社会科学文献出版社
SOCIAL SCIENCES ACADEMIC PRESS (CHINA)

总　序

中国社科院财贸所自组建以来，一直重视学术前沿和基础理论研究。2011 年 12 月，按照社科院党组的统筹安排，在原"财贸所"基础上组建了"财经战略研究院"。这不是一个简单的更名，而是被赋予了更多的内涵和更高的要求。自此，财经战略研究院便担负起坚强的马克思主义财经科学阵地、财经理论研究重镇和高端财经智库等多重功能。这些年，在一般人看来，财经战略研究院在智库建设方面用的力气较多。财经战略研究院的战略定位，是学术型财经智库。更准确地讲，是以马克思主义理论和方法为指导、根植于中国国情、立足于全球视野、拥有坚实学术基础的财经智库。换句话说，在我们的工作思路中，学术研究和智库建设是同等重要的。夯实学术研究、把握理论前沿，是搞好财经智库建设的重要基础，是智库是否有学术积淀和思想深度的"压舱石"。为此，我们即便用相当一部分精力从事财经智库建设，也从未放松过学术研究和理论探讨，我们始终鼓励财经院的学者，特别是青年学者致力于财经理论前沿问题研究。

从 1999 年我们推出第一辑"中国经济科学前沿丛书"至今，已经跨越了 18 个年度。按照当时每隔 2～3 年编撰一辑丛书并形成一个连续性系列的计划，2016 年春天开始，我们就启动了"中国经济科学前沿丛书"。2017 年该是推出第八辑前沿丛书的时候了。

第八辑前沿丛书的编撰正值中国站在新的历史起点、全面深化供给侧结构性改革和推动新一轮对外开放的关键时期。改革开放是实践层面的制度变迁，是经济社会发展的重要动力。改革开放也是一个复杂的系统工程，迫切需要科学的理论指导。作为理论工作者，特别是作为国家级学术型智库机构的理论工作者，理所当然要以天下为己任，始终奋进在时代前列，应不辱使命，在中国经济社会发展进程的每一个环节，竭力留下深深的理论和实践印记。经过近40年的发展，今天的财经院，已经成为拥有财政经济、贸易经济和服务经济等主干学科板块、覆盖多个经济学科领域的中国财经科学的学术重镇。在全面深化改革开放的大潮中，对近些年财经理论前沿进行梳理、总结和进一步研究，既挖掘学术研究前沿的重大理论问题，又以财经学术前沿知识支撑我们伟大改革事业的理论基础，既是一件极为重要的学科建设工作，也是智库建设的基础支撑。我们以此为当仁不让的责任和使命，做出一个理论工作者应有的贡献。

我们这次编撰出版的"中国经济科学前沿丛书"由四本理论文集构成。这就是《中国流通理论前沿》、《中国国际经济理论前沿》、《中国服务经济理论前沿》和《中国金融服务理论前沿》。

做一件事情也许不难，但近二十年都坚持下来做好做精一件事，着实不易。近二十年，前沿丛书能连续出版，这其中的艰辛和付出实在难以言语表达。在这里，我要特别感谢作者把最优秀的理论研究成果贡献出来。同时，这部丛书能够连续出版，与广大读者的关注、鼓励和支持是分不开的。我也表达对他们的感谢之意。随着时代的发展和研究的深化，我们这套经济科学前沿丛书的某些内容也许会逐渐变得不再"前沿"。这种动态的变化，只会激励我们攀登新的理论高峰。我们期待广大读者能够继续关注前沿丛书的发展与进步，对我们可能存在的不足和缺憾提出宝贵的意见。让我们共同努力，把"中国经济科学前沿丛书"持续地做下去，做得更加完美、更具影响！

中国社会科学院财经战略研究院

何德旭

2017 年 12 月 10 日

目 录
CONTENTS

1

休闲旅游篇

CONTENTS

Development and Reform

Open-up and Innovation

Leisure and Travel

发展改革篇

从制造到服务：经验理论与中国实践

张 斌[*]

摘 要 经济结构转型是指经济活动依次在农业、工业和服务业之间的转移。通过观察国际经验和理论梳理，并结合中国经济结构变化多个维度的事实，可以看到中国经济已经度过了工业化的高峰期，正在经历高收入国家都曾经历过的、从制造到服务的经济结构转型期。未来更具发展潜力的部门是制造业产业升级和人力资本密集型服务业。从工业化主导的经济发展模式向从制造到服务的经济结构转型将带来一系列新挑战，释放人力资本密集型服务业的发展潜力是应对这些挑战的关键举措。

关键词 中国经济 结构转型 经济增长 人力资本密集型服务业

一 引言

经济增长过程中会出现一些普遍的、规律性的事实。除了著名的卡尔多事实（Kaldor，1957）外，经济学家们还观察到经济增长过程中普遍出现的结构转型（Structural Transformation）现象。经济结构转型是指经济活动依次在农业、工业和服务业之间的转移。不同的收入水平与经济结构特征呈现高度一致的对应关系，低收入国家的经济活动集中在农业部门，中等

---

[*] 张斌，中国社会科学院世界经济与政治研究所全球宏观经济研究室主任、研究员，主要研究方向为国际经济学、宏观经济学。

收入国家的经济活动开始从农业转向工业部门，高收入国家的经济活动集中在服务业。一个人均低收入的国家向富裕国家发展的进程，也是经济结构从农业主导到工业部门崛起，再到服务业主导的过程。

中国过去 30 年的高速经济增长历程，是一个非常典型的从农业主导到工业部门崛起的过程。自 2008 年全球金融危机以来，中国经济增速呈现趋势性下降，同时工业部门增长开始落后于 GDP 增长。这很自然地带来几个问题：（1）中国经济是否像其他高收入国家那样，正在经历从工业向服务业的结构转型期，抑或过去几年工业部门增长落后于整体经济只是短期阶段性现象？（2）同时发生的经济结构转型与经济增速下滑是巧合还是存在因果关系？（3）如果中国经济已经迈入典型的经济结构转型期，那么中国未来的经济发展会面临什么样的挑战，需要采取哪些措施应对这些挑战？

通过对经济结构转型国际经验和理论的梳理，并结合中国当前的事实展开分析，本文对上述问题有以下几个初步认识：（1）迈过一定人均收入门槛值以后，一个经济体会经历从工业向服务业的结构转型，驱动转型的力量分别是更高收入水平上对人力资本密集型服务业偏好的上升，以及工业部门相对服务业部门更高的生产率。（2）人均收入、增加值份额、就业份额、消费份额等多方面证据共同表明，中国经济正处于典型的从工业向服务业的结构转型期，转型拐点时间是 2008 年至 2010 年。（3）市场力量作用下的经济转型会伴随部门加总生产率、资本积累、劳动参与时间等多方面的变化，影响经济增速；此外，违背经济转型方向的政策措施会加剧资源配置扭曲，降低全要素生产率，进一步加剧经济下滑。（4）从维持较大经济增长潜力角度看，应对结构转型压力的关键政策措施是释放人力资本密集型服务业的发展潜力，这一方面依靠对服务业的规制政策进行调整；另一方面依靠改善公共服务。人力资本密集型服务业的发展与工业部门内部的产业升级是互补关系。（5）调整服务业规制政策和改善政府公共服务背后的决定因素是慢变量，是政府和社会公众从物质文明价值观到后物质文明价值观的代际价值观转换，以及由此激发的政治权利再分配。政府如能及时调整过去 30 年物质文明价值观，顺应后物质文明价值观，就能够与市场形成合力，保障中国较大的经济增长潜力，并成功实现经济结构转型。

二　结构转型的国际经验及其解释

度量经济结构转型主要有两个角度、三类指标。两个角度分别是生产角度和消费角度，其中生产角度包括农业、制造业和服务业三大产业的增加值份额、就业份额两类指标，消费角度主要是不同产业产品的最终消费支出份额。一个简单例子可以说明这种区分的必要性。消费者购买一件纯棉衬衫，如果是基于生产角度则三个产业都有增加值和就业，如果是消费角度则统计为制造业，因此基于不同角度的度量可能会产生差异。由于不同角度下度量的差异，判断存在经济结构转型更有说服力的证据是多个角度的指标有一个共同的结构转型指向。

本文主要关注从制造业向服务业的第二次结构转型。Herrendorf 等（2014）关于经济结构转型的综述性文章多角度细致地描述了结构转型的国际经济事实。他们的观察样本涵盖了当今世界的绝大多数发达国家[①]，从中得出了制造业份额随着收入增长而变化的驼峰形轨迹。从生产角度看，当一个经济体人均收入达到 8000 国际元（按购买力平价算法计算，1990 年不变价格）[②] 时，该经济体的制造业名义增加值份额、实际增加值份额（剔除价格影响）、就业人数份额、工作时间份额等多种口径份额达到顶峰并开始下降，与此同时，服务业上述相应份额开始上升。服务业份额的增加，不仅来自服务业相对价格的上升，也来自服务业相对真实供给数量的上升。从消费角度看，从制造业向服务业转型的轨迹类似，转型的收入水平门槛值也是 8000 国际元，区别之处在于制造业产品消费份额要高于制造业增加值份额几个百分点。

Buera and Kaboski（2012a）基于包括所有发达国家的 31 个国家样本[③]，得出类似看法，即制造业名义增加值占比份额的驼峰形变化轨迹。他们以

---

① 欧盟 15 国、美国、日本、韩国、加拿大、澳大利亚。研究结构转型问题需要用到较长的历史数据，目前研究中主要使用的数据来源如下：Maddison（2010），EU KLEMS，Word Bank Indicator，National Accounts of the United Nations Statistics Division，Penn World Tables，OECD Consumption Expenditure Data。收入水平、产业增加值和就业数据相对容易获得，消费支出的分解在很多国家没有历史数据。

② 即 1990 年 1 单位美元的购买力。

③ 样本国家在 2000 年占全球人口的 68%，占全球增加值的 80%。

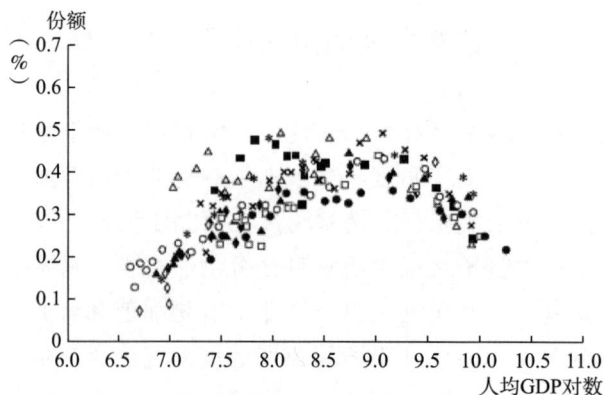

图 1　制造业增加值份额与人均收入

资料来源：Herrendorf et al.（2013）.

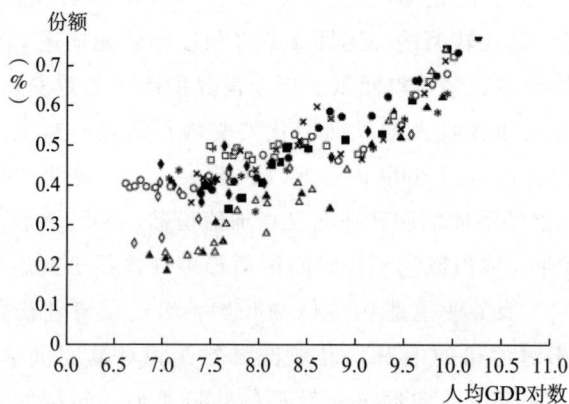

图 2　服务业增加值份额与人均收入

资料来源：Herrendorf et al.（2013）.

7200 国际元（按购买力平价算法计算，1990 年不变价格）作为门槛值，以此为界限分别做了两组回归。他们发现当人均收入低于门槛值时，收入增加 1% 使制造业增加值份额上升 0.11%，服务业增加值份额提高 0.07%；人均收入高于门槛值时，收入增加 1% 使制造业增加值份额下降 0.13%，服务业增加值份额提高 0.20%。

　　从时间看，主要发达经济体进入结构转型期的次序如下：美国（1950年）、加拿大（1957 年）、英国（1960 年）、法国（1965 年）、德国（1969年）、日本（1970 年）、澳大利亚（1970 年）、西班牙（1972 年）、意大利

（1976 年）、中国香港（1981 年）、中国台湾（1986 年）、韩国（1992 年），进入结构转型期的收入临界点为 7400 ~ 12000 国际元，多数集中在 9000 国际元左右，工业增加值份额处于 34% ~ 53%，多数在 40% 左右，城市经济体中国香港最低 34%，德国最高 53%。

表 1 主要经济体的经济结构转型时间

主要经济体	美国	加拿大	英国	法国	德国	日本
转型元年	1950	1957	1960	1965	1969	1970
收入临界点（1990 年国际元）	9561	8607	8645	9165	10440	9714
工业部门增加值份额（%）	38	39	48	38	53	44
主要经济体	澳大利亚	西班牙	意大利	中国香港	中国台湾	韩国
转型元年	1970	1972	1976	1981	1986	1992
收入临界点（1990 年国际元）	12024	8346	11308	11202	7477	9811
工业部门增加值份额（%）	41	38	40	34	45	43

资料来源：人均收入数据来自 Middson（2010），产业结构数据来自 WDI，笔者计算得出。

并非所有服务业都在转型期以后出现更快增长，只有技术密集型服务业才会更快增长。Buera 和 Kaboski（2012b）观察到，美国经济从 1950 年开始转型至今，服务业占比从 60% 提高到 80%，增加了 20 个百分点，其中技术密集型服务业份额增长了 25 个百分点，低技术水平的服务业份额下降。他们对技术密集型服务业的定义，是依据该行业雇用劳动力的平均受教育水平。与技术密集型服务业加速增长相伴的是不同技能劳动回报差异的放大，美国大学毕业生相对于高中毕业生劳动报酬从 20 世纪 50 年代的 1.25 倍上升到目前的两倍。

结构转型原因主要有两个角度的解释。早期的研究包括施蒂格勒等人（Stigler，1956；Kuznets，1957；Baumol，1967；Chenery and Syrquin，1975；Fuchs，1968；Kravis et al.，1984；Maddison，1987），他们将结构转型的原因归结为两个方面。第一种解释，制造业技术进步速度快于服务业，由此带来相对价格变化和服务业占比的不断提高。举个极端的例子可以帮助理解这个解释：假定一个国家消费苹果，初始水平上一半的劳动力生产苹果，另一半运输苹果。如果红苹果生产技术进步速度每年翻番，运输苹果生产技术进步速度为零，一百年以后，情况会怎么样呢？结果是只需要不到百分之一的劳动力生产红苹果，剩下来的劳动力运输苹果，生产单位苹果与运输单位苹果的相对价格大幅下降，生产红苹果的增加值在全部增加值的占比下降。第二种解释，随着收入增长，消费者更加偏好服务业产品，带来服务业就业和增加值份额上升。这个解释类似于恩格尔法则对农产品消费下降的解释，重新应用到了制造业产品。

近期研究的关注点在于如何把结构转型现象与卡尔多事实融合在同一个经济增长模型当中。皮萨里德斯等人（Ngai and Pissarides，2007；Acemoglu and Guerrieri，2008）在增长模型中同时容纳了两部门技术进步差异带来的相对价格变化、经济结构转型与卡尔多事实，他们的模型没有考虑收入增长对结构转型的影响。谢长泰等人（Kongsamut，Rebelo and Xie，2001；Foellmi and Zweimueller，2008）则是改变效用函数设定，强调收入超过一定门槛值以后对服务业产品有更强偏好，增长模型中同时容纳了收入增长带来的经济结构转型，以及卡尔多事实，他们的模型中没有考虑相对价格变化对结构转型的影响。最近的研究（Boppart，2014）同时考虑了收入效应和相对价格效应对经济结构转型的影响，发现对于解释美国的结构转型，收入效应和相对价格变化带来的替代效应各占一半。

还有学者（Buera and Kaboski，2012b）提供了一个有别于上述结构转型原因的思路。他们认为，收入增长过程也是消费增长过程，而消费增长主要是对更高技术难度产品（服务）的消费的增长[①]。为了实现更高技术难度产品（服务）的生产，需要专业化分工，这就要求劳动者从家庭工作转移到市场化分工。在这个过程中，更多数量和更高质量的服务由市场而不是由家庭提供。这个过程不仅会带来技术密集型服务业增加值占比的提高，也会带来高技术人员数量增加、对高技术人员报酬溢价提高以及技术密集型服务业相对价格的提高。

---

① 这与主流结构转型文献中关于收入效应的设定不同。

三　中国是否进入经济结构转型期

（一）转型拐点的确定

本文从人均收入水平、工业与服务业增加值份额、两个产业的就业份额以及消费支出份额几个维度，综合考察中国经济是否已经进入从制造业到服务业的结构转型期。增加值份额和农民工就业份额数据质量相对较高，两者分别指向的拐点是 2007 年和 2008 年；第三产业的就业份额也是在 2008 年以后加快上升。购买力平价的人均收入、真实增加值份额、消费份额等数据在计算过程中有大量的推算成分，数据质量相对较低，这些数据指向的拐点分别在 2010 ~ 2012 年。本文认为，中国经济结构转型的拐点在 2008 ~ 2010 年附近。无论是基于何种份额数据分析，都支持中国经济已经进入从制造业向服务业的结构转型期。

（二）人均收入

为了便于国际比较，本文使用与上述文献中一致的人均 GDP 度量口径，即 1990 年国际元。作为参照，我们还同时列出了人均 GDP 的名义值（美元）。其中，以 1990 年国际元为计价单位的人均 GDP 来自麦迪森（Maddison）项目数据库，这个数据库数据更新至 2010 年，2011 ~ 2014 年的数据根据国家统计局的人均 GDP 增速计算得到。人均 GDP 的名义值（美元）来自国家统计局，汇率采用当年平均汇率。

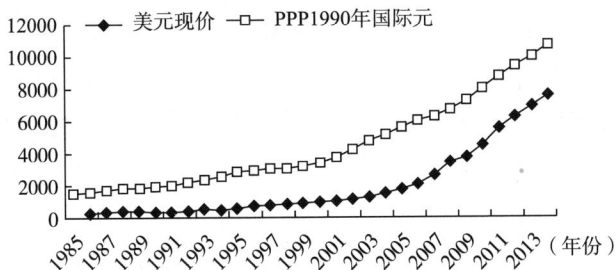

图 3　人均 GDP

资料来源：PPP 数据来自 Maddison（2010），2010 年以后的数据根据国家统计局人均 GDP 增速折算得到；美元现价数据来自 World Development Indicators。

按照 1990 年国际元口径计算，中国 2010 年人均 GDP 为 8032 国际元，达到国际经验中发生从制造业向服务业转型的收入门槛临界值，2014 年人均 GDP 为 10745 国际元。

（三）工业与服务业增加值份额

工业增加值[①]占全部增加值的份额在 2006 年达到过去三十年的高点 41.8%，此后开始持续下降，2014 年下降至 35.8%。制造业增加值份额的时间序列数据较短，只能看到 2004 年以来的数据，2007 年制造业增加值份额达到高点 32.9%，此后开始持续下降。服务业增加值份额在过去 30 年呈持续上升走势，2014 年达到 48.2%。以工业和制造业增加值份额确定的转型时间分别是 2007 年和 2008 年（见图 4）。

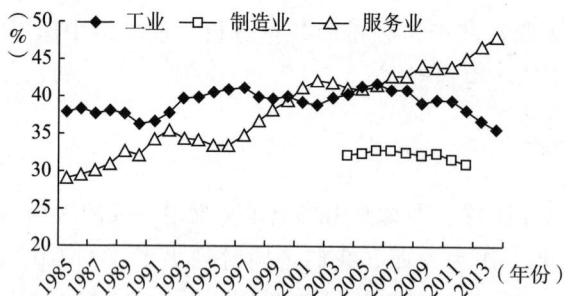

图 4 名义增加值份额

资料来源：国家统计局。

增加值份额同时受数量和价格变化的影响。为此，我们进一步观察剔除了价格影响的真实工业增加值和服务业增加值增速。2011 年以前，真实工业增加值增速多数年份都高于真实服务业增加值增速，1985～2011 年前者真实增速 12.2%，后者 10.8%。2012～2014 年，真实工业增加值增速落后于真实服务业增加值增速，前者 7.5%，后者 8.1%，在此期间内真实工业增加值份额下降。以真实工业增加值份额确定的转型时间是 2012 年。

---

① 工业包括制造业、采掘业以及电力、燃气和水的生产和供应业，制造业增加值占全部工业增加值的 80% 以上。现有统计数据中，工业增加值时间序列较长，可以作为长期制造业增加值份额变化的代理变量。

（四） 就业份额

中国缺少较长时间序列的制造业就业份额数据。目前能够获得的相关就业数据包括：过去30年的第二产业就业份额[①]；2006年以来的城镇制造业就业份额；2008年以来的农民工制造业就业份额；过去30年的第三产业就业份额。第二产业就业份额的高点是2012年的30.3%，此后开始下降；城镇制造业份额相对稳定，自发布统计数据以来一直为28%～29%；农民工制造业份额自2008年发布以来呈持续下降趋势，从2008年的37.2%下降至2014年的31.3%。第三产业就业份额在过去30年中持续上升，2008年以来上升势头加快，1985～2007年第三产业就业份额平均每年增加0.7个百分点，2008～2014年平均每年增加1.2个百分点。就业份额确定的转型时间是2008～2012年（见图5）。

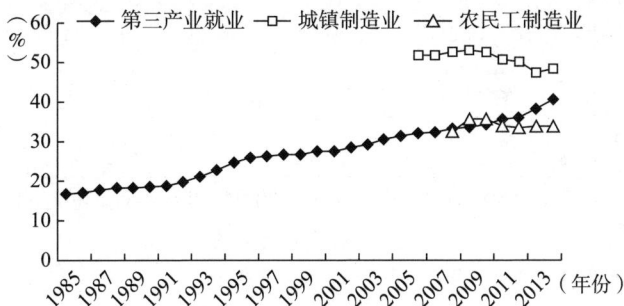

图5 就业份额

资料来源：国家统计局，数据由笔者计算得出。

（五） 消费支出份额

目前发布的消费支出数据包括两类，分别是城镇和农村居民消费支出。城镇居民消费支出数据细分程度较高，借助细分的消费数据，大部分消费可以区分为制造业产品和服务；但还是有一些重要的消费支出，比如通信和交通支出的细分程度不足以区分究竟是交通和通信器材支出，还是相关服务费用支出。农村居民消费支出细分程度低，难以区分制造业产品和服务。以下我们主要采取了1995年以来的城镇居民消费支出，其中制造业消

---

① 第二产业包括工业和建筑业。

费包括了衣着（服装、衣着材料和鞋类）、家庭设备用品（耐用消费品、室内装饰品、床上用品、家庭日用杂品、家具材料）、文化娱乐用品和杂项商品；服务包括了在外用餐、食品加工服务、衣着加工服务、家政服务、医疗保健、教育、文化娱乐服务、杂项服务。交通和通信作为单项列出，没有纳入以上制造业或者服务业分类中。不完整的消费支出统计中，制造业产品消费支出占比在2011年达到高点，2012年下降，以后的数据尚没有及时更新。家庭设备用品是制造业产品消费的主要组成部分，2013年家庭设备用品消费在全部消费中的占比继续下降，意味着2013年制造业产品消费支出占比延续下跌趋势。服务业消费占比2010年之后持续上升（见图6）。

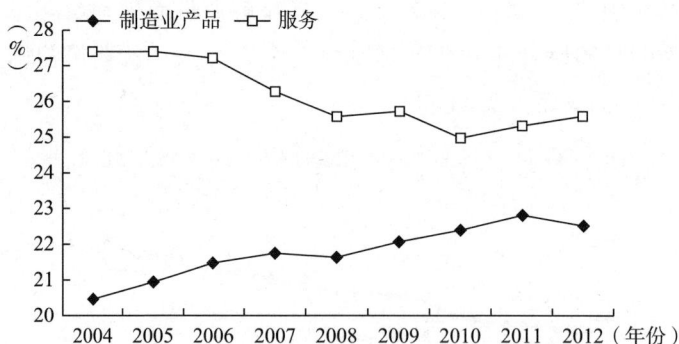

图6　消费支出份额

资料来源：国家统计局，数据由笔者计算得出。

（六）需求收入弹性

收入增长对结构转型的作用机制随着收入增长对标准化制造业产品的消费逐渐饱和，而对服务业消费支出增长更快。产品需求收入弹性变化可用来度量这种变化，可以作为解释和支持经济转型的间接证据。本文计算了主要标准化制造业消费品、主要工业原料产品的需求收入弹性，计算方法是用需求数量增速除以可支配收入增速。为了便于判断趋势，我们使用HP滤波的方法对计算结果做了平滑处理。电视、冰箱、洗衣机、汽车等产品的需求收入弹性依次在20世纪末和21世纪前10年达到高点，之后持续下降。截至2014年，除了汽车的需求收入弹性还大于1外，其他产品都在0.2～0.5，即便是汽车的需求收入弹性也在下降趋势通道当中。钢、电、水泥、煤和原油消费的需求收入弹性在2000～2006年达到高点，之后持续下降。截至 2014 年，钢、电、水泥的需求收入弹性为 0.5～0.6，煤和原油消费的弹性在 0.1 附近。因为没有完整的服务业消费数量数据，这里用服务业真实增加值作为代理变量，以服务业真实增加值增速除以可配置收入增速，以此作为服务业需求收入弹性的替代。计算得到的服务业需求收入弹性自 2008 年以来持续上升，该弹性系数目前位于 0.86。这个系数低于 1 至少有以下两方面的原因：第一，服务业增加值低于服务业产出，因此低估了对服务需求的上升；第二，居民可支配收入没有剔除价格因素的影响，低估了弹性。

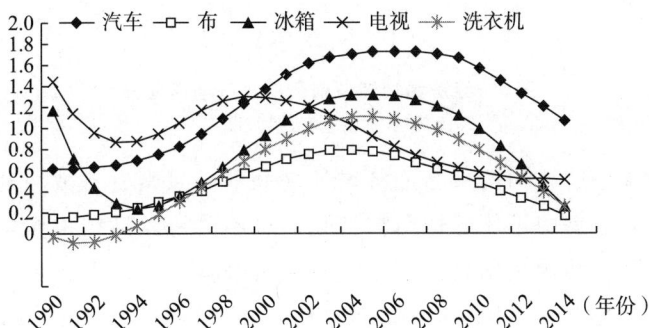

图 7　主要工业品需求收入弹性（HP 滤波值）
资料来源：国家统计局，数据由笔者计算得出。

四　结构转型与经济增长

这里主要关心的问题是，从工业向服务业的结构转型过程是否会影响经济增速。跨国比较数据显示，处于工业化进程中的中等收入国家经济增速高于服务业主导的高收入国家（Lucas，1988）。本文比较了上述主要高收入国家经济结构转型前后 10 年的平均经济增速，结果看到 11 个样本经济体中①只有英国转型后 10 年经济增速高于转型前 10 年，法国、中国台湾、加拿大转型前后经济平均增速基本持平，日、德、澳、西、意、韩、中国香港等其他 7 个经济体转型后 10 年的经济平均增速都有显著下滑。上述观察

---

① 这里我们剔除了美国，主要考虑美国经济结构转型元年是 1950 年，前十年包括了第二次世界大战。

提供了从制造业到服务业的结构转型会伴随经济增速下滑的一些线索，但还不足以充分证明结构转型一定伴随着经济增速下降。

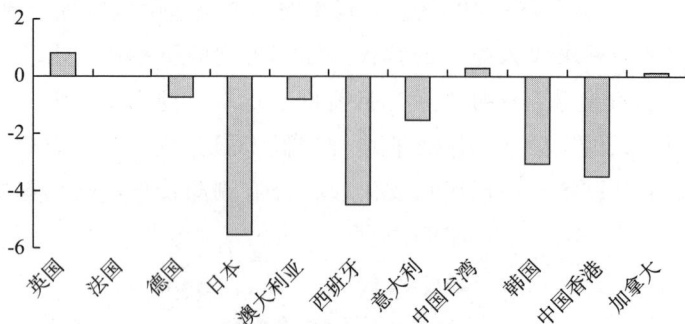

图8　经济结构转型前后的经济增速差异

资料来源：Middson（2010），数据由笔者计算得出。

　　从机制上理解结构转型与经济增长之间的关系富有挑战。早期的单部门新古典增长模型中不能容纳结构变化，也不关注经济结构变化对经济增长的影响，认为结构变化只不过是经济增长过程中的一个无足轻重的副产品。但是罗斯托等人（Rostow，1959；Kuznets，1973；Chenery and Syrquin，1975；Baumol and Blackman，1991）的早期研究强调，是经济结构变化带来了经济速度的变化。对结构转型与经济增长之间关系进行更严格的讨论，是在新古典增长模型框架内融入不同部门的技术进步差异以及消费者非同质偏好①，利用模型演绎出这些因素对结构转型和经济增长速度带来的变化。经济增长速度变化并非是结构转型带来的，而是那些导致结构转型的因素（不同部门的技术进步差异和非同质偏好）带来的。

　　技术进步差异和消费者非同质偏好与经济增长关系的讨论可以从生产率、劳动投入和资本积累三个角度展开，重点是生产率。众多研究发现，无论是国家内部还是诸国家之间，农业、工业和服务业等部门生产率之间存在显著差异。有学者（Duarte and Restuccia，2010）发现，穷国与富国之间农业和服务业的生产率差距要大于制造业生产率差距。他们认为一个国家经济资源从农业向制造业转移的过程，是经济资源从低生产率部门向高

---

① 在模型关于效用函数的设定中，对所有商品的偏好不同质，随着收入阶段变化对不同类型的产品偏好会有差异。

生产率部门转移的过程，这会带来加总生产率提高，这是个赶超过程；而经济资源从制造业向服务业转移的过程，是经济资源从相对高生产率部门向低生产率部门转移的过程，加总生产率下降，这是经济增速下滑、停滞甚至下降的过程。还有学者（Bah and Brada，2009）发现，采取计划经济模式的国家过度强调农业和工业，轻视服务业，时至今日，欧盟国家中的前计划经济国家的服务业就业份额仍远低于其他欧盟国家。他们还发现这些国家中服务业的全要素生产率（TFP）远低于制造业，因此从制造业向服务业的结构转型会带来人均 GDP 增速的显著下滑。

生产率差异和非同质偏好引起的加总生产率变化，可能还导致储蓄率和资本积累的变化。Echevarria（1997）将不同部门的技术进步差异和非同质偏好融入新古典增长模型，通过数值模拟方法不仅看到结构转型和加总生产率变化，还看到储蓄率增速的先增（农业向工业）后降（工业向服务业）。Echevarria 的数值模拟结论与经验事实吻合度较好，但是对于储蓄率变化原因没有做出进一步解释。一个可能的解释机制是经济转型带来的加总生产率下降会带来资本边际回报下降，进而降低储蓄和投资动机。

结构转型角度也为理解劳动力市场变化提供了有益的视角。罗杰森（Rogerson，2008）发现，1956 年欧洲大陆工作年龄人口的人均工作时间高于美国 5%，但是到了 2003 年后者低于前者 30%，工作时间下降主要来自工业部门。欧洲大陆相对于美国工作时间的下降，主要原因是欧洲的服务业部门增长落后于美国的服务业部门。

总体而言，技术进步差异和消费者非同质偏好对经济增长存在以下影响渠道：（1）生产率加总效应，即生产率较低的服务业部门份额在需求上升和相对价格上升双重力量驱使下扩张，而生产率较低的工业部门份额收缩，加总的生产率增速下降；（2）资本积累，部门间资源转移影响到资本边际回报率，进而影响资本积累；（3）劳动时间，劳动在部门间的转移和部门间的平均劳动时间差异，带来加总劳动时间变化；（4）结构转型过程中工业部门面临着需求的持续性下降，企业面临的产能过剩甚至是被彻底淘汰的压力增加，政府出于救助困难企业的目的采取了持续干预/补贴措施，并由此带来了资源错配持续加剧，资源错配带来了全要素生产率的下降。

中国过去几年经济增速的明显下滑，没有可靠的研究证实经济下滑中多大程度上归咎于经济结构转型。初步观察可以看到，文献中强调的生产率加总效应不明显。以 2000～2007 年（转型前）和 2010～2013 年（转型后）作为两个样本进行比较，前、后两个阶段的加权劳动生产率平均增速从 8.3% 下降到 6.4%，如果我们把后一个时期的行业劳动生产率增速按照前一个时期的行业份额权重进行加权，得到后一个阶段的加权劳动生产率平均增速 6.5%，可见份额变化对加总劳动生产率变化的解释能力很有限。

前、后两个时间段加权劳动生产率平均增速的变化，绝大部分来自第二产业和第三产业两个部门劳动生产率的同时显著下降，其中第二产业劳动生产率从 8.6% 下降到 6.6%，第三产业从 8.0% 下降到 5.7%。两个部门劳动生产率的同时大幅下降，可能来自投资增速和资本利用率下降，或可能来自劳动时间减少，也可能与上述机制（4）当中资源配置扭曲带来的全要素生产率下降有关。伍晓鹰（2013）、白重恩和张琼（2014）、赖平耀（2015）均发现全要素生产率下降是近年来中国经济增速下降的主要原因，且全要素生产率下降主要来自政策扭曲带来的资源错配。

五 转型对经济增长的挑战与应对

从上述国际经验和理论分析中可以看到，除非人均收入增长停滞，工业增长将持续落后于国民生产总值增长。继续保持较高经济增长速度主要来自服务业的高速增长。从国际经验来看，进入转型期后的服务业增长并非全体服务业增长，主要是人力资本密集型服务业增长，转型期以后，非人力资本密集型服务业在 GDP 中的份额反而是下降（Buera and Kaboski, 2012b）。服务业占比更大并不意味着工业不再重要，工业内部的转型升级带来的生产率提高和收入提高恰恰是服务业发展的重要驱动力量。与经济结构转型前相比，工业部门面临的挑战是该部门的资本积累和数量扩张空间受到限制，产业升级压力更迫切。

人力资本密集型服务业发展和工业内部产业升级成为确保经济增长潜力的关键，这两个部门的发展是互补关系。利尔（Leal, 2015）提出了一个问题：究竟哪个部门才是制约总生产率提高的关键部门？作者利用多部门动态一般均衡模型和投入产出表关系发现，缩小发展中国家服务业部门与发达国家之间服务业部门的生产率差距比缩小发展中与发达国家之间制造业部门的生产率差距更有助于提高加总生产率，服务业才是带动生产率进步的关键部门。这其中的机制在于有些服务业部门与其他部门的关联度非常高，通过解除这些部门的政策扭曲进而提升这些部门的供给效率，为其他部门发展带来了机遇。利尔的研究样本国家是墨西哥，结论未必适合其他国家，但是它从因果关系而不是简单分解的角度来理解加总生产率的变化。全球范围内的高端制造业国家一定具备发达服务业，这个现象至少说明服务业发展与制造业发展并非对立关系，而是互补关系。

发展人力资本密集型服务业和工业内部产业升级需要纠正这些产业发展面临的政策环境扭曲。比较而言，中国工业部门市场化程度相对较高，特别是制造业与国际市场高度接轨且具有较强的规模经济优势，所面临的政策环境扭曲相对较小。工业部门面临的主要政策扭曲是部分上游企业，诸如能源、电力、电信以及一些生产要素处于高度管制和事实上的寡头垄断局面，由此带来了对工业部门和整体经济的负面效应。对这个问题更有洞察力和全面细致分析的参见王勇等（Li、liu and Wang，2012）。

接下来，本文重点讨论人力资本密集型服务业面临的挑战。

近年来，居民生活抱怨最多的是所谓的"新三座大山"：住房、孩子上学、老人看病。住房难和住房贵背后的问题不在于房子本身，而在于房子所在地理位置附带的交通和公共服务质量，所反映的是城市公共管理和城市公共服务的缺陷。"新三座大山"集中凸显了当前中国的人力资本密集型服务业供求矛盾的困境。

中国的人力资本密集型服务业广泛地分布于医疗、卫生、教育、科研、通信、金融、交通、公共管理和社会组织等各个服务业部门。提供这些服务的经营主体包括私有部门、事业单位以及政府。出于分析的方便，我们将人力资本密集型服务业区分为能够由市场主导的人力资本密集型服务业和由政府主导的人力资本密集型服务业，区分标准是该服务业是否具有公共产品性质。

能够由私人部门主导的人力资本密集型服务业的发展瓶颈是管制政策扭曲。从发达国家经验看，能够由市场主导的人力资本密集型服务业范围很宽，远超出当前中国私人部门涉及的服务业范围。当前中国私人部门面临市场准入限制，与此同时，还面临政府对非市场化参与者（以事业单位为主）的各种或明或暗的补贴（信贷、财政拨款、养老和医疗保障等），以及上级行业行政主管部门对非市场化部门更有利的竞争政策环境等。非市场化部门缺少市场化激励机制来提升服务数量和改善服务质量，而私人部门面临巨大的需求潜力却被管制政策扭曲拒之门外。

政府部门提供的公共服务供给主要面临两个难题：一是激励机制扭曲。各级政府公共政策决策最看重的是当地 GDP 和税收增长（周黎安，2007），这紧密关系到地方官员升迁和官员集团福利（徐现祥和王贤彬，2010）。提供公共服务更多地被政府视为只有投入、鲜有回报的负担。政府在改善公共服务方面的意愿和投入严重不足，且缺乏有效的外部监督。二是信息扭曲。即使政府有意愿改善公共服务，但面临的另一个难题是基于何种信息有针对性地提供有效服务，把公共财政资源用在刀刃上，而不是仅凭长官意志决定。公共服务源自本地居民复杂多样的需求，具有很强的本地化、非标准化特征，需因地制宜提供。只有广泛、充分接收基层民众的信息，并经专家科学论证，才具备改善公共服务的信息基础。但现实决策中，没有机制确保公共服务决策的信息基础，基层群众的需求信息难以充分、有效地传递到政府。激励机制扭曲和信息扭曲，根源上是因为公共服务需求方和供给方处于严重的不平等位置。供给方可以置需求方利益不顾，需求方对供给方缺少有效监督和强制执行力。

如上所述，服务业中未来具有发展潜力的是人力资本密集型服务业，制约人力资本密集型服务业发展的两个瓶颈，分别是对服务业的管制政策和公共服务。近年来群众要求放宽服务业的过度管制、改善政府的公共服务供给的呼声很高，政府颁布的文件中也显示了在人力资本密集型服务业领域的改革意愿，但是在具体实施层面鲜有进展。本文给出了一个理解公共政策和公共服务如何改善的框架。对这个框架有几点说明：（1）这个框架的逻辑线索为随着人均收入水平的提高，老一代的物质价值观逐渐地让位于年青一代后物质价值观，即代际价值观转换。价值观转换提高了社会资本（社会信任）和民主问责积极性。社会资本提高有助于减少管制需求；民主问责增加有助于纠正管制供给，提供对公共服务的激励机制，反映对公共服务的需求信息；两者共同促进了管制政策和公共服务的改善。更好的管制政策和公共服务，为后工业最具潜力的人力资本密集型服务业提供了发展空间，促成了资源配置改善和人均收入进一步提高。人均收入提高、价值观转换、管制政策与公共服务改善、资源配置提高之间形成良性循环。（2）更高收入水平带来价值观变化，对此英格哈特等人（Inglehart and Welzel，Christian，2005）基于大量跨国调查给出了一些预测性研究。在低收入阶段，大众更接受物质文明价值观，它强调经济增长、物价稳定、维持秩序、强大国防等；而随着收入水平的提高，尤其是在进入中高等收入水平后，大众的价值观就会从物质文明价值观逐渐转向后物质主义价值观，它强调的是公众对政府更大的话语权、言论自由、更多的工作话语权、更人性化的社会、美丽城市和乡村等。这种价值观的转换会使大众对公共政策和公共服务有更高的呼声和更多的发言权。（3）社会资本（社会信任）的高低与公共政策和公共服务紧密相关，学者们也对此进行了深入的分析和研究，例如阿吉翁等人（Aghion et al.，2009）。其基本逻辑是社会信任程度越低会带来越高的管制需求，即便提供管制的一方有腐败行为，不良的管制还将与信任度下降形成恶性循环。医疗服务是一个典型的例子，由于医疗服务供求双方的信息严重不对称，并由此带来了较高的管制需求，而政府部门在较高的管制需求和管制租金的双重力量驱动下提供了高度管制，遏制了医疗服务数量和质量的发展。

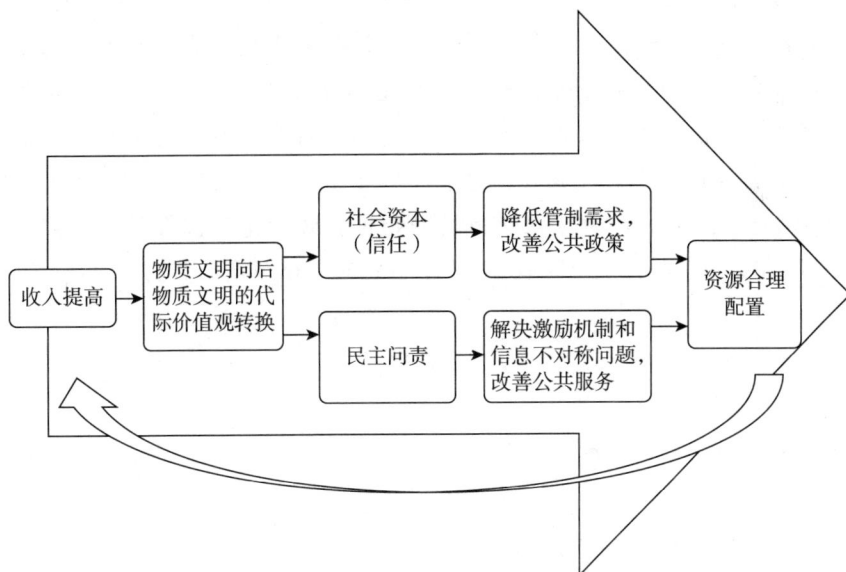

图 9　收入增长、价值观转换与经济转型的良性循环

在这个框架中我们看到改善公共政策和公共服务背后的决定因素是慢变量，很难出现一蹴而就的系统性变革。但是，只要没有其他外部力

量破坏上述正向自我加强的进程，这个进程就会渐进地完成。在这个进程中，政府发挥的角色至关重要，可能会加速或者是逆转市场机制作用下的运行轨迹。如果政府完全站在物质主义价值观的一方，决策过程中把经济增长和经济稳定放在首位，那么公共政策资源就会被集中用于对抗市场调整中必不可少的波动，短期内可能带来经济下行或者市场波动的改革措施更是难以出台，结果是资源配置改善和中长期的收入提高受到遏制甚至倒退。

政府与市场合力才能保障中国较高的经济增长潜力和经济结构的成功转型。对政府而言，主要依托三个方面。首先，及时调整过去 30 年物质文明价值观理念，顺应后物质文明价值观。"发展是硬道理""稳定压倒一切""集中力量办大事""国家战略"等物质文明价值观，应与法治、公民权利、社会公正、美丽城市和乡村等后物质文明价值观相结合。物质文明价值观依然有其存在的社会基础和合理性，但是后物质文明价值观是潮流和方向，政府在物质文明价值观与后物质文明价值观之间应采取中立立场，而不是全站在前者。其次，鉴于价值观冲突和部门利益集团对改革的强大阻力，政府需要集中政策资源在众多改革方案中找到关键突破口，而不是追求大而全的改革。争取一届政府完成 1~2 项重点领域改革，以此提振社会各界对改革的信心。最后，在结构转型或者其他方面因素带来的企业经营压力和 GDP 增速下降面前，尤其要注意刺激政策带来的资源错配加剧和由此衍生的金融体系风险。在确保就业市场和物价大致稳定的前提下，不需要对 GDP 增速下降过度反应，要提高对改革引发的市场短期动荡的容忍度。

六　结束语

本文试图解读中国经济正在经历的结构性变化。通过国际经验观察和理论梳理，并结合中国经济结构变化多个维度的事实，可以看到中国经济已经度过了工业化的高峰期，正在经历高收入国家都曾经历过的、从制造业到服务业的经济结构转型期。未来更具发展潜力的部门是制造业产业升级和人力资本密集型服务业。中国经济结构转型所对应的真实收入水平与其他高收入国家的历史经验非常接近，远高于中等收入陷阱国家，中国不存在过早去工业化现象。

与工业化主导的经济发展模式不同，从制造业到服务业的经济结构转型可能会带来一系列新的挑战。应对挑战的关键政策措施是释放人力资本密集型服务业的发展潜力。这一方面依靠对服务业规制政策的调整；另一方面依靠改善公共服务。人力资本密集型服务业的发展与工业部门内部的产业升级是互补关系。服务业规制政策调整和改善政府公共服务背后的决定因素是慢变量，是政府和社会公众从物质文明价值观到后物质文明价值观的代际价值观转换，以及由此激发的政治权利再分配。政府如能及时调整过去 30 年物质文明价值观，顺应后物质文明价值观，就能够与市场形成合力，保障中国较高的经济增长潜力，并成功实现经济结构转型。

笔者在写作过程中充分认识到文章涉及的逻辑链条太长，其中很多逻辑关系需要更细密的分析和经验证据支持。特别是对于结构转型和经济增长的关系讨论，问题很重要，在理论和实证研究方面还有很多地方需要完善。文章的缺陷和不足很多，希望能起到抛砖引玉的作用，吸引更多学者参与研究这个问题。

参考文献

[1] Acemoglu, D. and V. Guerrieri. . Capital Deepening and Non-Balanced Economic Growth. . Journal of Political Economy, 2008, 116 (3), 467 - 498.

[2] Aghion P, Algan Y, Cahuc P, et al. . Regulation and distrust [R]. National Bureau of Economic Research, 2009.

[3] Bah E, Brada J C. Labor markets in the transition economies: An overview [J]. The European Journal of Comparative Economics, 2014, 11 (1): 3 - 53.

[4] Baumol W J, Blackman S A B, Wolff E N. Productivity and American leadership [M]. Cambridge, MA: MIT press, 1991.

[5] Baumol, William J. . Macroeconomics of Unbalanced Growth: The Anatomy of the Urban Crisis, . The American Economic Review 57 (1967): 415 - 426.

[6] Boppart T. Structural Change and the Kaldor Facts in a Growth Model With Relative Price Effects and Non-Gorman Preferences [J]. Econometrica, 2014, 82 (6): 2167 - 2196.

[7] Buera F J, Kaboski J P. Scale and the Origins of Structural Change [J]. Journal

of Economic Theory, 2012, a, 147（2）: 684 - 712.

[8] Buera F J, Kaboski J P. The Rise of the Service Economy [J]. American Economic Review, 2012, b, 102（6）: 2540 - 2569.

[9] Chenery H. and M. Syrquin. Patterns of Development. Oxford University Press（1975）.

[10] Chenery H. Structural Change and Development Policy. Washington, D. C.: Oxford University Press, for the World Bank（1979）.

[11] Duarte M, Restuccia D. The Role of the Structural Transformation in Aggregate Productivity [J]. The Quarterly Journal of Economics, 2010, 125（1）: 129 - 173.

[12] Echevarria, C. Changes in Sectoral Composition Associated with Economic Growth, International Economic Review 38（1997）: 431 - 452.

[13] Foellmi, R. and J. Zweimuller. Structural Change, Engel. s Consumption Cycles and Kaldor. s Facts of Economic Growth. mimeo, University of Zurich（2005）.

[14] Fuchs, V. The Service Economy. New York: National Bureau of Economic Research（1968）.

[15] Herrendorf B, Rogerson R, Valentinyi á. Growth and Structural Transformation [R]. National Bureau of Economic Research, 2013.

[16] Inglehart R, Welzel C. Modernization, Cultural Change, and Democracy: The human Development Sequence [M]. Cambridge University Press, 2005.

[17] Kaldor N. A Model of Economic Growth [J]. The Economic Journal, 1957: 591 - 624.

[18] Kongsamut, P., S. Rebelo, and D. Xie. Beyond Balanced Growth. Review of Economic Studies 68（2001）: 869 - 882.

[19] Kravis, I., A. Heston and R. Summers. The Share of Services in Economic Growth. in Global Econometrics: Essays in Honor of Lawrence R. Klein, eds. F. Gerard Adams and Bert G. Hickman,（1984）.

[20] Kuznets, S. Modern Economic Growth: Findings and Re. ections. The American Economic Review, Vol. 63, No. 3（Jun., 1973）, pp. 247 - 258.

[21] Kuznets, S. Quantitative Aspects of the Economic Growth of Nations: II. Industrial Distribution of National Product and Labor Force. Economic Development and Cultural Change, Vol. 5, No. 4, Supplement（Jul., 1957）, pp. 1 - 111.

[22] Leal J. Key Sectors in Economic Development: A Perspective from Input-output Linkages and Cross-sector Misallocation [J]. 2015.

[23] Li X, Liu X, Wang Y. A model of China's state capitalism [J]. Available at SS-RN 2061521, 2012.

[24] Maddison A. Statistics on World Population, GDP and Per Capita GDP, 1 - 2008 AD [J]. Historical Statistics, 2010.

[25] Maddison, A.. Growth and Slowdown in Advanced Capitalist Economies: Techniques of Quantitative Assessment. Journal of Economic Literature 25 (1987): 649 - 698.

[26] Ngai, R. and C. Pissarides.. Structural Change in a Multi-Sector Model of Growth. American Economic Review 97 (March 2007) 429 - 443.

[27] Robert L. On the Mechanics of Economic Development [J]. Journal of Monetary Economics, 1988.

[28] Rogerson R. Structural Transformation and the Deterioration of European Labor Market Outcomes [R]. Journal of Political Economy 116, 235 - 259, 2008.

[29] Rostow W W. The Stages of Economic Growth [J]. The Economic History Review, 1959, 12 (1): 1 - 16.

[30] Stigler, G. Trends in Employment in the Service Industries. National Bureau of Economic Analysis, 59, General Series.

[31] 白重恩、张琼：《中国经济减速的生产率解释》，《比较》2014 年第 4 期。

[32] 赖平耀：《中国经济增长的生产率困境：扩大投资下的增长下滑》，未发表稿件。

[33] 伍晓鹰：《测算和解读中国工业的全要素生产率》，《比较》2013 年第 6 期。

[34] 徐现祥、王贤彬：《任命制下的官员经济增长行为》，《经济学（季刊）》2010 年第 4 期。

[35] 周黎安：《中国地方官员的晋升锦标赛模式研究》，《经济研究》2007 年第 7 期。

服务链延伸能否化解
"鲍莫尔成本病"？

陈启斐[*]

摘　要　本文基于中国30个省、区、市1997年、2002年、2007年和2012年共计120张投入产出表测算了服务业在上游环节和下游环节的供给链长度；在此基础上从全球价值链和国内价值链两个视角出发，考察服务业延伸供给链对全要素生产率的影响。研究表明，服务业供给链向上游服务环节延伸1%，将会带动全要素生产率提升0.148%；向下游制造环节延伸会抑制服务业的全要素生产率。区分全球价值链和国内价值链之后发现，服务业在国内价值链延伸供给链长度上对全要素生产率的促进作用要高于在全球价值链上的提升作用。细分供给链后发现，服务业向消费性服务环节和生产性服务环节延伸供给链的长度会显著提升全要素生产率，向运输服务环节延伸供给链长度则会抑制全要素生产率，只有在国内价值链上向金融服务环节延伸供给链长度才能提升全要素生产率。因此，加强供给环节的服务要素投入质量，提高价值链的治理能力，延伸供给链长度，对于提高服务业生产率，实现长期稳定的经济增长具有重要政策含义。

关键词　全要素生产率　供给链　全球价值链　国内价值链

---

*　陈启斐，南京财经大学副教授，主要研究方向为产业经济学。

一　引言

"配第—克拉克定理"强调：随着经济发展，第一产业国民收入的相对比重逐步下降，第二产业国民收入的相对比重上升；经济进一步发展，第三产业的国民收入相对比重也开始上升。Baumol（1967）强调随着产业结构的服务化，国民经济的增速会下滑。他认为服务业相对制造业属于技术停滞部门[①]，进步部门的生产率快速增长导致停滞部门相对成本的不断上升；低生产率部门的扩张，总体经济的增长速度会出现下滑。他将这种现象称为"成本病"（Cost Disease）。成本病模型较好地解释了为什么发达国家的服务部门占比较高，GDP的增长速度却远远低于发展中国家。

过去三十年，中国的经济一直保持了高速增长的态势，服务业生产率低下的问题一直未能引起足够的重视。本文认为，主要有三点原因导致国内学者一直忽略服务业生产率问题：第一，对服务业的重要性认识不够。我国在全球价值链上的分工主要在生产和组装环节，制造业一直是国民经济的支柱性行业，服务业的重要性相对次之。在服务业滞后的情况下，中国依旧保持了三十年的快速增长态势（谭洪波和郑江淮，2012）。第二，在相当长的一段时间内，中国服务业占比的增减与GDP的增减保持同步态势。图1给出了我国加入WTO之后，GDP增长率和服务业占比的走势。可以发现，2002～2007年，在服务业扩展的时候，我国经济增长速度保持了上涨的趋势。而2008～2010年，两者呈现同时下降的态势。第三，很多学者认为，我国国民经济下滑是周期性原因以及受到外部冲击，而非自身的结构变动造成的。一方面，金融危机之后，欧美发达国家纷纷回迁制造业，全球贸易发生了坍塌（Ahn et al.，2011）。外需的持续萎靡，导致我国的出口乏力。另一方面，四万亿元刺激政策导致了较为严重的产业结构扭曲，使得我国处于"三叠期"的特殊状态下[②]，民间投资急速下滑。现有研究认为，出口萎缩、投资效率下滑以及内需不振是导致国民经济增速下滑的主要原因。本文认为这些观点只是我国经济增长速度下滑的表面原因，其深

---

① 他在文中以演奏莫扎特四重奏为例子，三百年前需要四个琴手演奏两个小时，三百年后依旧需要四个琴手演奏两个小时。三百年间，生产效率没有发生任何的变化。

② 三期主要指：增长速度换挡期、结构调整阵痛期、刺激经济政策产生负作用的消化期。

层次的原因是随着服务业占比的提升，生产率滞后部门的扩张导致整体经济增长速度下滑。观察图1可以明显发现：2010年之后，随着服务业占比的不断提升，我国经济增长速度出现下滑。两者之间不再是同向变动的关系，而是出现了显著的负向关系。这一现象背后，是鲍莫尔假说开始发挥作用。化解服务业"成本病"是我国调整产业结构，提升经济增长质量必须要解决的问题。

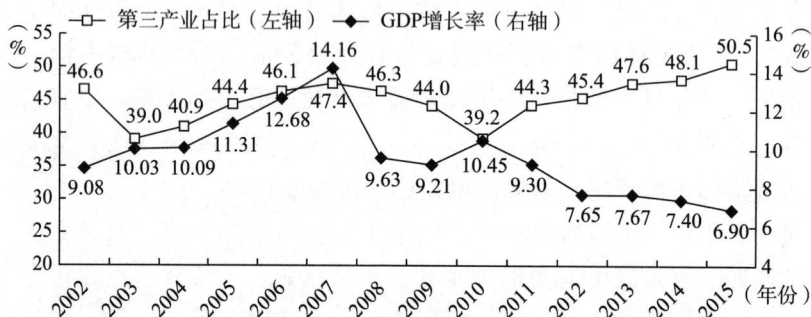

图1 加入 WTO 以来我国 GDP 增长率和第三产业占国民经济比重
资料来源：国家统计局。

现有研究认为，服务业是制造业的中间投入，是支撑制造业高端化、柔性化和全球化的支撑力量。这样的研究视角忽视了服务业自身的发展规律，服务业作为现代经济的主导部门，需要专业化的生产要素投入，才能提高增长绩效。中国作为全球价值链上的迟到者，存在两个先天的缺陷——供给链缺失以及创新能力不足（Humphrey and Schmitz, 2000）。我国作为发达国家的供给链的一环，嵌入全球价值链，产业的供给链过短，无法有效帮助我国产业升级和转型。要提高我国服务业生产率，必须延伸产业供给链的长度。

现有的服务企业延伸供给链主要有两种模式：一种模式是以 Google 为代表的"多元化"模式，向下游制造环节渗透。Google 公司 2011 年以每股 40 美元的价格收购摩托罗拉，总金额约 125 亿美元。通过这次收购，Google 公司拥有了自己的专利组合，并且在安卓系统上加强了垂直一体化管理。另一种模式是以 Facebook 为代表的"专业化"模式，向上游的服务环节扩张。2012 年 Facebook 以 10 亿美元加股票方式收购在线招聘共享服务商 Instagram；2014 年斥资 20 亿美元收购沉浸式虚拟现实技术公司 Oculus VR；

同年，以约 190 亿美元的现金和股票的方式收购 WhatsApp，这是继 2001 年时代华纳和 AOL 合并之后互联网产业最大规模的并购交易。Facebook 这一系列并购对象都是上游的服务企业，通过向服务链的上游延伸，提高核心的产品竞争力，强化企业在价值链上的控制权。通过对这两种模式的分析总结，本文认为提高服务业增长绩效可以从全球价值链入手，通过向服务链的上游和下游延伸来提高生产率。

本文从以下方面扩展了现有的研究：

第一，现有的文献都是在全球价值链上固定的位置讨论一国经济增长和相应的福利问题。本文将全球供给链（Global Supply Chain）融入服务业增长分析框架中，突破了现有分析框架的视角狭隘的不足。Oulton（2001）认为鲍莫尔只考虑最终品，没有考虑中间品；很多中间服务品部门是存在技术进步的。他发现商业服务部门是一个技术进步率很高的部门。沿袭相同的思路，Sasaki（2007）将服务品既作为中间投入品，又是最终需求品，分析经济服务化对增长的影响，他发现长期的经济增长取决于劳动和服务要素的替代弹性。Castaldi（2009）分析了 1979 年到 2004 年全球 16 个主要的发达国家服务业扩展与技术进步之间的关系。他发现知识密集型的服务业生产率增长有限，网络和信息服务业的生产率增长较快。Maroro - Sanchez 和 Roura（2009）的研究结论推翻了前人的结论，他们发现产业结构服务化有助于技术进步。程大中（2004）利用中国的分行业数据发现，我国的服务业扩张导致整体经济增长速度下滑。这些结论之间存在严重的分歧，其主要原因是分析视角的片面性，拘泥于鲍莫尔最初的分析模型中。鲍莫尔在 1967 年分析服务扩展与经济增长的关系时，全球经济一体化尚处于萌芽阶段，全球价值链尚未成型。鲍莫尔关注的重点是国内的三次产业结构变迁对生产率的影响。随着 20 世纪 80 年代全球化的浪潮，各个国家纷纷加入全球生产网格。各国产业已经高度地融合到一起，尤其是 1993 年乌拉圭多边谈判服务业开放取得了突破性进展，签订的《服务贸易总协定》（General Agreement on Trade in Services，GATS）于 1995 年正式生效之后，全球服务业关税大幅下降，各国服务业纷纷加入全球价值链中，服务链的长度和广度的延伸进一步推动了服务业的技术进步。针对这种现象，本文将服务业作为独立的分析部门，研究在全球生产一体化背景下，服务业延伸供给链对服务业生产率的影响。

第二，正如前文案例分析，服务业供给链的延伸有两个方向：上游的服务环节和下游制造环节。前者指服务企业兼并收购其他服务企业或者将自身业务进行外包，主要表现为中间服务品投入的比重不断上升。后者指服务企业兼并收购制造业企业，或者将部分生产业务外包给制造型企业，主要表征为中间制造品投入的比重不断上升①。两种不同的供给链延伸方向会对服务业生产率产生何种影响，哪种方式对生产率提升的帮助更大？这也是本文研究的主要问题。

第三，金融危机之后，欧美发达国家提出了"振兴制造业"的发展计划，大型制造型企业纷纷将业务回迁到本土，例如：通用电气将组装线从中国搬回了美国肯塔基州，NCR 公司将 ATM 机的生产系统从中国、印度和匈牙利迁回佐治亚州。阿迪达斯将制造业务回迁到欧洲。2015 年，英国公投退出欧盟；美国特朗普当选总统之后，退出《跨太平洋伙伴关系协定》（*Trans – Pacific Partnership Agreement*）。全球经济一体化进程受阻，全球价值链呈现收缩的状态，国内价值链的重要性日益显现。在这样背景下，服务业在全球价值链和国内价值链上延伸产业链条的长度对服务业生产率有什么异质性的影响？这也是本文关注的重点问题。

第四，现有的研究都是基本国家层面分行业的数据，中国作为一国地域广博的大国，不同省份之间的发展差异性极大；此外，不同经济发展水平省份的服务业在国内价值链上的分工存在显著异质。因此，必须对不同省份的服务业进行细分研究。本文突破了加总行业层面数据的限制，按照国民经济行业分类与代码（GB/4754 – 2011）分类，采用了 30 个省份 1995 年到 2014 年 20 年的 55 个行业的数据进行实证分析②。此外计算服务业在全球价值链和国内价值链上长度时，需要行业使用的中间投入品数量。为此，本文还运用了 30 个省份，1997 年、2002 年、2007 年和 2012 年共计 120 张

---

① 餐饮业作为消费性服务部门，是典型的"停滞部门"，但是餐饮企业可以通过购买机械设备，来提高企业的生产效率。

② 由于数据质量较差，缺失值过多，本文剔除了西藏。考虑到西藏无论是在全球价值链还是在国内价值链上参与的分工都十分有限，剔除之后不影响本文的分析结果。42 个行业包括：农业（1 个行业），采矿业（7 个行业），制造业（31 个行业），电力、热力、燃气及水生产和供应业（1 个行业），建筑业（1 个行业）和服务业（14 个行业）。由于计算供给链需要将产业数据和贸易数据以及投入产出表数据进行匹配，部分行业会进行合并，匹配方法在下文中会有介绍。

投入产出表，测算了不同服务业在全球价值链和国内价值链上供给链的长度，进行细化研究。可以较为精确地刻画出我国不同省份服务业参与国际国内分工对生产率的影响。

二 文献综述

新古典增长理论认为：人力资本、研发投入和产业集聚是促进技术进步的决定因素（Aghion and Howitt，1992；Barro，1991；Hall and Jones，1999；Howitt，2000；Jones，1995，1999；Lucas，1988；Romer，1986，1990；Solow，1956；Swan，1956）。传统增长理论不区分三次产业，因此产业结构变迁未能纳入分析框架中①。"配第—克拉克定理"强调：随着经济的发展，服务业在国民经济中的比重将会不断提升。世界银行数据显示，2014年，服务业占 GDP 的比重在全球范围内的平均水平达68.29%。这意味着，服务业的技术进步率（全要素生产率）将决定长期的经济增长水平。关于经济服务化会对一国长期经济增长产生何种影响，学界存在两种不同的观点：一方面，是以卡尔多为代表的"平衡增长理论"（Balanced Development Theory），该观点强调国民经济会沿着平衡增长路径（Balance Growth Path）进行发展和演化。卡尔多（1961）对20世纪各国的经济增长进行分析和归纳，总结出了5个"典型化实施"（stylized facts）：第一，劳动生产率以稳定速度不断提高；第二，人均资本以稳定速度增长；第三，资本回报率（实际利率）保持稳定；第四，劳动资本产出比保持稳定；第五，劳动和资本的份额保持稳定。另一方面，是以鲍莫尔为代表的"非平衡增长理论"（Unbalanced Development Theory），强调部门之间的技术进步率存在差异，经济增长并非按照平衡路径发展，而是按照非均衡增长路径发展（Unbalance Growth Path）。Baumol（1967）针对经济服务化的特征，构建了两部门非均衡增长模型，在模型中设定服务业部门是技术停滞部门，制造业部门是技术进步部门。由于名义工资同比例增加，停滞部门（服务业部门）的工资成本将不断上升，劳动力将会涌入停滞部门②。整体经济增长速度将会

---

① 结构变迁指三次产业结构在国民经济中占比的变动情况。

② 因此，该模型也被称为"成本病"模型。

趋近于服务部门，陷入停滞状态。Baumol 的模型较好地解释了随着产业结构服务化之后，发达国家的经济增长速度下滑的现象。但是，也遭到一些学者的评判（Birch and Cramer, 1972）。主要争论在于，服务业并非是完全的技术停滞部门，两部门的划分过于笼统。为此，Baumol（1985）对该模型进行了修正，引入"半停滞部门"，将两部门模型扩展到三部门。研究结论显示，随着相对价格的上升，停滞部门的支出和就业份额会急速上升。劳动力会不断转移到停滞部门和半停滞部门，经济增长速度下滑。该模型的结论与最初的模型结论基本一致。

经济服务化是否会阻碍经济增长？针对该问题，很多经济学家进行了深入研究，主要从以下两个方向不断扩展和完善鲍莫尔的模型。一种方向是深化对服务需求以及服务消费的认识。Pugno（2006）扩展了 Lucas（1988）的思想，他将服务消费视为人力资本积累渠道之一，随着服务消费增加，制造业和服务业的生产率都会得到提升。这也意味着全要素生产率的增长是内生的。因此随着产业结构服务化，经济增长的速度会加快。De Vincenti（2007）的研究也持类似的观点。另一种方向是突破服务品仅仅为需求品的设定，认为服务品不仅是消费品也是重要中间投入品。Outon（2001）认为鲍莫尔模型的一个缺陷是只考虑最终品部门，没有包括中间品部门。很多中间服务部门存在技术进步（比如，商业服务）。但是，Oulton 的模型也存在一个缺陷，他将服务品部门仅仅作为中间品部门，忽略了服务品的最终需求部分。为了解决这点不足，Sasaki（2007）将服务品划分为中间投入品和最终需求品。他发现在这种情况下，服务业扩张会导致长期的经济增长速度下滑。Ngai 和 Pissarides（2007）认为在鲍莫尔模型中加入资本品之后，服务业的扩张就会促进经济增长。Bonatti 和 Felice（2008）总结了服务业发展的四个典型事实：（1）服务品价格相对收入会持续上升；（2）相对于制造业，服务业是劳动密集型行业；（3）服务业的资本积累速度快于制造业；（4）服务品的需求价格弹性大于1。因此，他将技术进步部门（制造业）的产品划分为两个用途——消费和投资，技术停滞部门（服务业）产品仅用于消费。扩展之后的模型显示，随着服务部门的扩张，长期的经济增长速度（全要素生产率）会下滑。近年来，越来越多的学者认识到卡尔多理论的重要性。Kongsamut 等（2001）在新古典理论基础上建立了三部门（农业、制造业和服务业）平衡增长模型，较好地解释了人均

GDP 是如何沿袭平衡增长路径上涨的。Iscan（2010）扩展了 Kongsamut 等（2001）的模型，同时将"成本病"问题和恩格尔法则引入分析框架中，区分了两种效应对经济增长率的异质性作用。Jones 和 Romer（2010）重新梳理和修正了"卡尔多事实"，提出了"新卡尔多事实"（New Kaldor Facts）：（1）市场范围不断扩大；（2）人均 GDP 的增速在加快；（3）与技术前沿的距离决定了各国增长速度的差异；（4）人均收入和全要素生产率之间存在差异（要素投入的差异只能解释人均 GDP 差距中的不到一半；（5）人力资本在不断增加；（6）相对工资长期地稳定。新卡尔多事实意味着，随着全球经济服务化，世界经济的增长速度并没有显著地下滑。

在实证方面，学者关心的重点问题在于服务业的生产率是否存在增长以及增长速度如何？如果服务业的全要素生产率为正，服务部门扩张会带动整体的经济增长；进一步，如果服务业的全要素生产率高于制造业的全要素生产率，就业从制造业流入服务业，会使得国民经济以更快的速度增长。Hartwig（2011）利用 1970~2005 年 18 个 OECD 国家的数据进行了经验分析发现，服务业扩张会导致生产率下降。Nordhaus（2014）利用美国的数据发现，服务业在国民经济中的比重提高之后，美国的经济增长速度出现了下滑。这两位学者的实证结论都支持鲍莫尔的观点。但是，也有学者的经验研究得出了相反的结论。Verma（2008）利用印度的数据发现服务业的全要素生产率存在较快的增长。Maroto - Sánchez 和 Cuadrado - Roura（2009）运用 37 个欧盟国家的数据实证发现，服务业扩张对经济增长有正向的促进作用。Castaldi（2009）认为创造性破坏使得新产品取代旧产品，产业结构发生变动，服务业作为中间品部门会间接带动全要素生产率的提升。他利用欧盟的数据发现服务业内部不同行业扩张对全要素生产率存在异质性作用：（1）物理网络和信息网络的普及会促进生产率；（2）知识密集型服务业的生产率提升有限；（3）服务外包是全要素生产率增长的主要来源之一。以上学者研究说明，关于经济服务化与全要素生产率之间作用渠道尚未达成一致。需要从新的视角去分析该问题。

国内研究也主要围绕"服务业发展是否存在滞后"以及"对服务业生产率进行测算"两个方面展开。程大中（2003）研究发现中国的服务业存在明显的"三低"现象，即服务业增加值比重低、就业比重低和人均增加值比重低，服务业生产率存在明显的滞后。程大中（2004）较早地研究了服务业"成本病"问题。他基于中国服务业发展的实际分析发现，中国整体服务业的劳动生产率增长滞后，服务部门需求与服务部门发展处于极不均衡的状态。随后，程大中和汪蕊（2006）基于 Pugno 模型，对中国服务业增长及其影响进行了数值模拟。研究结果显示：通过增强服务消费可以增加人力资本，促进服务业健康发展和整体经济实现长期增长。他在（2008a）和（2008b）都认为中国的服务业劳动生产率存在明显的相对滞后现象。赵永亮和张捷（2011）基于鲍莫尔修正模型，考察了国际分工和制度因素对工业和服务业均衡发展的影响。经验研究表明，参与国际分工的出口导向战略限制了我国产业结构趋向服务化。也有学者持反对意见，李国璋等（2008）建立了多部门的经济增长模型，通过对 1978~2006 年的数据进行实证研究发现，我国第三产业的全要素生产率高于第二产业。李建华和孙蚌珠（2012）对两种观点进行了融合，他们从生产过程是否可标准化的角度出发，将服务业划分为可标准化服务业和不可标准化服务业，分析了可标准化服务业、不可标准化服务业与工业三者之间结构变迁对生产率的影响，并采用 1978~2010 年中国服务业分行业数据对扩展后的模型进行实证分析发现，不可标准化的服务业扩张会导致"成本病"，可标准化的服务业扩张会促进生产率。目前学界得到的基本结论是，我国服务业存在一定程度的滞后以及生产率低下的问题。谭洪波和郑江淮（2012）基于 Baumol 的修正模型解释了中国经济高速增长与服务业发展相对滞后并存的"服务业发展悖论"。他们认为这种情况是由于中国服务业特别是高级生产性服务业的 TFP 增值率为零造成的。王晶晶和黄繁华（2014）基于 Pugno 模型发现，服务业发展水平虽然滞后，但可以通过服务消费的人力资本积累效应带动经济增长，并且该效应在东部发达地区最为显著。

由于服务业内部细分行业性质差异较大，对服务业生产率的细化测算也是研究的重要领域：顾乃华和李江帆（2006）借助随机前沿生产函数模型，使用面板数据面，分析了我国服务业技术效率的区域差异。研究表明，东、中、西部服务业技术效率存在显著的差异。杨勇（2008）测算了 1952~2006年服务业全要素生产率，并借助 Cobb—Douglas 生产函数，对服务业全要素生产率的产出率进行分析。结论显示，服务业全要素生产率对产出的贡献率偏低。王恕立和胡宗彪（2012）采用两次经济普查后的修订数据，运用 Malmquist 生产率指数法测算了 1990~2010 年中国服务业细分行业的全要素生产率。结果表明，虽然中国服务业总体及其细分行业的 TFP 处于上升通道，但是服务业发展的粗放型特征仍然明显，与工业（制造业）相比，服务业 TFP 增长是滞后的。随后，王恕立等（2015）将环境因素纳入生产率研究体系，测算了 2000~2012 年 31 个省份和 2004~2012 年服务业细分行业的全要素生产率变动情况。他们进一步发现，未考虑环境因素会高估服务业的生产率。这意味着服务业实际的 TFP 更低。庞瑞芝和邓忠奇（2014）采用 1998~2012 年中国省际面板数据对工业和服务业生产率进行了对比研究。研究显示，服务业生产效率高于工业，但是 TFP 的增长落后于工业。崔敏和魏修建（2015）考察了服务业各细分行业的生产率及技术状态，研究表明，技术进步是推动我国服务业向集约化经济发展的主导力量。生产性服务业技术进步对产值的贡献度较大。胡宗彪（2014）将开放条件引入服务业生产率的测算中，他基于异质性企业内生技术选择视角和世界投入产出表的大样本数据，考察了国际服务贸易成本对服务业生产率的影响。结果表明，更低的贸易成本与更高的生产率及更快的生产率增长相联系，且该效应主要体现在生产性服务部门。但服务贸易成本下降的效应系数远远低于商品部门。从这些学者研究中可以发现，虽然服务业存在弱技术进步，但仍属于停滞部门，服务业的全要素生产率远落后于制造业。

三 计量模型、测量方法和数据来源

（一）研究模型

本文借鉴 Maroto – Sánchez 和 Cuadrado – Roura（2009）的实证模型，从全球价值链（Global Value Chain）和国内价值链（National Value Chain）两个视角研究延伸供给链对服务业全要素生产率的影响。在结合样本实际特征的基础上，本文设计如下计量模型：

$$\ln tfp_{ij,t} = \alpha_0 + \alpha_1 \ln ssc_{ij,t} + \alpha_2 \ln psc_{ij,t} + \mu_i + \mu_j + \delta_t + \varepsilon_{ij,t}$$

其中，下标 i 表示 5 个服务业细分行业，j 表示 30 个省份，t 代表时间。tfp 表示服务业的全要素生产率，ssc 表示服务业向上游服务业环节延伸供给链（Service Supply Chain），psc 表示向下游的制造环节延伸供给链（Product Supply Chain），μ_i 是行业的固定效应，μ_j 是地区固定效应，δ_t 是不随时间变化影响服务业全要素生产率的特定因素，$\varepsilon_{ij,t}$ 是随机误差项。因此，本文控制"省份—行业—时间"的固定效应。为了避免变量由于数量级差异造成的估计结果的偏误，所有的变量均采用对数形式。考虑到全要素生产率在演化过程汇总具有连续性的典型特征，我们引入全要素生产率的滞后一期作为被解释变量，即

$$\ln tfp_{ij,t} = \alpha_0 + \alpha_1 \ln tfp_{ij,t-1} + \alpha_2 \ln ssc_{ij,t} + \alpha_3 \ln psc_{ij,t} + \mu_i + \mu_j + \delta_t + \varepsilon_{ij,t}$$

与 Miroudot（2012）、胡宗彪（2014）不同的是，为了进一步避免遗漏重要解释变量引起内生性误差，我们还引入了 3 个控制变量：产业结构服务化程度、外商直接投资金额和研发投入来控制如下事实，即随着产业结构变迁、FDI 的增加以及研发投入的变动会对服务业全要素生产率产生正向或者负向的影响。因此，本文最终计量模型设定为：

$$\ln tfp_{ij,t} = \alpha_0 + \alpha_1 \ln tfp_{ij,t-1} + \alpha_2 \ln ssc_{ij,t} + \alpha_3 \ln psc_{ij,t} + \alpha_4 \ln service_{ij,t} + \ln fdi_{ij,t}$$
$$+ \alpha_5 \ln R\&D_{ij,t} + \mu_i + \mu_j + \delta_t + \varepsilon_{ij,t}$$

其中，$t-1$ 表示滞后一期，$service$ 表示产业结构服务化程度，fdi 表示行业使用的外商直接投资，$R\&D$ 表示行业的研发投入。

（二）变量说明

1. 服务业全要素生产率

本文对服务业全要素生产率的测算借鉴王恕立和胡宗彪（2012）、王恕立等（2015）的方法，采用 DEA – Malmquist 生产率指数法。关于该方法的介绍，可以参见这两篇文章，本文不做过多转述。本文的样本数据包括 1995 ~ 2014 年 30 个省份制造业的 5 个服务行业（消费性服务业、交通仓储和运输业、金融业、生产性服务业、公共服务业）[①]。服务业的产出数据来源于各省份的统计年鉴，部分缺失的数据采用七年加权平均进行处理和插

[①] 参考陈启斐和刘志彪（2013）的处理方法，14 个服务业行业合并如下：批发和零售业、住宿和餐饮业合并为消费性服务业；交通运输、仓储和邮政业仍作为交通运输、仓储和邮政业；金融业仍作为金融业；信息传输、软件和信息技术服务业，房地产业，租赁和商务服务业，科学研究和技术服务业合并为生产性服务业；水利、环境和公共设施管理业、居民服务、修理和其他服务业，教育业，卫生和社会工作，文化、体育和娱乐业，公共管理、社会保障和社会组织合并为公共服务业。五大类服务业的产出、资本存量和就业人数是由相应的各个细分服务业加总获取。

值。部分省份的连续缺损数据由国研网的区域数据中数据进行弥补。

对劳动投入数据，Zheng 等（2009）采用人均受教育年限对劳动质量进行了调整。由于无法获得相应的质量调整数据，所以将服务业各行业的"年末从业人员数"作为劳动投入的代理变量。数据来源于国研网的《人口和就业数据库》。

对资本投入数据，缺乏资本存量的官方数据。因此，本文采用永续盘存法（Perpetual Inventory Method）进行估算，公式如下：

$$K_{ij,t} = （1 - \delta_{ij,t-1}） K_{ij,t-1} + I_{ij,t}$$

其中，$K_{ij,t}$ 和 $K_{ij,t-1}$ 分别表示 j 省的 i 行业在 t 年和 $t-1$ 年的资本存量，$I_{ij,t}$ 和 $\delta_{ij,t-1}$ 分别表示 j 省 i 行业在 t 年的不变价投资额和 $t-1$ 年的资本折旧率。为了计算样本期内资本存量，还必须指导样本期初始资本存量。对资本初始存量的计算，本文按照 Harberger（1978）提出的稳态方法，即"稳态时资本产出比"不变的假定，反向推导出样本期初始的资本存量估算公式：

$$K_{ij,1995} = I_{ij,1995} \Big/ （\bar{g}_{ij} + \delta_{ij}）$$

其中，$K_{ij,1995}$ 表示 1995 年 j 省 i 行业的资本存量，$I_{ij,1995}$ 表示 1995 年 j 省 i 行业的投资额，$\bar{g}_{ij}$ 表示样本期内该行业的产出的平均增长率，δ_{ij} 表示折旧率。平均增长率可由服务业产出数据反向求出。单豪杰（2008）对资本存量的估算采用的折旧率为 10.96%，张杰等（2015）也采用了该水平的折旧率。但是考虑到服务业投资的异质性，10.96% 的可能会高估资本的折旧速度。我们借鉴王恕立和胡宗彪（2012）计算服务业资本存量时所采用的 4% 的折旧率。

2. 服务业供给链的长度

对服务业供给链长度的测算是本文的核心问题，尤其是本文计量需要运用到服务业分别向上游服务环节和下游制造环节的供给链长度。研究全球价值链的文章很少有涉及供给链测算问题，Antràs 等（2012）基于投入产出表测算了美国细分行业的上游度（Upstreamness of Production），他们的计算公式如下：

$$\delta_{ij} = \frac{d_{ij}Y_j + X_{ij} - M_{ij}}{Y_i}$$

其中，Y_i 和 Y_j 分别表示行业 i 和行业 j 的产出，X_{ij} 表示行业 i 出口中行

业 j 的使用部分，M_{ij} 表示行业 i 进口中行业 j 的使用部分。在投入产出表中，并没有给出进出口贸易的投入产出数据，因此，假定行业 i 产出使用的行业 j 的比例同行业 i 出口产品中使用行业 j 的比例保持一致，与行业 i 进口产品中使用行业 j 的比例也保持一致。表示如下：

$$\delta_{ij} = \frac{X_{ij}}{X_i} = \frac{M_{ij}}{M_i}$$

在该假定下，上游度指数可以改进为：

$$\gamma_{ij} = \frac{d_{ij} Y_j}{Y_i - X_i + M_i}$$

上游度指数较好地刻画出行业在全球价值链上所处的位置，得到了一定程度的推广。王永进和刘灿雷（2016）基于上游度指数，研究了国有企业上游垄断对中国经济增长的影响。但是上游度指数只能测试出行业在全球价值链上的位置，无法描绘出行业沿着价值链向上游和下游供给链的变化情况。为了解决这个问题，本文关于行业供给链的定义借鉴 Feenstra 和 Hanson（1997，1999）的定义，将行业 i 使用行业 j 的中间投入品占比视为行业 i 的供给链沿着行业 j 的长度。其背后的经济学含义是，行业 i 使用的行业 j 的产品比例越高，说明行业 i 的供给链向行业 j 延伸的长度越长。按照这个定义，我们将供给链（Supply Chain）的长度定义为：

$$SC_{it} = \sum_j \left(\frac{X_{ijt}}{\sum_i X_{ijt}} \right) \left(\frac{M_{jt}}{Y_{jt} + M_{jt} - E_{jt}} \right) + \sum_j \left(\frac{X_{ijt}}{\sum_i X_{ijt}} \right) \left(\frac{Y_{jt} - E_{jt}}{Y_{jt} + M_{jt} - E_{jt}} \right)$$

其中，X_{ijt} 表示行业 i 的中间服务品 j 的投入量，$\sum_i X_{ijt}$ 行业 i 中间投入品的总和。M_{jt} 表示行业 j 的总进口量，Y_{jt} 代表行业 j 的总产出量，E_{jt} 表示行业 j 的总出口量。$\dfrac{X_{ijt}}{\sum_{it} X_{ijt}}$ 表示行业 i 使用的中间投入品占比，$(Y_{jt} + M_{jt} - E_{jt})$ 表示本地实际使用的 j 的数量，$\dfrac{M_{jt}}{Y_{jt} + M_{jt} - E_{jt}}$ 是行业 j 进口量占本地使用量的比重。因此，等式右边第一项 $\left(\dfrac{X_{ijt}}{\sum_i X_{ijt}} \right) \left(\dfrac{M_{jt}}{Y_{jt} + M_{jt} - E_{jt}} \right)$ 表示本地行业 i 生产 1 单位需要消耗全球其他国家加总行业 j 的数量，该比例可以较好地刻画出在全球价值

链上，行业 i 在供给链 j 上的长度。$\sum_j \left(\dfrac{X_{ij}}{\sum_i X_{ij}} \right) \left(\dfrac{M_j}{Y_j + M_j - E_j} \right)$ 表示了行业 i

在全球价值链上所用供应链的总长度。同样的，$\left(\dfrac{X_{ij}}{\sum_i X_{ij}} \right) \left(\dfrac{Y_j - E_j}{Y_j + M_j - E_j} \right)$ 表示

国内价值链上行业 i 在供给链 j 上的长度。将两者加总之后就是行业 i 在全球价值链和国内价值链的供给链总长度。

计算 SSC 和 MSC 需要 X_{ij}、Y_i、M_j 和 E_j 这 4 个数据，其中 Y_j 可以从当年的《中国统计年鉴》获得，M_j 和 E_j 是附加值贸易的进出口数据。X_{ij} 和在 1997 年、2002 年、2007 年和 2012 年的投入产出表中都有数据。本文对非投入产出表年份的 X_{ij} 的计算借鉴了陈启斐和刘志彪（2014）的处理方法：首先利用 1997 年、2002 年和 2007 年和 2012 年投入产出表中的数据，求出行业 i 的使用的中间品 j 的投入量占行业 j 总产出的比重，再利用每年服务业 j 的产出乘以该比重，获得行业 i 对 j 的中间使用量 X_{ij}。

图 2～图 5 分别给出了我国服务业在全球价值链和国内价值链的制造环节和服务环节的供给链长度。从 4 幅图中可以发现我国服务业的供给链具有以下特征：第一，服务业供给链在国内价值链上的长度要高于在全球价值链上的长度。这充分说明了，我国参与全球价值链主要以制造业为主，服务业的开放程度相对不足、国际竞争力较低，发展方式主要是以本地化为

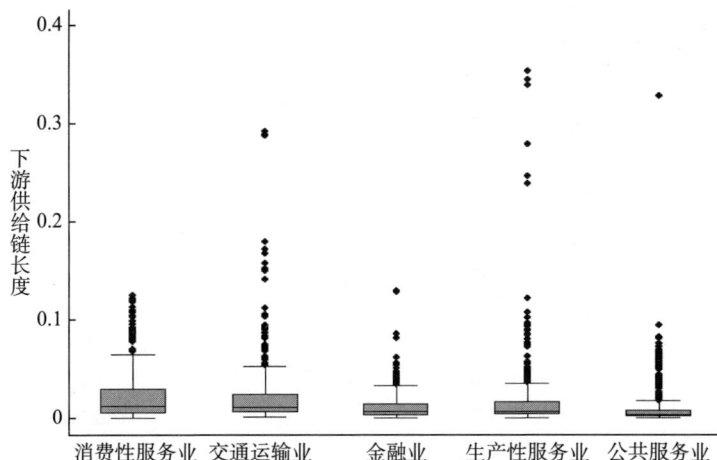

图 2　我国服务业在全球价值链上在下游制造环节供给链的长度

主。在全球价值链上的参与度不足。第二，服务业供给链在上游服务环节的长度要高于下游的制造环节的长度。这反映出我国服务业的发展存在"自增强"机制，主要是依托服务要素投入为主。第三，部分生产性服务业的供给链在全球价值链和国内价值链上有了一定的发展。我国发达地区的部分生产性服务业拥有较好的基础，已经突破本地化的限制，开始在全球价值链上进行资源配置和要素的搜寻。

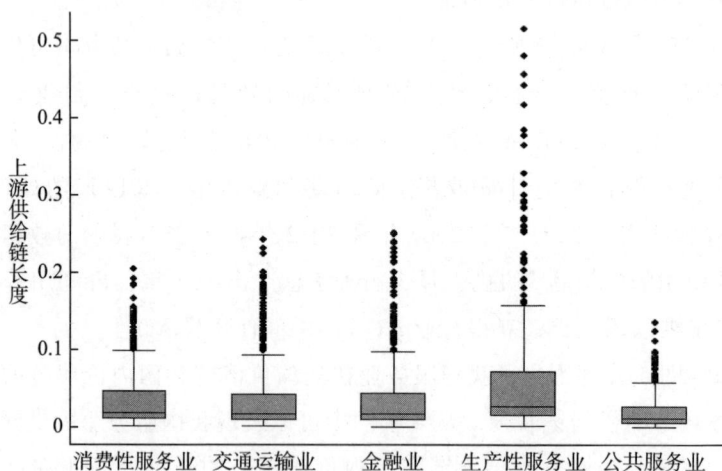

图 3　我国服务业在全球价值链上在上游服务环节供给链的长度

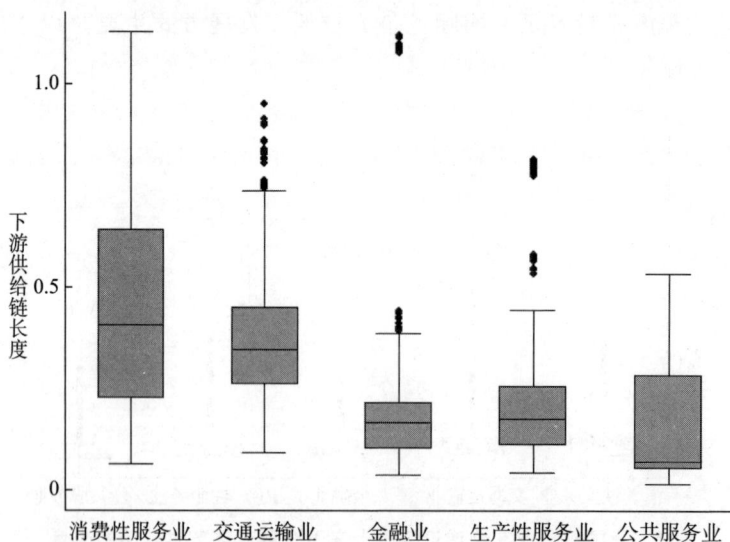

图 4　我国服务业在国内价值链上在下游制造环节供给链的长度

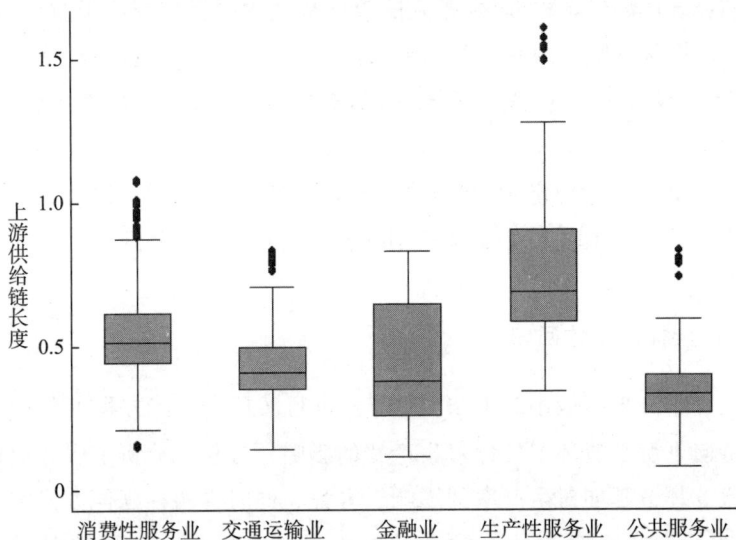

图 5　我国服务业在国内价值链上在上游服务环节供给链的长度

3. 控制变量

产业结构的服务化程度（service）：无论是平衡增长理论还是非平衡增长理论主要是针对服务业扩展对整体全要素生产力的影响，但是很少有文章涉及服务业扩张对服务业自身全要素生产率的影响。为了弥补这方面的不足，本文在回归中引入了服务化程度，用服务业的行业产出占整体的比重来衡量产业结构的服务化程度。外商直接投资（fdi）：外商直接投资是全球技术扩散的主要来源之一。能否通过外商直接投资带动我国服务业全要素生产率的提升？这是本文重点关注的问题。研发投入（R&D）：研发投入是技术进步最重要的内生动力，实施创新驱动发展战略是我国"十三五"发展规划纲要的主要任务之一。本文引入研发投入，分析提高研发投入对服务业全要素生产率的影响。

（三）数据来源

本文关于服务业和制造业产出、各行业年末就业人数以及外商直接投资金额来自各省份的统计年鉴。服务业的固定资产投资来源于国研网的《固定资产投资数据库》，部分缺损数据采用 7 年加权平均进行补值。各省份的 1997 年、2002 年、2007 年和 2012 年的投入产出表来自国研网的《国民经济核算统计数据库》。研发投入的数据从《中国科技统计年鉴》中获取。商品贸易数据从《联合国商品贸易数据库》中获取；服务贸易数据从《国际收支平衡统计数据库》获得，部分缺损数据采用 7 年加权平均值进行弥补①。

四　供给链延伸与服务业生产率：基于国际价值链和国内价值链双重视角的分析

（一）全样本整体回归

首先，本文采用最小二乘法（OLS）进行实证分析。方程 1 分析了服务业供给链向下游制造环节延伸对生产率的影响，方程 2 分析了服务业供给链向上游服务环节延伸对生产率的影响，方程 3 同时将两种延伸方式纳入分析框架中进行分析。Hausman 检验表明，方程应当采取固定效应模型。Pesaran's 检验和 Friedman's 检验显著拒绝了存在异方差的假定，这说明本文不存在异方差问题。方程 1 显示服务业供给链向下游延伸，会对生产率产生正向作用，但是该关系并没有通过显著性检验。方程 2 的结果表明，服务业向上游延伸供给链会显著地促进生产率的提升。将供给链的两个方向同时纳入实证方程之后可以发现，向上游延伸供给链可以促进生产率的提升；向下游制造环节延伸供给链的影响为负，但是没有通过显著性检验。

表 1　供给链延伸对服务业生产率影响效应的检验结果

	最小二乘法			系统 GMM		
	方程 1	方程 2	方程 3	方程 4	方程 5	方程 6
	lntfp	lntfp	lntfp	lntfp	lntfp	lntfp
L. lntfp				0.896^{***} (0.000396)	0.889^{***} (0.000287)	0.894^{***} (0.000438)

---

① 需要额外说明的是，为了更好地反映出价值链上的产品增值特征，本文的商品贸易数据和服务贸易数据均采用国际上最新发展起来的附加值贸易数据。本文在 Koopman 等（2015）的附加值贸易理论模型的基础上进行扩展，引进多个部门，构建多边框架下的全球附加值贸易理论；并运用了 WIOD 数据中的双边贸易数据测算了多边框架下的我国细分行业的增加值贸易数据。限于篇幅的原因，本文没有将这部分展开，有需要的学者可以向作者询问和索取。

续表

	最小二乘法			系统 GMM		
	方程 1	方程 2	方程 3	方程 4	方程 5	方程 6
	lntfp	lntfp	lntfp	lntfp	lntfp	lntfp
lnmoss	0.00863		−0.0192	−0.0294***		−0.0580***
	(0.0147)		(0.0153)	(0.000574)		(0.00115)
lnsoss		0.156***	0.166***		0.111***	0.148***
		(0.0268)	(0.0281)		(0.00201)	(0.00282)
lnservice	0.888***	0.880***	0.889***	−0.0375***	−0.0695***	−0.0674***
	(0.0807)	(0.0799)	(0.0802)	(0.00461)	(0.00577)	(0.00503)
lnfdi	0.652***	0.649***	0.651***	0.0889***	0.103***	0.0935***
	(0.0178)	(0.0176)	(0.0177)	(0.00129)	(0.00155)	(0.00129)
lnrd	0.158***	0.156***	0.155***	0.0114***	0.00438***	0.0116***
	(0.0109)	(0.0109)	(0.0109)	(0.000823)	(0.00107)	(0.000841)
Constant	−4.080***	−3.961***	−3.987***	−0.648***	−0.633***	−0.647***
	(0.147)	(0.146)	(0.147)	(0.0103)	(0.0125)	(0.0116)
Pesaran's 检验	0.0000	0.0000	0.0000			
Friedman's 检验	0.0003	0.0000	0.0000			
Wald 检验				[0.00]	[0.00]	[0.00]
相关性检验				0.4677	0.3693	0.3857
有效性检验				0.9852	0.9872	0.9827
地区固定效应	控制	控制	控制	控制	控制	控制
行业固定效应	控制	控制	控制	控制	控制	控制
观测值	2995	2995	2995	2840	2840	2840
调整后的 R 值	0.686	0.690	0.690			
产业数	150	150	150	150	150	150

注：实证的结果均由 stata13 计算并整理得出。 *** 、 ** 、 * 分别表示 1% 、 5% 、 10% 的显著性水平，圆括号中的数字为双尾检验的 t 值，方括号内是 Wald 检验的 P 值。

　　尽管前面本文得到了初步的估计结果，并且也在计量方程中控制了与服务业自身特征有关的一系列变量以及地区差异、产业差异和时间差异各自相关的固定效应特征，但是 OLS 方法并未考虑服务业未被观察到的异质性因素（例如服务企业 CEO 的能力等）。而这些未被观察到的异质性因素或许能够接受服务业生产率差异。同时，在计量模型中，也可能存在逆向因果关系，例如只有生产率较高的服务企业才能更加容易地延伸供给链的长度。在这样的情况下，OLS 方法的估计结果就不再是有效的。因此，我们需要引入另一种方法来解决内生性问题。为此，本文在动态面板的数据中引入了两步系统 GMM 的估计方法（Arellano and Bond，1991）。实证结果见方程 4~6，在选择了作为工具变量的水平方程和差分方程的工具变量之后，过度识别检验和相关性检验都通过了检验。说明可以采用两步系统 GMM 方法进行实证分析。对比 OLS 和两步系统 GMM，服务化程度的提升对全要素生产率的影响系数变为负值，这也符合我国目前的现实国情。观察方程 6，可以得到以下结论。

第一，向上游延伸供给链可以显著地提升服务业生产率。实证结果显示，当服务业供给链向上游延伸 1%，将会带动生产率提升 0.148%。延伸供给链的"生产率提升效应"要显著地强于 FDI 的"技术溢出效应"和研发的"生产率提升效应"。Baldwin 和 Lopez-Gonzalez（2013）研究发现，中国是全球供给链上最大的出口国和进口国，这主要由于中国"生产引致型进口"（importing-to-produce）和"出口引致型进口"（importing-to-export）的模式，并且全球供给链贸易主要是由工业部门主导，服务部门的参与程度较低。中国作为全球价值链的迟到者，主要是作为供给方，"两头在外"的模式导致自身的供给链的弹性和柔性不足；服务业作为制造业最重要的中间投入，一直承担着中间投入品的角色（Breinlich and Criscuolo，2011）。忽视了对服务业提供高质量的中间投入导致了我国服务业不仅占比低，而且技术进步率也长期在低水平徘徊。随着全球价值链的扩张，经济增长不仅取决于本地产业集聚程度和要素丰裕度，更重要的是在价值链上的任务外包受益程度（Timmer et al.，2014）。延伸服务业供给链的长度，在全球价值链上可以通过一系列任务外包，获得发达国家高端的生产要素和创新知识。随着中间投入品质量的提升，"长鞭效应"（bullwhip effect）发挥作用，供给链长度的延伸将会有效化解服务业"成本病"问题，促进服务部门的技术进步①。

服务业供给链向下游延伸时，无法带动服务业全要素生产率的增长。数据显示，当服务业供给链向下游延伸 1%，会导致服务业全要素生产率下

---

① Altomonte 等（2012）详细地介绍了"长鞭效应"发挥的机制，由于中间投入品的供应商发生转换，需要适应时间，在短期会出现小幅下滑，随后开始增长。类似于钩形的长鞭，因此称之为"长鞭效应"。

降 0.058% 。相对于制造业，服务业是一个弱规模经济部门。刘培林和宋湛（2007）运用累积分布曲线分析经济普查数据发现，服务业和制造业企业法人相比，前者装备劳动力所需的资产量更多，财务和经济效率比后者差，进入前者的投资门槛不比后者低。这些都说明，服务业对资源的利用效率要低于制造业。同时，我国产业结构存在较为严重的扭曲，主要的生产资源都集中在制造业中。在这样的背景下，服务部门向下游延伸产业链会面临较高的扭曲成本，多元化扩张会导致生产效率的下降。

第二，外商直接投资的增加会提高服务部门的全要素生产率，当 FDI 每提高 1% ，会带动服务业全要素生产率提高 0.0935% 。现有的研究表明，FDI 是全球技术扩散的主要途径（Coe and Helpman，1995；Del Barrio—Castro et al.，2002；Engelbrecht，1997；Malerba et al.，2013）。通过外商直接投资可以吸收发达国家先进的技术和管理手段，提高自身的发展绩效。黄繁华和王晶晶（2014）利用跨国面板数据发现，服务业 FDI 的 R&D 溢出效应会对东道国生产率产生显著的促进作用。本文的研究发现，FDI 对东道国生产率提升不仅体现在总体层面，还能对服务业的全要素生产率产生促进作用。通过吸收外商直接投资，可以帮助我国服务业突破技术壁垒，提升服务业生产率。

第三，研发投入可以提升服务业生产率。在新古典增长模型中，技术进步视为外生变量（Solow，1956，1957；Swan，1956；Denison，1967）。这样设定的结果是，在长期一国的经济有相同的技术进步率。早期只有两类模型尝试将技术进步内生化：第一类是以 Kaldor 和 Mirrlees（1962）和 Arrow（1962）为代表的"干中学"（learning by doing）模型，技术进步被认为是经验的产物；第二类是以 Uzawa（1965）、Phelps（1966）和 Shell（1967）将 R&D 引入生产模型中。Grifffith 等（2004）利用 12 个 OECD 国家工业数据研究发现：国内的研发支出越大，与技术前沿国家的生产率差距缩小得越快。Aw（2009）研究发现 R&D 对于企业生产率具有明显的提升作用。这说明，研发投入是技术进步的主导力量之一。学者利用中国的数据检验也发现了类似的结论，研发投入的增加会提高自主创新能力，进而提升生产率（李平等，2007；范红忠，2007）。本文的研究结论和目前主流的观点保持一致，研发投入会促进服务业生产率的提升。数据显示，研发投入每增加 1% ，会促进服务业生产率提高 0.0116% 。

第四，"成本病"模型强调，随着技术停滞（服务）部门扩展，整体的生产率会下降。本文进一步扩展了该模型的结论，服务部门的扩张不仅在整体上拉低平均生产率，还会抑制本部门的生产率。数据显示，服务业占比每扩展1%，服务业生产率会下降0.0674%。目前，我国服务业在国民经济中占比的提升主要是依靠吸纳低技能工人实现，规模效率低下。这种无效率的扩张进一步牺牲了服务业的全要素生产率。今后，服务业结构调整的方向应当是提升工人的技能水平，提高资本深化率，才能有效地促进生产率的增长。

（二）国际供给链和国内供给链

2008年金融危机之后，外部需求急剧萎缩，全球贸易发生大坍塌（The Great Collapse），全球价值链呈现收缩的状态（Amiti and Weinstein，2011；Bems et al.，2010；Bussiere et al.，2013）。英国退出欧盟，美国回归孤岛主义，导致全球价值链逐步收缩成为区域价值链。在这样的背景下，随之而来的一个问题是，服务业在国际供给链和国内供给链上延伸产业链会存在何种异质性的作用？进一步，哪种途径的作用对服务业生产率的提升更为强劲？为了回答这个问题，我们按照参与价值链不同的方式，分别研究服务业在全球价值链和国内价值链上延伸产业链条对全要素生产率的影响，实证结果见表2。

表2 服务业在国际价值链和国内价值链上延伸产业链条对
生产率影响的实证分析

	全球供给链			国内供给链		
	方程7	方程8	方程9	方程10	方程11	方程12
	lntfp	lntfp	lntfp	lntfp	lntfp	lntfp
L. lntfp	0.892*** (0.000306)	0.885*** (0.000300)	0.884*** (0.000393)	0.897*** (0.000425)	0.889*** (0.000268)	0.895*** (0.000480)
lnmoffohore	0.0188*** (0.000335)		−0.0163*** (0.00109)			
lnsoffshore		0.0605*** (0.000613)	0.0731*** (0.00155)			
lnmonohore				−0.0309*** (0.000590)		−0.0569*** (0.00144)

续表

	全球供给链			国内供给链		
	方程 7	方程 8	方程 9	方程 10	方程 11	方程 12
	lntfp	lntfp	lntfp	lntfp	lntfp	lntfp
lnsonshore					0.0902***	0.127***
					(0.00226)	(0.00240)
lnservice	−0.0561***	−0.0379***	−0.0282***	−0.0363***	−0.0768***	−0.0768***
	(0.00414)	(0.00422)	(0.00497)	(0.00384)	(0.00521)	(0.00456)
lnfdi	0.0942***	0.0652***	0.0614***	0.0883***	0.105***	0.0971***
	(0.00143)	(0.000724)	(0.00183)	(0.00146)	(0.00119)	(0.000971)
lnrd	0.00677***	0.00627***	0.00523***	0.0113***	0.00556***	0.0110***
	(0.000765)	(0.000836)	(0.00104)	(0.000793)	(0.000819)	(0.000804)
Constant	−0.552***	−0.173***	−0.164***	−0.647***	−0.668***	−0.687***
	(0.0110)	(0.00866)	(0.0161)	(0.0109)	(0.0121)	(0.00948)
相关性检验	0.4576	0.4792	0.4703	0.4702	0.3794	0.3935
有效性检验	0.9839	0.9864	0.9881	0.9878	0.9844	0.9853
地区固定效应	控制	控制	控制	控制	控制	控制
行业固定效应	控制	控制	控制	控制	控制	控制
观测值	2840	2840	2840	2840	2840	2840
产业数	150	150	150	150	150	150

注：实证的结果均由 stata13 计算并整理得出。***、**、* 分别表示 1%、5%、10% 的显著性水平，圆括号中的数字为双尾检验的 t 值，方括号内是 Wald 检验的 P 值。

方程 7~9 是服务业在全球供给链上的延伸产业链的实证方程，方程 10~12 是服务业在国内供给链上的延伸产业链的实证方程。观察方程可以发现：一方面，无论是在全球价值链还是在国内价值链上，向上游延伸供给链都可以促进服务业生产率的提升，向下游延伸供给链都会对服务业生产率产生抑制作用，这与总体的实证结果保持一致。另一方面，在国内价值链上延伸产业对服务业生产率的提升作用比全球价值链上的提升要高出 0.0539%。服务业参与国内价值链的本地治理，对全要素生产率的提升作用最为重要。Giuliani 等（2005）在对拉丁美洲国家产业升级的研究中发现，国内价值链治理对于本地企业的升级具有重要的"范围效应"（effect of scope）。服务业在国内价值链上延伸供给链之后，可以将更多的中小型企业纳入生产网格中，通过有意识的联合行动（consciously pursued joint action）

强化服务业的外部经济（external economies），弥补了服务业规模经济相对不足的缺陷。供给链的长度延伸之后，分工进一步细化，出现更加专业的服务供应商，此外还能在更大范围内出现网络供应商。一方面，供应商的数量会增加，专业化程度会提升；另一方面，通过国内价值链的本地治理机制，生产商和供应商之间交流更加充分，默会知识丰裕度提升。这些都会有效地提升服务业的全要素生产率。

（三）基于高端制造业和生产服务业的对比研究

在前文中，我们从国内外的二元视角考察了服务业延伸供给链对生产的影响，但是这种分析忽视了不同供给链的异质性。为了更加深入地分析供给链长度的延伸对服务业生产率的影响，本文进一步将供给链条进行拆分，细化研究不同的供给链对服务业全要素生产率的异质性作用。首先，我们生产性服务业和高端制造业分别从上游行业和下游行业中剥离出来，进行实证分析，同样采用全球价值链和国内价值链的双重视角进行分析，实证结果见表3。

表3　服务业向高端制造业和生产性服务业延伸供给链对
全要素生产率的实证分析

	全球供给链			国内供给链		
	方程 13	方程 14	方程 15	方程 16	方程 17	方程 18
	lntfp	lntfp	lntfp	lntfp	lntfp	lntfp
L. lntfp	0.892*** (0.000335)	0.890 (0.000321)	0.890 (0.000342)	0.896*** (0.000522)	0.892*** (0.000339)	0.896*** (0.000493)
lnamoffshore	0.00908*** (0.000477)		-0.00675*** (0.000605)			
lnpsoffshore		0.0363*** (0.000784)	0.0418*** (0.000833)			
lnamonshore				-0.0364*** (0.000735)		-0.0370*** (0.000850)
lnpsonshore					0.0588*** (0.00138)	0.0589*** (0.00212)
lnservice	-0.0507*** (0.00328)	-0.0598*** (0.00420)	-0.0530*** (0.00480)	-0.0555*** (0.00291)	-0.0632*** (0.00492)	-0.0733*** (0.00514)
lnfdi	0.0949*** (0.00144)	0.0778*** (0.00120)	0.0761*** (0.00120)	0.0902*** (0.00113)	0.0968*** (0.000997)	0.0918*** (0.00142)

续表

	全球供给链			国内供给链		
	方程 13	方程 14	方程 15	方程 16	方程 17	方程 18
	lntfp	lntfp	lntfp	lntfp	lntfp	lntfp
lnrd	0.00678*** （0.000826）	0.00109 （0.000711）	− 2.33e − 05 （0.000890）	0.00879*** （0.000802）	0.00618*** （0.000422）	0.00725*** （0.000628）
Constant	− 0.594*** （0.00886）	− 0.342*** （0.0112）	− 0.333*** （0.0102）	− 0.698*** （0.0100）	− 0.593*** （0.0108）	− 0.647*** （0.0115）
相关性检验	0.4484	0.4191	0.4078	0.4659	0.3976	0.4164
有效性检验	0.9839	0.9852	0.9867	0.986	0.9843	0.9854
地区固定效应	控制	控制	控制	控制	控制	控制
行业固定效应	控制	控制	控制	控制	控制	控制
观测值	2840	2840	2840	2840	2840	2840
产业数	150	150	150	150	150	150

注：实证的结果均由 stata13 计算并整理得出。***、**、* 分别表示 1%、5%、10% 的显著性水平，圆括号中的数字为双尾检验的 t 值，方括号内是 Wald 检验的 P 值。

从表 3 中可以发现，向上游的生产性服务业延伸供给链会显著地提高服务业全要素生产率，而向下游高端制造环节延伸供给链依旧会抑制服务业生产率。并且，在国内价值链上延伸供给链的“生产率效应”要显著地高于在全球价值链上延伸供给链的“生产率效应”，前者的影响系数为 0.0589%，后者的影响系数为 0.0418%，高出了 41 个百分点。对此，本文的解释是：在价值链上，延伸供给链对全要素生产率的提升强弱取决于生产商和供应商联系的紧密程度以及知识的传播速度。生产商和供应商联系的紧密程度又取决于联合生产的交易成本以及合约对专用性资产“敲竹杠”问题的约束能力（Humphrey and Schmitz，2002）。考虑全球价值链面临更高的交易成本和协调成本，因此国内价值链治理机制解决这类问题的难度要小于全球价值链。因此，在国内价值链上延伸供给链对产品的设计能力、生产技术和品牌营销能力的提升更强，对全要素生产率的促进作用也越大。

对比方程 15 和方程 18 可以发现，无论是在全球价值链还是在国内价值链，服务业向下游的先进制造业延伸供给链都无法为服务业的全要素生产率的提升提供支撑，这一结论和方程 9、方程 12 的结论相同。这意味着，目前我国服务业并不适合向下游的先进制造业延伸供给链，盲目地向下游扩展会导致服务业整体全要素生产率的下降。

（四）基于各个细分供给链的实证研究

前文的分析表明，服务业向上游的服务环节延伸供给链可以促进全要素生产率的提升。服务业内部部门众多，不同类型的服务链条对生产率的提升是否存在差异性？对该问题的细化研究对于我国未来发展服务业的方向，具有重要的意义。本文的数据结构可以支持我们进行细化的研究。本文将服务环节划分为消费性服务环节、交通运输环节、金融服务环节、商业服务环节4个部分进行细化研究，同样将样本分为全球价值链和国内价值链的二元视角进行分析。实证结果见表4和表5。

表4　服务业在全球价值链上向不同的服务部门延伸
供给链对提升生产率的实证分析

	（1）	（2）	（3）	（4）	（5）
	方程19	方程20	方程21	方程22	方程23
	lntfp	lntfp	lntfp	lntfp	lntfp
L. lntfp	0.879*** （0.000250）	0.886*** （0.000323）	0.892*** （0.000289）	0.880*** （0.000424）	0.875*** （0.000457）
消费性服务	0.0454*** （0.000432）				0.0352*** （0.000853）
交通运输		0.0294*** （0.000505）			-0.00589*** （0.000874）
金融服务			0.0103*** （0.000763）		-0.00152** （0.000658）
商业服务				0.0506*** （0.000403）	0.0292*** （0.000877）
lnservice	0.0226*** （0.00415）	-0.0431*** （0.00332）	-0.0507*** （0.00341）	-0.0620*** （0.00289）	-0.00730* （0.00429）
lnfdi	0.0684*** （0.00143）	0.0733*** （0.00111）	0.0942*** （0.00171）	0.0673*** （0.00144）	0.0619*** （0.00161）
lnrd	0.0266*** （0.000970）	0.00399*** （0.000833）	0.00526*** （0.00103）	0.00159** （0.000681）	0.0205*** （0.00119）
Constant	-0.207*** （0.0123）	-0.286*** （0.00860）	-0.575*** （0.0126）	-0.136*** （0.0101）	-0.0946*** （0.00959）

续表

	（1）	（2）	（3）	（4）	（5）
	方程 19	方程 20	方程 21	方程 22	方程 23
	lntfp	lntfp	lntfp	lntfp	lntfp
相关性检验	0.5995	0.4424	0.3999	0.5802	0.5898
有效性检验	0.9859	0.9845	0.9831	0.9861	0.9844
地区固定效应	控制	控制	控制	控制	控制
行业固定效应	控制	控制	控制	控制	控制
观测值	2840	2840	2824	2840	2824
产业数	150	150	150	150	150

注：实证的结果均由 stata13 计算并整理得出。***、**、* 分别表示 1%、5%、10% 的显著性水平，圆括号中的数字为双尾检验的 t 值，方括号内是 Wald 检验的 P 值。

表5 服务业在国内价值链上向不同的服务部门延伸供给链对提升生产率的实证分析

	（1）	（2）	（3）	（4）	（5）
	方程 24	方程 25	方程 26	方程 27	方程 28
	lntfp	lntfp	lntfp	lntfp	lntfp
L. lntfp	0.884***	0.894***	0.894***	0.890***	0.887***
	（0.000313）	（0.000475）	（0.000326）	（0.000429）	（0.000552）
消费性服务	0.0361***				0.0263***
	（0.000475）				（0.00177）
交通运输		− 0.0112***			− 0.00906***
		（0.000970）			（0.00176）
金融服务			0.0447***		0.0413***
			（0.000992）		（0.00188）
商业服务				0.0396***	0.0110***
				（0.000605）	（0.00169）
lnservice	− 0.0721***	− 0.0498***	− 0.0661***	− 0.0751***	− 0.0995***
	（0.00354）	（0.00430）	（0.00624）	（0.00560）	（0.00558）
lnfdi	0.109***	0.0960***	0.0968***	0.0980***	0.108***
	（0.00149）	（0.00166）	（0.00113）	（0.00110）	（0.00173）
lnrd	0.00509***	0.00670***	0.0106***	0.00370***	0.00756***
	（0.000762）	（0.000895）	（0.000965）	（0.000700）	（0.00124）
Constant	− 0.671***	− 0.684***	− 0.572***	− 0.583***	− 0.615***
	（0.0107）	（0.0117）	（0.00998）	（0.0101）	（0.0109）

续表

	（1）	（2）	（3）	（4）	（5）
	方程 24	方程 25	方程 26	方程 27	方程 28
	lntfp	lntfp	lntfp	lntfp	lntfp
相关性检验	0.4418	0.4452	0.3822	0.4501	0.391
有效性检验	0.9838	0.9852	0.9874	0.9857	0.9866
地区固定效应	控制	控制	控制	控制	控制
行业固定效应	控制	控制	控制	控制	控制
观测值	2840	2840	2824	2840	2824
行业数	150	150	150	150	150

注：实证的结果均由 stata13 计算并整理得出。***、**、* 分别表示 1%、5%、10% 的显著性水平，圆括号中的数字为双尾检验的 t 值，方括号内是 Wald 检验的 P 值。

方程 19～22 是分别对服务业在全球价值链上向消费性服务环节、交通运输环节、金融服务环节、商业服务环节 4 个服务部门延伸供给链的实证分析；方程 24～27 是在国内价值链上对 4 部门延伸供给链的实证分析；方程 23 和方程 28 是同时包括了 4 个部门的回归结果。无论是相关性检验还是有效性检验，方程 23 和方程 28 都通过了显著性水平的检验。我们以方程 23 和方程 28 作为最终的回归结果进行分析。对比方程 23 和方程 28 可以发现以下几点。

第一，服务业向消费性服务环节延伸会显著地提升全要素生产率。在全球价值链上，服务业向消费性服务环节供给链长度延伸 1%，会带动全要素生产率提高 0.0352%；在国内价值链上，服务业向消费性服务环节供给链长度延伸 1%，会带动全要素生产率提高 0.0263%。2015 年，我国人均 GDP 已经达到 8027.7 美元（现价美元，世界银行数据），正式进入中等收入水平国家行列。进入中等收入水平国家之后，一国的消费升级速度会显著地加快。目前，我国经济结构性失衡的主要表现就是产品升级的速度滞后于消费升级的速度。这导致一方面我国产能严重过剩；另一方面我国居民的消费需求得不到满足，出国消费数据显著提升[①]。因此，通过向上游消费性服务环节延伸供给链，可以更好地解决我国产品升级速度与消费升级

① 联合国贸易发展数据显示：根据最新的第六版《国际收支手册》（*Balance of Payments Manual*，BPM6）统计，2015 年我国旅游服务贸易逆差达到了创纪录的 1780.91 亿美元（现价美元）。旅游服务贸易巨幅逆差折射出我国居民出国购买商品的需求，也反映出我国产品升级速度远远落后于消费升级。

速度不相匹配的问题，带动产业升级的速度，提高全要素生产率。

第二，服务业向商业服务环节延伸会显著地提升全要素生产率。在全球价值链上，服务业向商业服务环节供给链长度延伸1%，会带动全要素生产率提高0.0292%；在国内价值链上，服务业向商业服务环节供给链长度延伸1%，会带动全要素生产率提高0.011%。我国服务业正逐步向商业服务环节延伸供给链，商务部的数据显示：2015年我国商业服务外包执行金额为91.7亿美元，同比增长16%[①]。现有的研究表明：商业服务可以为制造业开辟市场，改善制造业的市场响应度，降低制造业的生产成本。本文的研究结论说明，商业服务不仅对制造业的生产率提升有帮助，还存在"自增强机制"，通过增加商业服务的投入比重，可以带动服务业全要素生产率的提升。服务业向上游商业服务环节延伸供给链之后，可以提高服务品的附加值含量，突破服务业本地化的限制、支持服务业的国际化经营，并且还能从外部服务创新中获益。

第三，服务业向上游的交通仓储运输环节延伸供给链会抑制全要素生产率的提升，该结论在全球价值链和国内价值链上保持一致。交通仓储运输服务业具有前期投入成本巨大、收益回报率较为漫长的特征。随着全球贸易的萎缩，运输服务行业的需求大幅下降，行业收入大幅下降。2016年8月，韩国最大、世界十大船舶运输公司，韩进海运向首尔法庭申请破产。服务业作为一个总体生产率提升较为缓慢的行业，不适合向固定成本投入巨大的交通运输业延伸供给链。

第四，服务业向金融环节延伸供给链在全球价值链和国内价值链存在截然不同的两种效应。在国内价值链上延伸供给链会提升全要素生产率，但是在全球价值链上延伸供给链会对服务业全要素生产率产生抑制作用。本文对此的解释是，国内的金融系统存在较为严重的错配，银行信贷更加偏好于大型国有企业，尤其是制造业企业，对服务业企业的支持不足。在这种情况下，服务业向金融环节延伸供给链，可以有效地解决资金不足的缺陷，带动全要素生产率的提升。但是在全球价值链，金融系统多是由巨型跨国公司掌控，同时我国资本账户管控较为严格。因此，在全球价值链上向金融环节延伸无法支撑服务业全要素生产率的提升。

[①]　http://chinasourcing. mofcom. gov. cn/news/91/65160. html.

五　主要结论和政策建议

随着服务业占比的提升，中国国民经济增速出现明显的下滑，服务业"成本病"问题日益凸显。破解服务业"成本病"问题的关键在于提高服务业的全要素生产率。中国作为全球价值链上的迟到者，供给链过短是先天缺陷，这也是制约我国服务业全要素生产率提升的重要原因。能否通过延伸供给链提升服务业的全要素生产率？针对该问题，本文基于 30 个省份细分服务业行业的数据测算了服务业的全要素生产率，并结合联合国贸易发展数据、国际收支平衡统计数据和 30 个省际单位 1997 年、2002 年、2007 年和 2012 年共 120 张投入产出表测算了我国服务业在全球价值链和国内价值链上供给链的长度。随后基于该数据，分析了服务业向价值链上游和下游延伸供给链长度对全要素生产率的影响，并得到了以下结论。

第一，我国服务业供给链在国内价值链上的长度要长于全球价值链。这反映了我国的全球化战略主要是依托制造业融入全球价值链实现的。我国服务业总体的发展是以本地化为主，尚未较好地融入全球价值链。

第二，服务业向上游服务环节延伸供给链对全要素生产率的促进作用要强于向下游制造业环节延伸供给链对全要素生产率的促进作用。这说明，服务业全要素生产率的提升需要走专业化路线，增加服务要素尤其是生产性服务要素的投入。

第三，服务业在国内价值链上延伸供给链对全要素生产率的促进作用要强于在全球价值链上延伸供给链的作用。在国内价值链上延伸产业对服务业生产率的提升作用比全球价值链上的提升要高出 0.0539%。

第四，细分供给链后分析发现，无论在全球价值链上还是在国内价值链上，服务业向消费性服务环节和商业服务环节延伸供给链会显著地提升全要素生产率，服务业向交通运输环节延伸供给链会抑制全要素生产率。服务业全球价值链上向金融服务环节延伸供给链会抑制全要素生产率，在国内价值链上向金融服务环节延伸供给链会提升全要素生产率。

本文得到的启示是：首先，为化解"成本病"问题，推动服务业长期稳定地增长，提升服务业发展绩效，关键在于向价值链的上游服务环节延伸供给链的长度。其次，要注重国内价值链的治理，优化本地供给的服务要素质量是提升服务业全要素生产率的关键手段。最后，服务业需要有选择性地向上游服务环节延伸供给链，把握消费升级的机遇，主动向消费性服务环节和生产性服务环节延伸供给链长度。

参考文献

［1］ Altomonte, C. , F. di Mauro, G. Ottaviano, A. Rungi, and V. Vicard, "Global Value Chains during the Great Trade Collapse: A Bullwhip Effect?" ECB working paper series 1412, European Central Bank, Frankfurt am Main (2012).

［2］ Amiti, M. and D. E. Weinstein, "Exports and Financial Shocks," The Quarterly Journal of Economics, 126 (2011): 1841 - 1877.

［3］ Antràs, Pol, and Davin Chor. 2013. "Organizing the Global Value Chain." Econometrica, 81 (6): 2127 - 2204.

［4］ Ariu A. Crisis - Proof Services: Why Trade in Services did not Suffer During the 2008 - 2009 Collapse ［J］. Journal of International Economics, 2016, 98: 138 - 149.

［5］ Bee Yan Aw, Mark J. Roberts and Daniel Yi Xu. R&D Investment, Exporting, and Productivity Dynamics ［J］. American Economic Review, 2009, 101 (14670): 1312 - 1344 (33).

［6］ Baldwin R. Trade and Industrialisation after Globalisation's 2nd Unbundling: How Building and Joining a Supply Chain are Different and Why it Matters ［C］. NBER Working Paper Series. 2012: 165 - 212.

［7］ Baldwin, R. , & Lopez - Gonzalez, J. (2013). Supply - Chain Trade: A Portrait of Global Patterns and Several Testable Hypotheses. World Economy, 38 (11), 141 - 142.

［8］ Bems, R. , R. C. Johnson, and K. - M. Yi, "Demand Spillovers and the Collapse of Trade in the Global Recession," IMF Economic Review, 58 (2010): 295 - 326.

［9］ Birch J W, Cramer C A. Macroeconomics of Unbalanced Growth: Comment ［J］. American Economic Review, 1972, 62 (62): 150.

［10］ Bonatti, L. , Felice, G. , 2008. Endogenous Growth and Changing Sectoral Composition in Advanced Economies. Structural Change and Economic Dynamics, 19 (2), 109 - 131.

［11］ Bussiere, M. , G. Callegari, F. Ghironi, G. Sestieri, and N. Yamano, "Estimating Trade Elasticities: Demand Composition and the Trade Collapse of 2008 - 2009," American Economic Journal: Macroeconomics 5, No. 3 (2013): 118 - 151.

[12] Castaldi C. The Relative Weight of Manufacturing and Services in Europe: An Innovation Perspective. Technological Forecasting and Social Change, 76 (6), 709 - 722 [J]. Technological Forecasting & Social Change, 2009, 76 (6): 709 - 722.

[13] Coe, D. T. , & Helpman, E. (1993). International R&D Spillovers. European Economic Review, 39 (5), 859 - 887.

[14] De Vincenti, C. , 2007. Baumol's Disease, Production Externalities and Productivity Effects of Intersectoral Transfers. Metroeconomica, 58 (3), 396 - 412.

[15] Del Barrio - Castro T, López - Bazo E, Serrano - Domingo G. New Evidence on International R&D Spillovers, Human Capital and Productivity in the OECD [J]. Economics Letters, 2002, 77 (1): 41 - 45.

[16] Engelbrecht H J. International R&D Spillovers, Human Capital and Productivity in OECD Economies: An Empirical Investigation [J]. European Economic Review, 1997, 41 (8): 1479 - 1488.

[17] Feenstra R C, Hanson G H. Foreign Direct Investment and Relative Wages: Evidence from Mexico's Maquiladoras [J]. Journal of International Economics, 1997, 42 (3): 371 - 393.

[18] Feenstra R C, Hanson G H. The Impact of Outsourcing and High - Technology Capital on Wages: Estimates for the United States, 1979 - 1990 [J]. The Quarterly Journal of Economics, 1999, 114 (3): 907 - 940.

[19] Giuliani E, Pietrobelli C, Rabellotti R. Upgrading in Global Value Chains: Lessons from Latin American Clusters [J]. World Development, 2004, 33 (4): 549 - 573.

[20] Griffith, R. , Redding, S. , & Reenen, J. V. (2004). Mapping the Two Faces of R&D: Productivity Growth in a Panel of Oecd Industries. The Review of Economics and Statistics, 86 (4), 883 - 895.

[21] Hartwig J. Testing the Growth Effects of Structural Change [J]. Structural Change & Economic Dynamics, 2010, 23 (1): 11 - 24.

[22] Humphrey, J. , & Schmitz, H. (2000). Governance and Upgrading: Linking Industrial Cluster and Global Value Chain Research. IDS Working Paper No. 120.

[23] Iscan T. How Much Can Engel's Law and Baumol's Disease Explain the Rise of Service Employment in the United States? The B. E. Journal of Macroeconomics [J]. The B. E. Journal of Macroeconomics, 2013, 10 (1): 26.

[24] John Humphrey, & Hubert Schmitz. (2002). How does Insertion in Global

Value Chains Affect Upgrading in Industrial Clusters? Regional Studies, 36 (9), 1017 - 1027.

[25] Jones C I, Romer P M. The New Kaldor Facts: Ideas, Institutions, Population, and Human Capital [J]. American Economic Journal Macroeconomics, 2010, 2 (1): 224 - 245.

[26] Kaldor, N. , 1961. Capital Accumulation and Economic Growth. In: Lutz, F. A. , Hague, D. C. (Eds.), The Theory of Capital. Macmillan, London.

[27] Kongsamut, P. , Rebelo, S. , Xie, D. , 2001. Beyond Balanced Growth. Review of Economic Studies, 68 (4), 869 - 882.

[28] Malerba, F. , Mancusi, M. L. , & Montobbio, F. (2013). Innovation, International R&D Spillovers and the Sectoral Heterogeneity of Knowledge Flows. Review of World Economics, 149 (4), 697 - 722.

[29] Maroto - Sánchez A, Cuadrado - Roura J R. Is Growth of Services an Obstacle to Productivity Growth? A Comparative Analysis [J]. Structural Change & Economic Dynamics, 2009, 20 (4): 254 - 265.

[30] Ngai, R. , Pissarides, C. , 2007. Structural Change in a Multi - Sector Model of Growth. The American Economic Review, 97 (1), 429 - 443.

[31] Nagengast A J, Stehrer R. The Great Collapse in Value Added Trade [J]. Review of International Economics, 2016, 24 (2): 392 - 421.

[32] Nordhaus W D. Baumol's Diseases: A Macroeconomic Perspective [J]. The B. E. Journal of Macroeconomics, 2014, 8 (1): 1382.

[33] Pol Antràs, Davin Chor, Thibault Fally and Russell Hillberry. Measuring the Upstreamness of Production and Trade Flows [J]. American Economic Review, 2012, 102 (3): 412 - 416.

[34] Timmer, M. P. , & Vries, G. J. D. (2014). Slicing up Global Value Chains. Journal of Economic Perspectives, 28 (2), 99 - 118.

[35] Verma R. Can Total Factor Productivity Explain Value Added Growth in Services? [J]. Journal of Development Economics, 2008, 99 (1): 163 - 177.

[36] Jinghai Zheng, Arne Bigsten, Angang Hu. Can China's Growth be Sustained? A Productivity Perspective [J]. World Development, 2009, 37: 874 - 888.

[37] 陈启斐、刘志彪：《反向服务外包对我国制造业价值链提升的实证分析》，《经济学家》2013 年第 11 期。

[38] 程大中：《中国服务业的增长与技术进步》，《世界经济》2003 年第 7 期。

[39] 程大中：《中国服务业增长的特点、原因及影响——鲍莫尔—富克斯假说及其

经验研究》，《中国社会科学》2004 年第 2 期。

［40］程大中：《中国直辖市服务业中的"成本病"问题》，《学术月刊》2008 年第 11 期。

［41］程大中：《中国服务业存在"成本病"问题吗?》，《财贸经济》2008 年第 12 期。

［42］崔敏、魏修建：《服务业各行业生产率变迁与内部结构异质性》，《数量经济技术经济研究》2015 年第 4 期。

［43］范红忠：《有效需求规模假说、研发投入与国家自主创新能力》，《经济研究》2007 年第 3 期。

［44］顾乃华、李江帆：《中国服务业技术效率区域差异的实证分析》，《经济研究》2006 年第 1 期。

［45］赫伯特·G. 格鲁伯、迈克尔·A. 沃克：《服务业的增长原因与影响》，上海三联书店，1993。

［46］胡宗彪：《企业异质性、贸易成本与服务业生产率》，《数量经济技术经济研究》2014 年第 7 期。

［47］李平、崔喜君、刘建：《中国自主创新中研发资本投入产出绩效分析——兼论人力资本和知识产权保护的影响》，《中国社会科学》2007 年第 2 期。

［48］李国璋、魏梅、冯等田：《鲍莫尔假说与中国劳动力流动——一个多部门的经济增长模型分析》，《经济科学》2008 年第 2 期。

［49］李建华、孙蚌珠：《服务业的结构和"成本病"的克服——Baumol 模型的扩展和实证》，《财经研究》2012 年第 11 期。

［50］刘培林、宋湛：《服务业和制造业企业法人绩效比较》，《经济研究》2007 年第 1 期。

［51］庞瑞芝、邓忠奇：《服务业生产率真的低吗?》，《经济研究》2014 年第 12 期。

［52］谭洪波、郑江淮：《中国经济高速增长与服务业滞后并存之谜——基于部门全要素生产率的研究》，《中国工业经济》2012 年第 9 期。

［53］王晶晶、黄繁华：《我国服务业发展滞后于生产率增长悖论的解析——基于服务消费视角》，《上海财经大学学报》2014 年第 2 期。

［54］王恕立、胡宗彪：《中国服务业分行业生产率变迁及异质性考察》，《经济研究》2012 年第 4 期。

［55］王恕立、藤泽伟、刘军：《中国服务业生产率变动的差异分析——基于区域及行业时间》，《经济研究》2015 年第 8 期。

［56］杨勇：《中国服务业全要素生产率再测算》，《世界经济》2008 年第 10 期。

［57］赵永亮、张捷：《工业与服务业非均衡发展研究——服务业会走向 Baumol 陷阱吗?》，《财贸经济》2011 年第 6 期。

服务业改革的"中国模式":特征与评析

——基于 1978~2016 年服务业改革历程[*]

李勇坚 夏杰长[**]

摘 要 中国的服务业改革是在缺乏理论基础下进行的,由于缺乏整体设计与理论指导,改革措施或方案缺乏系统性,很难整体推进,但这并不意味着不能总结其改革经验和梳理其改革模式。本文旨在通过对中国 1978~2016 年的服务业改革历史进行深入分析,归纳总结出服务业改革的"中国模式"。由于独特的国情和服务业的特殊发展历程,服务业改革"中国模式"有着鲜明的特征:非产业目标导向型改革动力、超越意识形态、实用主义哲学、民生导向与效率导向双重标准、改革与开放的同步与错位等。服务业改革"中国模式"是在特定的历史背景下形成的一个结果,如何完善服务业改革的"中国模式",整体协调推进中国服务业改革,是一个重要而艰巨的任务。

关键词 服务业 改革历史 中国模式 独特性

1978 年至 2016 年,中国服务业名义增加值从 860.5 亿元增加到 384221

---

[*] 基金项目:国家社科基金重大项目"扩大我国服务业对外开放的路径与战略研究"(项目编号:14ZDA084);中国社会科学院创新工程项目"我国服务业开放的绩效评估和提升策略"(项目编号:2017CJYA006)。

[**] 李勇坚,中国社会科学院财经战略研究院研究员,主要研究方向为服务经济与服务创新;夏杰长,中国社会科学院财经战略研究院副院长、研究员,主要研究方向为服务经济理论与政策。

亿元，占 GDP 比重从 23.4% 增加到 51.6%，就业人数从 4890 万人增加到 33600 万人，占就业总人数比重从 12.2% 增加到 43.5%。自 2011 年开始，服务业就成了吸纳就业人数最多的产业部门。自 2013 年开始，服务业成了产出最大的部门。中国服务业的快速增长，使我们需要研究其背后的增长动力。众所周知，在中国经济增长的奇迹过程中，改革或制度变迁是最重要的动力。本文的研究旨在通过对中国服务业改革的历程进行分析，讲述关于服务业增长的两个故事：一个是"中国模式"；一个是"服务业改革"。中国服务业改革虽有独特之处，但对这个模式进行归纳总结却非常困难，因为服务业性质迥异，服务业改革琐碎且缺乏主线。本文研究目标就是，通过对中国服务业改革历史的全方位回顾，探析服务业改革"中国模式"特征，并对服务业"中国模式"进行评判。

一　文献综述

从现有的文献资料看，对中国服务业改革进行深入研究的文献并不多。这是一个非常令人吃惊的状况，因为这与关于中国改革研究的丰富文献形成了鲜明的对比，也与服务业在中国日益提升[①]的地位形成了巨大的反差。针对这种情况，李勇坚、夏杰长（2009）认为，这种状况出现的原因在于：第一，服务业是使用排除法定义的，即一般而言，经济学家将非第一产业与第二产业的经济量定义为服务业，这样使得服务业没有统一的、明确的定义，其内部各个产业之间并没有经济学意义上的共同点；因此，很难使用一般经济学的方法来对服务业进行整体研究[②]；从制度变革的角度来看，服务业也缺乏统一的制度变革模式。第二，在很长的一段时间里，甚至时至今日，仍有大量经济学家、经济工作者、政府官员等认为，服务业是非生产性的，是工业经济增长的附庸。只有工业增长才是经济增长的发动机。

---

① 自改革开放以来，服务业是三大产业部门中唯一一个增加值与就业人数占比都保持着上升趋势的产业部门。

② 例如，航空服务业需要先进的技术、高密度的物质资本与人力资本投入，且其需求具有很高的收入弹性；而电信服务业具有十分可观的网络建设成本，但其边际服务成本几乎等于零；而个人服务业（如理发）基本不需要资本投入，其技术进步也十分有限，其需求收入是刚性的。这三个产业具有十分不同的特征，管制政策等也存在极大的区别。

这一点在我国的外资产业政策中表现得特别明显。第三，与农业及工业领域快速而急剧的体制变革相比，服务业的体制变革是琐碎而具体的，其变化也是一个渐进的过程。这种渐进的过程只有在一个长时段里进行研究才能发现其中的规律与特征。这三个原因都能够解释服务业改革的研究文献较少的原因。还有一个非常重要的原因就是服务经济学的理论框架本身还没有完全建立起来。例如，国内外关于服务经济学的教科书屈指可数[①]。由于服务经济学理论框架的不完善，对其改革进行理论研究也相应具有一定的难度。

从现有的文献看，对服务业改革进行研究的文献主要包括以下几个方面。

第一个方面是基于服务业改革的历程，对服务业改革的绩效或者改革发展阶段进行研究。徐芦、赵德昆、杨书兵（1993）认为，我国的体制改革大体上是沿着三次产业的顺序向前推进的，即起始于农业，尔后逐步扩展到工业、建筑业以及商业和社会经济其他领域。第三产业中的许多行业，特别是交通、邮电、物资、文化、教育、卫生、科技以及一些公共性、福利性行业，明显处在体制改革的滞后位置。他们还关注了服务业发展对国民经济发展的支撑作用以及服务消费对服务业发展的带动作用，这在当时具有一定的意义。但是，他们并没有对改革背后的动力进行深入研究。李勇坚、夏杰长（2010）系统研究了中国服务业发展的动力与历程。他们认为，中国服务业发展的动力是动态变化的，在 20 世纪 80 年代主要是就业压力，在 20 世纪 90 年代主要是财政压力，到 2000 年之后变革为国际化压力，在一些后续的研究中，他们还对此观点进行了细化（李勇坚，2015）。本文基于服务业改革的历史，通过对改革模式进行总结，进一步深化前文的研究。

第二个方面是从服务业发展滞后的原因来进行服务业改革方面的研究。例如，美国彼得森国际经济研究所研究员瑞安·卢特考斯基（Ryan Rutkowsi，2015）[②] 认为，造成中国服务业发展滞后的主要原因就是长期以来对于

---

① 目前已有的服务经济学教科书包括何德旭、夏杰长主编的《服务经济学》（社会科学文献出版社，2010 年版）、詹森的《服务经济学》（中国人民大学出版社，中译本，2015 年版）等。

② Ryan Rutkowsi, Service sector in China, http://www.piie.com/publications/pb/pb15 - 2.pdf, 2015.

工业的倾斜性政策，国有企业在服务业的垄断地位也是造成就业水平偏低的重要原因。服务业的市场准入开放有利于促进生活水平的提升与生产效率的提升。钟春平（2015）认为，服务业改革过程中，没有太多地关注人的需求的变化，没有确定"以人为本"的目标，这限制了服务的价格，制约了服务业发展，因此，应将"以人为本"、满足人民群众的需求作为服务业改革的目标。谢慧、黄建忠（2015）认为，服务业管制对制造业生产率形成了制约，尽管对于某些敏感的服务部门而言，管制确有必要，但是，不合理管制使在业者免受来自外国或国内潜在服务的竞争，阻碍服务业及关联行业的效率。尽管各国贸易政策、经济发展水平和产业优势不同，但服务业管制改革有利于提高制造业生产率这一结论却具有一般性。李勇坚（2007）研究了体制变革对中国服务业总量增长的影响，这项研究使用计量经济学方法对体制变革对服务业总量增长的具体数量进行了分析，最终得出的结论认为，在 20 世纪 80 年代服务业占 GDP 比重的上升，至少有 3 个百分点应归功于制度变革。汪德华等（2007）利用跨国横截面数据，计量检验了政府规模、法治水平与一国服务业比重之间的关系。他们通过实证研究发现，以一国法治水平来衡量的契约维护制度的质量，与其服务业比重显著正相关；政府规模与其服务业比重显著负相关；其中，法治水平对服务业比重的影响在中低收入国家更重要。进一步检验表明，统计上无法发现私人财产保护制度对服务业比重的显著影响，而政府支出规模和政府投资规模对服务业比重都有负向的影响。陈志武（2004）认为，服务业与制造业所需要的制度环境不同，制造业对信息真实性与逆向选择的要求与服务业不一样，因此，制造业能够在一个很弱的制度环境下快速发展。但是，服务业对制度要求很高。实证研究表明，新闻自由度及法治水平（以及相应的合同结果可预期性）与服务业发展水平之间存在正相关关系。徐建国（2011）认为，中国服务业的停滞与人民币贬值有着直接关系。1992～1996 年的服务业停滞对应着 1990～1994 年的人民币贬值，2002～2008 年的服务业停滞对应着 2001～2005 年的人民币贬值。人民币贬值一方面促进了贸易部门（主要是制造业部门）的快速增长，使服务业相对份额下降。另一方面也使流向服务业部门的资源大幅度下降。江小涓、李辉（2004）认为，在 20 世纪 80 年代，我国服务业发展有一个补偿性增长阶段，这个阶段主要是由于供给不足产生了增长的动力（李慧中、李明，2008）。胡晓鹏

（2015）认为，在中国服务业发展过程中，存在"体制病"，其原因来源于四个方面：全球化陷阱，即外资对服务业的排斥效应；市场化陷阱，即生产性服务业内部化严重，存在部分行业的行政性垄断与制度性垄断；工业化陷阱，包括低价工业化抑制了生活性服务业需求、歧视性的产业政策导致了服务业发展动力不足、对工业的偏爱与政策引导，弱化了工业与现代服务业的有机联系；城市化陷阱，中国服务业的低端早熟和高端不熟，城市空间的扩张导致人口密度不够，抑制了服务业的发展。户籍制度对服务业产生了巨大的抑制作用。王治、王耀中（2009）认为，交通运输仓储和邮政业发展与中国经济增长之间不存在短期和长期的因果关系，即交通运输仓储和邮政业发展不促进中国经济增长，经济增长也没有带动中国交通运输仓储和邮政业的发展。所以，经济增长的需求拉动，不构成服务业进行改革的动力。李江帆在为魏作磊《中国服务业发展战略研究》一书所写的"序"中明确提出[1]，服务业发展缓慢的原因有三个方面：一是理论水平低，将服务业视为"非生产部门"，并在实践发展中存在歧视；二是发展战略偏差；三是政策失误，尤其是长期的低价战略[2]，挫伤了服务业发展的积极性。

从整体来看，关于服务业改革的文献较为琐碎，对服务业改革的具体措施或政策关注较多，而对服务业改革与发展的整体模式关注较少。本文拟从服务业改革的历史出发，对服务业改革"中国模式"进行归纳总结。

二 服务业改革"中国模式"：基本概念与特征

就本文的主题而言，我们更关注的是服务业改革的模式及其特征。为什么要把服务业改革从整体改革中分离出来呢，这涉及中国服务业改革的独特之处。从现有的研究成果看，中国服务业改革无论是在动力、路径，还是在机制、成效等方面，都有别于工业和农业。李勇坚（2015）指出，中国第三产业体制改革的动力及路径与农业与工业存在显著的差异。与基于效率提升、快速增长与跨越赶超的工业改革不一样，第三产业体制改革

---

① 魏作磊：《中国服务业发展战略研究》，经济科学出版社，2009。
② 李勇坚（2007）指出，服务业的低价战略是当时中国实行的"低价工业化"战略的一个重要组成部分。

一开始就是基于现实主义的压力，而非理想主义的召唤。从改革初期到 20 世纪 80 年代中期，第三产业体制改革的主要动力来源于就业压力，主要改革措施是放宽个体私营企业从事第三产业的限制，以解决当时巨大的就业压力。到 20 世纪 80 年代中期之后，对第三产业的意义认识不断深入，其改革动力就转换为增长压力，即通过第三产业改革，带动国民经济更快地发展。到 20 世纪 90 年代，这种动力变更为财政压力。财政收入占比的持续降低，使原有的政府包办的第三产业开始进入市场，而且，对政府持续经营的第三产业开始了价格改革，以缓解日益紧张的财政压力。而自 2000 年之后，随着中国服务业的国际化程度提高，如何面对国际化竞争成为服务业改革的一条主线。正是这种改革动力、改革逻辑、具体改革措施等方面的诸多差异，使中国服务业改革有着独特之处。

所谓服务业改革"中国模式"，就是在中国特定的改革开放背景下，基于实用主义哲学，服务业以非产业目标作为改革动力，超越意识形态，以边际改革向核心突破，根据大环境的变化，因时而变，形成了一整套服务业改革的机制与路径。

（一）非产业目标导向型的改革动力

与工业改革动力源于理想主义[①]不同，服务业改革的动力是基于一些明确的非产业目标，这些目标与服务业本身发展可能无关。从工业改革看，无论是放权让利型的改革，还是后期进行混合所有制改革，都是想把国有工业企业的效率潜能发挥出来，以体现对社会主义制度优越性的自信，这实质上是基于一个理想，即社会主义制度下，生产力的发展容量最大。

但是，服务业改革一开始就脱离了这种理想主义的导向，而是基于一些具体的、现实的非产业目标，而且，这些目标在很多时候与服务业作为一个产业的成长并没有太大的关系。例如，自 1978 年开始的第一波服务业改革，其根本目标是需要解决当时非常沉重的就业压力（李勇坚，2015）。改革刚开始时，目标也不是直指服务业（因为当时在国民经济体系里，还没有完整的"服务业"概念），而是通过对所有制的边际改革，无意中促进

---

① 对工业改革的理想主义，其根本点在于领导人认为，社会主义制度有其优越性，通过对激励机制等方面的改革，能够提升国有企业的效率。

了服务业生长出一股新生的力量。这其实不是历史的偶然，而有其必然性。从服务业的性质看，服务业的产业链条较短，不会与国有企业存在争原料、争运输资源、争资金等诸多方面的问题，在边际上成长出来相对较为容易。20世纪90年代，我国面临着严重的财政压力，而服务业的体制转换，包括市场化改革与价格自由化改革，都能够极大地缓解财政压力。例如，通过房地产业的市场化改革，不但能够减少当时已非常巨大的城市房租补贴，而且还能够从土地出让等方面获得新的收入来源。医疗、教育等方面的市场化、产业化改革，也有利于减少这些方面的政府支出。

这种非产业目标导向型的改革动力，与理想主义的改革动力相比，有其优越之处。也就是说，从明确的目标出发，改革在内部的阻力相对较小，改革措施容易获得通过。由于改革没有设定明确的产业目标，产业有着更多的发展空间。这是中国服务业在改革开放后成为唯一一个占GDP比重持续保持着上升态势产业的根本原因。而且，非产业目标导向型的改革动力，也使改革过程中能够超越意识形态问题，采取面向民生或效率的实用主义哲学。

过分地强调非产业目标，也会使改革过程中的道路选择出现失误。即使选择了正确的方向，改革道路的错误选择，也会导致改革的失败。例如，开始于20世纪90年代的房地产市场化改革，其市场化的方向无疑是正确的，但是，我们没有坚持发展一个适当的房地产行业，而是片面强调房地产业发展对国家财政的贡献。因此，在此后的发展过程中，国家对土地的绝对垄断以及对于土地财政的依赖，使房地产业在一片虚假繁荣的背后，对国民经济产生了吸血效应，而且，房价的高涨背后也隐藏了巨大的金融风险，成了中国经济发展过程中的一个巨大的"堰塞湖"。又如，20世纪90年代开始的医疗体制改革，在前面的十多年里基本失败，其原因是改革的动力在于减小财政在卫生方面的支出，而不是提高人民群众的结构水平。这种思路，是对之前医疗体制的一个巨大变革。在改革之前，在计划经济体制时期，医疗服务被视为"非生产性"服务，根本就不是一种经济活动，而是一种社会公益事业。国家对医疗服务和药品的价格都实施严格的计划管理，维持在很低的水平。医疗服务机构从服务递送和药品出售所获收入，甚至无法抵销开支，这样产生了巨大的医疗补贴费用。而医疗体制改革的出发点，正是将这种体制进行变革，引入市场化、产业化机制，这种改革模式，对缓解财政压力的效果是显著的，但是，由于改革过程中，缺乏对医疗行业进行适当规制、监管等诸多方面的配套政策，甚至为了缓解财政压力的目标，默许医疗机构的诱导式过度医疗以及对药品的加价行为，这种态度，给信息严重不对称的医疗行业带来了灾难性的后果。

非产业目标导向型的改革动力，还有一个问题，就是越到改革后期，其改革动力就会逐渐消失，前期基于非产业目标而采取的一些改革措施，也将导致大量利益集团的形成，最终使根本性的改革措施无法深入。尤其是出现非产业目标与产业发展道路相违背时，改革就会陷入停滞。

（二）超越意识形态

在中国的改革之初，经济体制被认为是与政治体制相辅相成的。公有制、计划经济等被认为是社会主义制度的一个重要组成部分。因此，在改革之初，其实需要解决的一个重大问题是如何克服意识形态的障碍。正如托马斯·罗斯基（2013）所指出的，关于社会主义经济改革的讨论往往属于意识形态的范畴。例如，即使被认为是自下而上进行的农业体制改革，在本质上并没有对农村的土地集体所有制进行触动，而只是对农业生产模式进行了变革。在中国的改革过程中，下层的改革力量生长当然具有重要的意义，但是，在现实视角，这种草根的力量，并非孤军奋战，在很多时候，都获得了上层的呼应。从这个意义上说，上层意识形态的变化，对中国改革其实具有非常重要的意义。从中国服务业改革的现实看，对意识形态的依赖，或者对于意识形态变化的依赖，并不如工农业等诸多方面的改革①，这是一个很有意思的问题。服务业改革能够在某种程度上超越意识形态，主要是基于以下原因。

第一，服务业改革并非改革的重点，尤其是在意识形态争议较大的20世纪80年代。很多研究者指出，"1978年至20世纪80年代中期改革的重

---

① 当然，从事后看，中国的工农业改革对原来的意识形态是一种背离。但是，在改革之初，这种背离被小心翼翼地淡化处理，改革被看作对原有体制的维护及修补。肖恩·布雷斯林（2012）指出，对大多数观察者而言，在保持政治稳定的同时，促进增长的实验与非意识形态承诺是中国治理模式的关键特征。

点是农村"①。农村，以及城市国有工业企业的改革，在一开始就占据了改革的主流，吸引了众多的眼光。然而，服务业改革是从集市贸易、个体经济等开始，对原有的国民经济管理体制、所有制等并没有明显的冲击。这一方面使服务业改革并非当时改革的重点，受到的关注较少，在体制机制方面的破题不会受到明显的阻碍。另一方面这些服务业方面的改革解决了当时百姓生活所面临的实际问题，也使其能够超越意识形态。

第二，服务业不触及计划经济体制等当时的敏感问题。从工业改革看，如果一开始就引入个体经济等模式，势必影响到原材料供应、固定资产投资计划、供需平衡等诸多宏观经济管理问题。而服务业固定资产投资极少，不涉及生产资料平衡等问题，而且，服务业的产品基本不能储存与远程提供，这使服务业发展过程中，需要贴近消费，不会与当时国有体制的服务业企业争夺资源等。当时，服务业的改革与发展也涉及商品长途贩运的性质等问题。然而，这个问题与国民经济的基本体制并没有冲突。因此，1978年国务院务虚会上，经济学家薛暮桥提出应当为长途贩运平反，利用市场活跃流通。在对传统体制的冲击方面，在改革开放之前，由于服务业处于极度短缺状态（李勇坚，2015），在服务业领域的一个边际增量，并不会对计划经济体制带来本质的影响，反而方便了居民生活。在当时，服务业改革的路径选择非常明确，即不动所有制，不动计划经济存量，通过承认个人利益的存在，打造服务业的新增量，以增量促进存量改革，避免了存量改革所涉及的意识形态问题。

第三，服务业改革遵循先易后难的模式，避免了意识形态的争论。服务业内部行业众多，各个行业之间的差异极大。例如，金融、铁路、电信、科技等行业，对国民经济发展具有极其重要的意义，而教育、医疗等行业，直接涉及政府职能，并与居民生活直接相关。而餐饮、零售、个人服务等，不但投资规模小，而且其对国民经济的影响也不大。在服务业改革过程中，先对易于改革的零售（其后扩展到批发）、餐饮、居民服务等进行改革，使改革的阻力最小，避免了意识形态的争论问题，使改革能够顺利推进。

综上所述，中国的服务业改革，在一开始就避开了意识形态的争论，

---

① 李铁映：《中国的改革——纪念改革开放 30 周年》；彭森、陈立等：《中国经济体制改革重大事件（上）》，序言，中国人民大学出版社，2008。

使改革能够超越意识形态之争，从而使个体经济、私营经济等与意识形态相关的所有制形式能够顺利生长，为中国改革开辟了一条独特的道路。

（三）实用主义哲学

从现有的研究看，大多数理论家都认为，从中国的改革实践看，改革本身就意味着领导人从道德理想向实践理性的思维范式转换。中国的改革不是依据理论预设，而是诉诸实践和试验，从局部开始，"撞击—反射"式地推进。例如，中国农村的改革，是一种基于实用主义出发的自下而上的改革思想的后果（肖冬连，2004；科斯、王宁，2013；吴敬琏，2010）。我们认为，以实用主义哲学对改革进行指导，在服务业表现得更为明显。

中国的服务业改革，不但一开始没有什么明确的目标模式（在改革之初，对服务业的内涵与外延尚不是特别清晰），而且，在各个不同时期，服务业改革被认为是疏解社会经济各种压力的一个出口。也就是说，服务业改革过程中，改革本身被看作一种工具，而非结果。这与工业企业改革过程中，将改革视为一种结果的指导思想有着显著的差异。正如前文所指出的，无论是改革之初通过发展服务业解决就业压力，还是20世纪90年代试图通过服务业改革缓解财政压力，其本质上都是基于实用主义哲学。

实用主义哲学指导改革也体现在20世纪80年代中期。此时，中国领导人了解到发达国家服务业占GDP的比重已超过60%，这对正在奋力推进工业化的中国领导人有着深刻的影响。因此，服务业开始被纳入国民经济统计之中，并在国家"五年计划"（"七五计划"）中被重点列出，其目标增长速度还远远超过了工农业，这说明其时发展服务业，是为了解决国民经济增长压力问题。为了实现服务业增长，把很多当时认为是国家必须经营的服务领域从政府部门分离出来，形成了一个个独立的服务部门，例如金融、电信、科技、铁路等。

又如，2001年中国加入WTO之后，中国服务业开始面临着国际竞争，如何面对国际化的压力，是中国服务业改革必须解决的一个重要问题。通过各种方式体制机制重整，提升服务业竞争力，成了服务业改革的主题。在十八大之后，服务业改革的方向也开始面向民生。在此期间，政府部门出台了大量与民生服务相关的政策文件，如健康服务业、体育产业、养老产业等。

因此，与工业、农业改革初期是为政治理想服务的思路不一样的是，服务业改革从一开始就是遵循着实用主义的哲学。这种实用主义使改革过程中所遇到的阻力较小，而且改革本身的导向也是趋向于避开较难的领域，但是，这种实用主义的哲学，也给未来的改革埋下了很多阻碍，这是基于实用主义导向进行改革不可避免的难以纵深推进。这导致了服务业改革进行到今天之后，难以深入的原因孙立平（2014）。

（四）民生导向与效率导向的双重标准

根据麦迪森（1998）的研究，在1952年至1978年期间，服务业受到严厉的限制，这样做的后果是，从1952年到1978年，虽然全国的人口增加了2/3（或者说是一倍），但从事零售商业、餐饮服务业和日杂物品的人员仍从950万人降低到610万人，零售业从业人员从550万人降低到130万人。服务业的供给根本就不能满足人民群众的生活需要。

在政策方面，也强调民生的意义。1978年末，国家工商行政管理局在四川大竹县召开全国集市贸易座谈会，为集市贸易恢复名誉。1979年3月，又举行了全国工商行政管理局长会议。会议就开放城市农副产品市场问题，进行了反复讨论，提出了"城市农副产品市场，原则上应该开放"的意见。4月，国务院批转工商行政管理总局《关于全国工商行政管理局长会议的报告》。此后，各大、中城市的农副产品和市场相继开放，到1979年底，全国208个城市的农副产品市场全年成交额已达12亿元。上市品种由年初的五六十种增加到年底的一二百种，一些过年少见的东西如花生米、鱼、虾等也上市了，民生得到了大幅改善①。民生导向是中国改革的一个很重要的特点，这与俄罗斯以及东欧地区以私有化与市场化直接作为改革目标是不相同的，斯蒂格里茨指出②，与俄罗斯不同，中国从未把目标（人民福利）混同于手段（私有化和贸易自由化）。通过改革，1978~1983年，平均每万人（城镇）拥有的零售商业、饮食、服务网点数由13个增加到了64个，平均每万人中的商业、服务业从业人数由63人增加到163人。1984年，针对国内交通运输行业运力严重不足的困境，交通部提出了"有路大家行车，

---

① 彭森等：《中国经济体制改革重大事件（上、下）》，中国人民大学出版社，2008，第72页。
② 转引自〔意〕阿里吉著《亚当·斯密在北京：21世纪的谱系》，黄平、许安结译，社会科学文献出版社，2009，第58页。

有水大家行船"的开放方针，实行"国有、集体、个体一起上和各地区、各部门、各单位一起干"的开放政策，广泛吸引非公有制经济成分进入公路运输和水路运输行业，推动了运输业的快速发展。

服务业改革伊始，就以民生提升作为主要导向的做法，与工业领域侧重于效率提升的做法有着显著的差异。在工业领域，一方面是改善内部管理减小"X－非效率"；另一方面是通过放权让利、建立激励手段、引入外部竞争①等诸多方法，提高工业的整体效率。在这个过程中，可能会产生失业等问题，因此，改革在本质上并非民生导向的。例如，在1983年初，中共中央书记处领导人提出"包字进城，一包就灵"（即在城市的国营工商业中也实行类似于农村"包产到户"的承包制）的口号，要求在城市工商业中全面推行企业承包制。在短短两三个月的时间内，全国国有企业普遍实行了承包制。但是它很快就导致了经济秩序的混乱和物价的上涨，民生状况并没有获得显著改善。

（五）改革与开放的同步与错位

中国的改革与开放几乎同步。1978年，为了落实加快引进外资，进行更快速度建设，从7月6日起，国务院召开务虚会，国务院有关部门的60多位负责人参加。会议要求"思想再解放一点，胆子再大一点，办法再多一点，步子再快一点"。会议还提出了对外开放的思想，强调要放手利用中国资源，利用外国资金，大量引进国外的先进技术设备。1979年1月17日，邓小平在约见胡厥文、荣毅仁等5位老工商界代表人士时，说道："现在搞建设，门路要多一点，可以利用外国的资金和技术，华侨、华裔也可以回来办工厂。吸收外资可以采取补偿贸易的方法，也可以搞合营。先选资金周转快的行业做起。"1979年全国人大制定了《中外合资经营企业法》，开始了扩大开放的步伐。

从政策层面看，受当时认知层面的影响，允许准入的行业主要在制造业部门，服务业的开放程度并不高，但在旅游、房地产和餐饮服务业部门对外资的限制相对较松。1987年底，原国家计委颁发了《指导吸收外商投

---

① 斯蒂格利茨将中国转轨的相对成功总结为两条重要经验：其一，中国对创造新的工作机会和建立新企业的重视；其二，重视竞争的作用胜于关注产权改革，并通过社区企业和乡镇企业这一纽带将生产与地域联系在一起。

资方向暂行规定》，把外商投资项目分为鼓励、允许、限制和禁止四类，其重点也放在制造业。

但是，从实际发展效果看，1979~1990年利用外资的总量中，超过1/3的属于服务业领域。其原因是，在20世纪80年代，国门初开，对宾馆建设、旅游服务等需求大增，外资在这些行业的进入较密集，从而出现了服务业利用外资的第一次高潮；根据统计数据，在1979~1990年，投资于房地产业与社会服务业的FDI占到第三产业FDI总额的60.3%[①]。

1988年制定了《中外合作经营企业法》和1990年制定了《外资企业法》，并对中外合资经营企业法进行了修改，我国利用外资的法律架构已基本完备。在20世纪90年代初期与中期，外资大量进入房地产业，其利用外资比例很高，最高的年份达到了50%。在整个20世纪90年代，房地产业与社会服务业占了第三产业FDI的67%。在服务业开放过程中，对于哪些行业应该开放，是有争议的。1992年7月，国务院下发《关于商业零售领域利用外资问题的批复》，同意来自国外的零售企业试办中外合资或合作经营的商业零售企业，经营百货零售和进出口商品业务。1999年6月，国务院批准并发布了《外商投资商业企业试点办法》，将零售业中外合资合作试点城市范围扩大到所有省会城市、自治区和计划单列市，同时允许外资零售企业进一步介入批发领域。这个政策使外资零售企业大量进入中国，在21世纪初期曾引起了学者们的争论。

从前文的描述可以看出，1979~1990年，服务业开放与改革基本是同步的。服务业和改革重点是在以生活为主导的服务领域，而外资也大量进入社会服务业与旅游业，两者相得益彰，相互促进，对我国服务业深化改革提供了基础。

自1990年开始到中国加入WTO，我国对服务业的开放领域缺乏深入研究，在服务业开放领域方面举步不前，服务业开放滞后于改革，服务业利用外资的质量也不高，这说明服务业开放与改革开始错位。在税收、外汇及进出口方面外资均享有优惠政策，在吸引了投资的同时也必然会使得一些内资企业在与相关外资企业的竞争中居于劣势。加入WTO之后，我国服

[①] 1979~1990年，外商投资的部门占外资总额的比重为：工业部门58%，房地产公用服务业22%，农业部门2.85%，交通运输部门1.18%，建筑部门1.8%，商业部门4.15%，科技部门0.12%。

务业遵循 WTO 的规定，大幅进行开放，但是，我国服务业改革有所停滞，甚至出现了很多服务领域允许外资进入，但是民营资本进入反而受到阻碍的情况，这一阶段在整体上是属于服务业改革滞后于服务业开放的阶段。

如果不考虑到服务业开放与改革的交互作用，许多文献都对服务贸易自由化对经济的影响做过研究。Giuseppe Nicoletti（2001）提到各国的实证研究显示 OECD 国家服务业的规制改革对明显提高其成员国的经济业绩、改善成员国居民生活起到了一定的作用，并认为美国对卡车运输放松管制和服务贸易自由化带来了竞争压力，正是这种压力带来了生产率的增长并提高了先前受管制的公司的配置效率。Hoekman 等（1997）则认为，限制服务部门竞争的政策代价是非常昂贵的。徐建国（2011）指出，中国服务业发展滞后与这两次大中断密切相关，而这两次中断的原因可能是，本币贬值促进本国净出口增加和贸易部门增长，这样就抑制了本国非贸易部门（服务部门）的发展。从这些研究结果看，大多数结果都倾向于认为贸易自由化对服务业发展是一个促进作用。这一点，与我们研究的结论是有区别的，我们认为，在服务业开放与改革相互作用的背景下，对服务业的发展作用机制是复杂的。

（六）理论依据有待于进一步深化

令人不解的是，虽然服务业发展迅速，到 2013 年时超过工业而成为国民经济第一大产业部门，到 2016 年时，服务业占 GDP 的比重已达到51.6%。但是，对服务业改革的理论研究等方面仍存在着诸多不足。李勇坚、夏杰长（2009）曾指出，导致这种状况的原因是，与整体经济体制改革相比，第三产业体制改革有着以下几个方面的特征：第一，第三产业体制改革所引起的关注更少，几乎缺乏专门的研究结果，当然，除了金融等重要行业以外；第二，第三产业体制改革的目标更为多元化；第三，第三产业内部各个行业之间的巨大差异，使其改革路径之间的差异非常大。

从理论演化史来研究，可以大致清理出中国服务业改革的基本线索，在 1978 年到 20 世纪 80 年代中期，对于服务业（其时称之为第三产业）的概念都没有完全建立起来。因此，为了提出服务业改革的理论，首先，必须要对服务业的概念进行厘清。在当时的背景下，系统研究服务经济的理论，需要解决的首要问题就是关于"生产劳动与非生产劳动"的争议。因为在经典的马克思主义著作里，将服务劳动作为非生产劳动对待。只有解决这个问题，服务业改革才能进一步深入。在当时，学界主要有三种观点，即宽派、窄派、中派。其次，如何将实践理性的东西上升到理论高度。中国的改革，从指导思想上看，是从理性建构与先知设计向实践理性转型的过程，在这个过程中，如何将实践理性发展出来的经验事实进行归纳总结，上升为理论模式，这也是一个挑战。最后，中国服务业改革过程中，其理论基础与依据是什么，也需要进一步研究深化。

三　服务业改革"中国模式"的独特性

服务业改革"中国模式"的独特性在于两个方面，第一个方面是服务业改革与中国自身的工业改革、农业改革有着区别。第二个方面是服务业改革与国际上其他国家改革的区别。整体上看，中国服务业改革在很多时候被当作解决现实问题的工具，改革自身缺乏一个明确的激励机制与目标，这是中国服务业改革的一个重要特色。

从中国服务业改革与农业改革、工业改革来看，在改革之初，无论是改革哲学、改革动力，还是改革措施等诸多方面，都有着本质的区别（见表1）。

表 1　1978～1984 年服务业改革的特色

类别	工业领域改革	服务业领域改革	农业领域改革
基本哲学	崛起梦想、效率优先	实用主义，解决现实问题	现实主义
改革的动力	提升效率，实现赶超	解决就业，避免社会问题	生存压力
改革措施	分权让利、承包经营	积极发展边际增量（个体、私营）	家庭承包责任制、提高农产品收购价格
改革成效	初见成效，难以推进	成效明显	成效明显
主要争论点	改革的具体方案	所有制问题、是否存在剥削问题等	改革措施的效果存在着争议

资料来源：作者整理。

在工业领域的改革，自 1978 年就开始着手进行了，其重点是提升国有工业企业的内部管理效率。正如吴敬琏（2010）所指出的，国有企业改革的基本目标是在不改变国有企业基本制度的条件下"搞好搞活"企业，而"搞好搞活"的具体标准通常都是减少账面亏损或增加账面利润。所实行的改革措施种类繁多，但主线是调整"政府和企业内部人—管理人员和职工"之间权、责、利的分配，向企业内部人"放权让利"。按照经济学家后来研究的结果，"中国计划经济体制下生产停滞和低效的三个深层次原因：非经济的政策目标、制度的薄弱和激励刺激的缺乏"①。也就是说，改革需要解决这三大问题。因此，工业改革的重点是国有工业企业，其预设前提是，国有企业在所有制方面具有优越性，但是，在管理方面，权力过分集中于政府特别是中央政府、地方政府以及企业内部管理层和员工，缺乏积极性，导致企业缺乏足够的技术改造等方面的动力，因此，能够通过"放权让利"，尤其是分配制度的完善，提升效率，使国有企业成为市场竞争的主体（张维迎，2014）②。在当时，"放权让利"有三种主要形式，即"企业下放"、"扩大企业自主权"和"企业承包"。工业企业在1978年陆续开始扩权试点，通过增加了自由购销的权力和利润分成模式，提升企业内部的积极性③。到1983年时，在农业联产承包责任制成功经验的刺激下，全面推行承包经营。在当时，这些措施起到了一定的作用。但是，很快就出现了改革边际效应递减的情形，导致了经济秩序混乱、财政赤字剧增和通货膨胀等弊病。因此，到1981年后，"放权让利"的改革演变为建立经济责任制。

自1983年开始，中央决定开始实行进一步的利改税，1984年5月10日，国务院下发了《关于进一步扩大国营工业企业自主权的暂行规定》。

---

① 〔美〕勃兰特、〔美〕罗斯基：《伟大的中国经济转型——上海》，方颖等译，格致出版社、上海人民出版社，2009，第2~3页。

② 厉以宁、林毅夫、周其仁等：《读懂中国改革——新一轮改革的战略和路线图》，中信出版社，2014，第70页。

③ 1978年10月，四川省首先选择了重庆钢铁厂等6家企业进行了"扩大企业自主权"的试点。首先赋予企业管理层的权力包括：（1）在增产节约的基础上，企业可以提取一定数额的利润留成，向职工个人发放奖金；（2）在完成国家计划的前提下，增产市场需要的产品，承接来料加工；（3）销售多余的物资、销售商业部门不收购的产品和试销新产品；（4）提拔中层管理干部。1979年7月，国务院颁发《国务院关于扩大国营工业企业经营管理自主权的若干规定》、《关于国营企业实行利润留成的规定》等5个相关文件，向全国企业推广扩大企业自主权和实行利润留成的改革措施。到1980年，这些措施已经扩及占全国预算内工业产值60%、利润70%的6600家国有大中型企业。

1985 年 5 月，中央办公厅和国务院办公厅联合发出《关于认真搞好国营工业企业领导体制改革试点工作的通知》，确定在北京、天津、上海等 6 个城市的部分企业进行试点。1983～1984 年，只是推行利改税的第一步。企业税后利润，仍以各种形式在国家与企业间进行分配，企业间苦乐不均和吃"大锅饭"的问题依然存在。为此，1984 年 9 月，国务院决定从第四季度起推行"以税代利"第一步改革，即把国有企业利润的 100% 全部纳入"利税合一，按章纳税"的轨道，彻底消除企业之间吃"大锅饭"的现象。在采取利改税的同时，为了减轻财政对国有企业固定资产投资的支出压力，也为了提高对国有企业的约束力度，采用了"拨改贷"，即对国有企业固定资产投资，由原来的财政注资拨款，改为银行贷款。第二步利改税没有达到预期目的，由于部分地挫伤了企业和职工的生产积极性，使工业企业实现利润出现了 20 个月下滑的局面。

农村改革一开始也沿着"放权让利"的路子往下走。1978 年十一届三中全会原则上通过了《中共中央关于加快农业发展若干问题的决定（草案）》，将农业作为国民经济的基础加以重视。1979 年 9 月 28 日中共十一届四中全会正式通过了这一决定。该决定沿袭了"放权让利"的改革思路，明确指出，各级行政机关的意见，"除有法律规定者外，不得用行政命令的方法强制社、队执行，应该允许它们在国家统一计划的指导下因时因地制宜，保障它们在这方面的自主权，发挥它们的主动性"。这个决定，成为之后波澜壮阔的中国农村改革的一个重要政策依据。尽管在当时，联产承包责任制的作用得到了广泛的认同，但是，在事后的研究者视野中，对此还是存在争议①。

---

① 关于家庭联产承包责任制的争论无非有两种观点：一种观点认为家庭联产承包责任制搞对了，因为无论是从单个农村还是从全面推广的情况看都成效显著。另一种观点正好相反，认为以家庭为单位进行独门独户的生产不符合社会主义的特性，而且"农业的根本出路在于机械化"，机械化需要有规模经济才能得以推广，家庭生产不具有规模经济，是改革的倒退。另一种观点的主张者认为 1978～1984 年的农业快速增长是由其他改革措施（如化肥、科研、机械化使用的增加，以及提价和恢复市场的改革）的效果将家庭联产承包责任制的弊端掩盖了。尤其在 1984 年后，生产出现滑坡说明被掩盖的问题最终暴露了出来。以上就是中国和许多发展中国家宏观上扭曲价格信号、行政上计划配置资源、微观上剥夺企业自主权的"三位一体"体系形成的根本原因。参见《林毅夫：中国经济专题（第二版）》，北京大学出版社，2012，第 129 页。

　　而在服务业领域，对国有企业也出台了相应的改革措施。商业企业于1978年底1979年初陆续开始扩权试点。但是，这种扩权试点式改革的影响很小。正如我们在前文所指出的，在服务业领域的改革，一开始就因为其承担了"解决就业问题"的现实任务，因此，能够破除意识形态障碍与改革方向问题的争议，使大量的服务经济以个体经济的方式得以生长出来，生长出来的这一块新生力量，在刚开始时对服务业占主导地位的国有成分、集体成分起着重要的补充作用，而顽强的生命力与较好的经济效益，又为进一步改革起着示范效应，到后期。边际力量与现有的经济主体之间形成了竞争关系，这对原有的国有经济成分的改革形成了一定的压力。而建立市场经济体制，鼓励各种经济成分之间自由竞争，推进国有经济在所有制方面进行改革等方面，都在这种压力下开始催生，这就形成了中国服务业改革的独特道路①。

　　正因为服务业改革是沿着实践理性的道路前进，在进一步的改革过程中，也形成了与工业不同的特色（见表2）。在1984年之后，工业企业开始在价格等方面进行突破，但是，国有企业的承包经营、租赁经营等思维仍占据了主导地位②。真正实行价格改革要到1988年，但是，这种脱离现实的价格闯关式改革，不可避免地带来价格秩序的混乱。

---

① 有研究者指出，中国的改革不是表现为首先打破旧的体制，而是先在旧体制的"旁边"或"缝隙"中发展起新的体制成分。随着这种新体制成分的发展及其在整个经济中所占比重的扩大，逐步地深化对旧体制的改造。这种改革采取先易后难、先表后里的方式，在旧有制度的框架内审慎推进改革，具有在时间、速度和次序选择上的渐进特征。因此，新旧体制在一段时期内的并存是渐进改革的重要特征。而对旧体制的容忍，一方面是在改革初期适当地维持既得利益以减少改革所面临的社会阻力的需要；另一方面新体制的成长不会在一夜之间完成，因此也是实现体制平稳转轨的需要。参见刘树成、吴太昌《中国经济体制改革30年研究》，经济管理出版社，2008，第270页。我们认为，从服务业改革来看，这种观点有其道理，但是，从工业改革与农业改革而言，的确一开始就从旧体制入手了，即对国有企业的管理体制进行改革，只是并没有对国有经济的所有制问题进行变革。只有在服务业领域，这种边际改革才发挥了更大的力量。非常有意思的一点是，很多经济学家都是在论述了一大段关于工业企业改革的观点之后，总结出这种边际改革的观点，这个问题仍值得深入探讨。

② 吴敬琏作为亲历者，在《当代中国经济改革：战略与实施》一书中详细记叙了1986年前后的改革方案出台过程，以及中央对改革方案的摇摆。参见吴敬琏《当代中国经济改革：战略与实施》，上海远东出版社，1999，第89～90页。

表 2　1984～1992 年服务业改革的特色

类别	工业领域改革	服务业领域改革
基本哲学	效率优先，强化竞争	增长优先，政企分开
改革的动力	提高竞争力	实现产业化增长
改革措施	市场化，引入竞争，转换经营机制，放权让利	价格改革、主体分立
改革成效	成效不大	有一定成效

资料来源：作者整理。

自 1984 年之后，服务业改革面临的一个重要内容就是如何实现服务业的快速发展。在 1985 年建立服务业统计制度之后，服务部门作为国民经济的一个重要部门得到了重视。1984 年，服务业占 GDP 的比重首次超过了农业。这些事实，使服务业作为一个产业部门的增长得到了空前的重视，在 1983 年开始制订的"七五计划"中，服务业成了增长最快的部门，中央提出，"七五"时期，服务业增长要达到 11% 以上，这远远高于当时给工业与农业确定的增长目标。为什么中央会对服务业的增长寄予如此厚望，这背后蕴含着服务业改革的动力与措施，但是，很多研究经济改革的学者对这一事实基本漠视。我们的研究发现，在这一阶段，为了达到服务业增长目标，中央的主要改革措施是市场化，即对原来国家包办的一些服务产业进行政企分开，确立市场主体地位，以促进其发展。这些领域包括金融、电信、房地产、文化、科技等至关重要的服务部门。也就是说，在 1985 年之后，市场化成了服务业改革的一个重要方向，而市场化的前提是政企分开、确立主体。这种改革的思路，与工业围绕国有企业的经营机制转换做文章，显然也有着不同。

到 20 世纪 90 年代，中国服务业改革是适应当时的财政压力进行的。这与工业改革既有相同之处，也有不同之处。对于工业企业而言，在 20 世纪 90 年代的亏损补贴也是导致政府财政紧张的一个重要根源。建立现代企业制度作为工业改革的重要手段，其重要目标之一也是为了疏解日益沉重的财政压力。但是，从解决财政压力的力度看，服务业改革无疑具有更大的潜力。这种改革基本是沿两条主线进行的：第一条是供给方面的市场化，例如住房市场化。第二条是放开价格管制，以涨价来减少政府对医疗等方面的补贴。这种改革方式导致了第三产业价格的大幅度上涨。价格改革与市场化改革的本质，都是为了解决财政压力而产生，这体现了服务业改

"中国模式"中非常重要的一个特征，即鲜明的实用主义特色。

进入21世纪之后，随着我国加入WTO，服务业竞争力弱等问题凸显出来，而竞争力弱的问题，与服务业管理体制等诸多因素直接相关，因此，通过服务业改革，提升服务业竞争力，是21世纪前十年服务业改革的重点和方向。在这个时期，对一些关键重点服务业，通过市场化改革、引入竞争机制等，使其竞争力获得了快速提升。

党的十八大确立了到2020年全面实现小康的目标，而我国在教育、医疗、健康、文化、旅游等诸多方面的发展不够，对民生发展的支持力度有限，因此，如何通过服务业体制改革，提升服务业对民生的支撑，也成为这一阶段服务业改革的重要方向。

从前面的分析可以看出，在中国的改革过程中，服务业改革一直是一个很好的工具，用以解决国家当时所面临的一些重大问题。这种将改革作为工具的模式，在前期取得了较好的效果，但是，随着改革的深入，在触及改革的本质问题时，会使改革受到很大的阻碍，这是需要注意的。

四 对服务业改革"中国模式"的评析

（一）服务业改革"中国模式"成就非凡

1. 改革释放了服务业发展动力，服务业形成了持续快速增长态势

根据《2015年国民经济和社会发展统计公报》，全年国内生产总值744127亿元，比上年增长6.7%。其中，第一产业增加值63671亿元，增长3.3%；第二产业增加值296236亿元，增长6.1%；第三产业增加值384221亿元，增长7.8%。第三产业增加值比重为51.6%，比上年提高1.4个百分点，这也是中国有史以来服务业占比最高的年份。按全年平均汇率计算，服务业增加值超过55000亿美元，居全球第二。跟1978年比，我国服务业占比上升了差不多30个百分点，年均增加0.75个百分点，也是三次产业中唯一一个产值占比持续保持增长的行业。按照可比价格计算，我国服务业增加值在过去的38年里增长了近40倍，年均增长10%以上。

2. 服务业成为吸纳就业的主力军和社会稳定器

从就业看，2014年，我国服务业就业人员达到31364万人，占40.6%，

保持着我国第一大就业部门的地位。而从全球看，2014年，全球服务业就业占比达到51%。而发达国家为71%，中等收入国家为44%，中高收入国家为50%。从近几年的就业吸纳能力看，自2013年开始，服务业吸纳的就业人数都超过了1000万人，不但吸纳了每年的新增就业人数，而且还吸纳着农业与工业的转移人数。成为解决就业问题的绝对主力，也成为不可或缺的社会稳定器。

表3　我国服务业就业吸纳能力

单位：万人，%

类别	2015年	2014年	2013年	2012年	2011年	2010年
服务业新增就业	1475	1728	1946	408	950	475
总就业新增人数	198	276	273	284	315	277
农业转移人数	871	1381	1602	821	1336	960
工业新增人数	-406	-71	-71	697	702	762
服务业吸纳就业的比例	138.0	104.3	103.8	36.9	57.5	38.4

资料来源：根据《中国统计年鉴2016》的相关数据整理计算。

3. 服务业的国际地位和影响力持续提升

从全球比较看，2014年，全球服务业增加值约为549622亿美元，我国为49783亿美元，占全球的份额约为9%。同期，我国GDP占比约为13.3%。我国服务业占比仍低于GDP的占比。从长期增长的角度看，近年来，我国服务业的国际地位也有很大的提升。1978年时，我国服务业在全球的占比不到1%，到2000年我国服务业占全球份额上升为2%，到2014年，增长到了9%，14年间增长了7个百分点，相当于每年增长0.5个百分点。

4. 服务业市场化水平不断提升，吸引外资的能力不断增强

经过多年的改革，我国服务业市场化水平持续提升，绝大部分服务领域都实现了市场化定价。在市场主体中，民营经济、个体经济也占据了服务业市场主体的绝大多数。在市场准入方面，随着银行等金融部门的全面开放，使服务业的市场准入门槛有所降低，这也提升了服务业的市场化程度。从外资利用的规模看，2014年我国实际利用外商直接投资规模已经超越美国，成为世界上最大的FDI（外商直接投资）流入国。利用外资，我们

不仅要看到它总量上的急剧增长，更要看到结构上的喜人变化。2011 年，我国服务业利用外资首次超过第二产业。2014 年，制造业实际使用外资金额 2452.5 亿元人民币（399.4 亿美元），同比下降 12.3%，在全国总量中的比重为 33.4%；服务业实际使用外资金额 4068.1 亿元人民币（662.4 亿美元），同比增长 12.5%，在总量中的比重为 53.9%。全国设立非金融外商投资企业 23778 家，比上年增长 4.4%，其中，设立非金融服务业外商投资企业达 13925 家，增速为 11.12%，占全部设立的非金融外商投资企业的比重达 58.56%，2016 年中国实际使用外资（FDI）8132.2 亿元人民币，同比增长 4.1%（未含银行、证券、保险领域数据），服务业利用外资占比超过 60%。这意味着我国吸引外资以制造业为主的格局向以服务业为主转变，可以说，利用外资进入名副其实的"服务经济时代"（夏杰长、倪红福，2016）。

（二）不断完善服务业改革的"中国模式"

但是，服务业改革"中国模式"的独特之处在于，在改革过程中，不但缺乏目标模式与清晰的理念，而且，改革本身被当作一种解决问题的工具。这样，中国服务业改革既取得了举世瞩目的成就，也遗留了诸多问题，需要不断完善。

1. 服务业改革过程中，相关政策措施并不配套，使改革难以深入"深水区"

在 1978 年开始改革之后，对服务业改革主要是以边际增量推动存量的方式进行，而增量的生长，其主要动因是解决当时的就业问题。这个背景下成长起来的服务业，天然缺乏正规化基因，无法形成向上突破的力量。这样导致了我国服务业竞争力长期较为低下。从政府政策的视角看，由于服务业改革"种瓜得豆"的模式，使监管体系无法适时构建。托尼·赛奇（2004）指出，"改革开始前的 1978 年，政府几乎控制了服务部门的所有产出。当时，没有独立的财政和银行部门，它们仅仅充当政府的出纳员。向更少的行政干预转变，减少对服务的直接供给和管理会使治理变得更复杂，而远不是更容易。中国政府已经给其陈旧的垄断功能增加了新的规制角色，它的功能比过去更为广泛复杂"。因此，在服务业从边际上成长起来之后，除了在所有制认可等方面给予一定的政策之外，对服务业这种新的生产力的管制，就成为政府的一个重大课题，但是，在如何管制、治理等诸多方面，政府并没有及时制定出相应的措施，使服务业发展体制一直没有能够很好地建立起来。

2. 由于把服务业改革作为一种工具，而缺乏服务业发展的长期战略，导致服务业发展过程中出现了诸多偏差

例如，我国缺乏建立服务业体系的概念，对种类繁多的服务业在国民经济中的作用缺乏清醒的认知，导致某些关键性服务领域发展不足，给国民经济持续发展以及国家经济安全带来了诸多隐患。例如，一些关键性服务业发展不充分，会导致国家经济信息以"合法"的方式泄露。例如，在审计、资信评级等与金融相关的核心服务方面，普华永道中天、德勤华永、安永华明、毕马威等基本垄断了我国高端核心审计服务。美国信用评级机构已控制我国 2/3 的信用评级市场。这使我国在国际竞争中处于被动地位，不利于我国企业从产业链低端向高端进化，并对我国各个关键产业的基本安全都带来不利影响。在国家发展战略方面，也缺乏服务业与其他产业联动、服务业改革与其他改革联动的思路。例如，我国生产性服务业与制造业联动不够，使跨国公司把高创新率、高附加值和高进入壁垒的核心部件的生产保留在发达国家内部，而将惯例化的、低附加值的、几乎没有进入壁垒的和劳动密集型的非核心部件的加工、制造和组装环节转移到中国，一些与生产直接相关的战略性资源（尤其是软性战略性资源，如品牌、文化、科技、金融）无法在中国本土生长，中国制造仍不能通过生产性服务业的发展而快速提升。又如，由于科技服务业不发达，使其对生产的支撑作用也没有完全发挥出来。以科技创新能力为例，虽然近年来我国研发设计能力有较大幅度的提升，但是，到 2015 年，我国国家创新能力排名仍居于第 18 位，与我国经济实力、国际地位等并不相称。

3. 纯目的论使改革过程中对服务的性质缺乏认知，导致了诸多偏差

以 20 世纪 90 年代推进的以市场化与价格自由化为特征的服务业改革为例，在市场化过程中，缺乏对市场主体的培育过程，导致很多服务企业本质上成为政府部门的附庸。例如，在 20 世纪 90 年代市场化改革的口号下，以及出于缓解财政压力的考虑，很多党政机关积极兴办服务业实体进行"创收"。据当时的研究文献，在 20 世纪 90 年代，党政机关直接或间接介入市场经营活动的规模不断扩大。大量党政机关下属事业单位兴办公司。据统计，当时发展迅速的各类市场中介组织多数也在政府职能部门属下。

机关内的后勤部门对外经营，由于将房租等成本计入政府机关的支出之中，导致了与市场其他主体的不公平竞争。而且，在当时的政治环境下，各类经济实体还广泛接受社会上经济组织的"挂靠"，从中收取"管理费"。1993年国家出台了一系列"脱钩"的规定，但未起到明显作用。1993年上半年统计，党政机关所办公司占新办公司数的15%。1992年至1996年，仅全国工会系统经营性企事业单位即由8952家增至63100家，年营业收入已达501亿元。这种党政机关所办的企业，其实质是培植寄生性经济。再一个原因是利用权力逃避税收。"创收"中还衍生出一种"浪费型"运行机制：权力部门以权生事，以事生钱，不惜耗费大量人力物力财力为本单位谋利，其社会成本与单位收益根本不成比例。允许机关和行政事业单位"创收"，是改革中对旧体制惯性的一种缓冲，这也是服务业改革过程中，过于强调缓解财政压力目标的一个副产品。

还有一个情况就是，在市场化的口号下，很多公益部门商业化运营。在当时的背景下，公益部门的商业运行和行政单位创收一样，都不是社会化分工自然进程，而是基于减轻改革阻力的政策安排，或为减轻财政负担，或为安置单位冗员。它们很少在市场竞争中独自承担风险。这类经营活动倾向于获取行业特权，包括特许经营、自行定价、转移风险、税费优惠等。它们的活跃并不刺激经济效率，反而加剧体制摩擦。

4. 面对国际竞争时，对竞争力的培育与产业发展的认知出现偏差，难以破除服务业的行政垄断

如何培育竞争力，显然是一个大的问题。在国际竞争压力下，我国服务业改革的一个重要方向应该是利用我国庞大的市场基础，培育一批具有强大竞争力的市场主体。但是，在市场主体培育方面，政策的整合度不够。例如，生产性服务业发展，依赖于生产迂回程度的扩大，即生产流程的资本化，或如哈耶克所说的生产结构的资本化，因此，制造业对生产性服务业的需求比重取决于制造业的资本密集程度，资本密集程度越高的制造业对生产性服务业的需求比重越大。例如，我国的资本密集型制造业，尤其是高端设备制造业，大多依赖于进口。而且，大量的政策优惠都支持技术含量高、资本密集度高的设备进口。加工贸易生产企业进口机器设备则是完全免税的，则相应鼓励了设备的进口。这对我国生产性服务业发展形成了不利影响。

又如, 市场主体的培育, 应先开放国内竞争, 提升主体的活力, 而不是以行政垄断等方式, 人为制造出一批大而不强的市场主体(夏杰长、刘诚, 2017)。例如, 我国仍有部分服务业垄断严重。如金融、铁路、民航等就是典型的行政垄断行业。这些行业找各种借口排斥相关竞争者公平进入, 影响了服务供给和效率。在一些行业, 虽然通过改革, 使行政垄断得以破除, 但实际上其他竞争进入的隐性限制仍然存在。以检测检验为例, 虽然国有检测检验机构已经脱钩, 但是民营资本在市场上的占比仍然非常低。而且, 政府部门还人为地制造服务业的市场准入门槛, 使这些行业的可进入性很差。以节能环保服务业为例, 虽然对环保服务的相关市场准入已经放开, 但是隐形的门槛还是存在。融资租赁行业的市场准入行政许可仍然客观存在。

5. 部分公共服务、准公共服务及民生服务市场化改革及其配套措施改革方面不协调, 这些领域改革很难深入推进

纯目的论的服务业改革模式, 对于解决当时面临的一些紧急问题, 具有重大的价值。而且, 也应该看到, 我国服务业改革为1978年以后就业问题解决、1990年以后的财政压力缓解等方面做出了巨大的贡献。但是, 过于强调服务业改革作为一种解决问题的手段, 不注重改革措施的配套性, 很容易使服务业改革陷入长期困境之中。以我国的房地产改革为例, 在20世纪90年代开始的房地产改革, 其最初出发点是为了减小国家对城市居民住宅的补贴。由于房地产市场的极度自由化与政府对土地的绝对垄断, 使政府将土地作为财政收入的主要来源渠道, 产生当前中国积重难返的土地财政问题。这个问题产生的本质不是房地产业的市场化, 而是政府对土地绝对垄断之后土地供给不足, 人为制造短缺而产生的。而医疗体制改革, 在20世纪90年代进行市场化改革试点之后, 政府并没有承担起建立医疗保障体制的责任, 在改革失败之后, 将罪过推到市场化的头上, 使医疗体制改革完全推倒市场化的机制重来, 而这种回到"政府主办"的思路虽然明显是一种倒退, 但是, 由于市场化改革已成禁区, 只能在错误的道路上越走越远。

参考文献

[1] Daron Acemoglu and James A. Robinson, Why Nations Fail: the Origins of Power, Prosperity and Poverty（国家为什么会失败——权力、富裕与贫困的根源），Crown Business, 2013.

[2] Joshua Cooper Ramo（2005），Beijing Consensus, Mimeo.

[3] 李伟：《"中国道路"向"中国模式"演进的十条理由》，《社会科学报》（理论探讨）2012 年 10 月 18 日第 003 版。

[4] 〔美〕斯蒂格利茨：《中国第二步改革战略》，《人民日报》（海外版）1998 年 11 月 13 日。

[5] 〔美〕斯蒂格利茨：《中国第三代改革的构想》，《经济导刊》1999 年第 5 期。

[6] 李稻葵：《对未来 30 年的展望》，载吴敬琏、俞可平、〔美〕福格尔等著《中国未来 30 年》，中央编译出版社，2010。

[7] 〔美〕托马斯·罗斯基著，宫武译：《中国及其经济改革的理念》，《国外理论动态》2013 年第 6 期。

[8] 吴敬琏：《当代中国经济改革教程》，上海出版社，2010。

[9] 王辉耀：《中国模式的特点、挑战及展望》，《中国市场》2010 年第 16 期。

[10] 〔英〕肖恩·布雷斯林著，冯瑾译：《"中国模式"与全球危机：从弗里德里希·李斯特到中国治理模式》，《当代世界与社会主义》（双月刊）2012 年第 1 期。

[11] 黄亚生：《寻找真正的中国模式——基于中国、印度、巴西经济数据的比较分析》，《深圳大学学报》（人文社科版）2012 年第 1 期。

[12] 何德旭、夏杰长：《服务经济学》，社会科学文献出版社，2010。

[13] 詹森：《服务经济学》，中国人民大学出版社，2015。

[14] Ryan Rutkowsi, Service sector in China, http://www.piie.com/publications/pb/pb15-2.pdf, 2015.

[15] 魏作磊：《中国服务业发展战略研究》，经济科学出版社，2009。

[16] 李铁映：《中国的改革——纪念改革开放 30 周年》，载彭森、陈立等：《中国经济体制改革重大事件（上）》，中国人民大学出版社，2008。

[17] 斯蒂格利茨（2009），转引自〔意〕阿里吉著《亚当·斯密在北京：21 世纪的谱系》，黄平、许安结译，社会科学文献出版社，2009，第 58 页。

[18] 〔美〕勃兰特、〔美〕罗斯基编《伟大的中国经济转型——上海》，方颖等译，格致出版社、上海人民出版社，2009。

[19] 厉以宁、林毅夫、周其仁等：《读懂中国改革——新一轮改革的战略和路线

图》，中信出版社，2014。

［20］ 刘树成、吴太昌：《中国经济体制改革 30 年研究》，经济管理出版社，2008。

［21］ 吴敬琏：《当代中国经济改革：战略与实施》，上海远东出版社，1999。

［22］ 道格拉斯·诺斯：《新制度经济学及其发展》，载陈宽平主编《转轨、规制与制度选择》，社会科学文献出版社，2004。

［23］ 黄亚生：《中国模式到底有多独特》，中信出版社，2013。

［24］ 李勇坚、夏杰长：《制度变革与服务业成长》，中国经济出版社，2009。

［25］ 李勇坚、夏杰长：《中国服务业改革的动力与进程》，《改革》2010 年第 5 期。

［26］ 李勇坚：《中国第三产业改革体制改革的动力与路径（1978－2000）》，《当代中国史研究》2015 年第 6 期。

［27］ 吴敬琏：《当代中国经济改革教程》，上海出版社，2010。

［28］ 夏杰长、倪红福：《中国经济增长的主导产业：服务业还是工业?》，《南京大学学报》（人文哲学社科版）2016 年第 3 期。

［29］ 夏杰长、刘诚：《行政审批改革、交易费用和中国经济增长》，《管理世界》2017 年第 4 期。

［30］ 钟春平：《中国经济遭遇改革与发展的新阵痛》，《经济参考报》2015 年 11 月 3 日。

开放创新篇

中国流通服务业 FDI 的生产率
效应及其门槛特征

胡宗彪　朱明进　滕泽伟[*]

摘　要　流通服务业作为中国的基础产业和先导产业，其增长效率关系整个国民经济的可持续发展。本文通过构建一个结合服务产品特性和 FDI 的局部均衡模型，证明了流通服务业 FDI 的生产要素再配置效应能够对东道国流通服务业产生正向的生产率效应。进而基于 2005～2014 年的省际面板数据，实证考察了流通服务业 FDI 的生产率效应及其门槛特征。结果表明，流通服务业 FDI、R&D 支出比重、基础设施水平、城市化水平对流通服务业生产率具有显著的促进作用，且存在明显的区域差异性，即流通服务业 FDI 对东部地区的溢出效应要大于中西部地区；考虑到资本密集度对流通服务业生产率具有区域异质性特征，采用面板门槛模型验证了现阶段流通服务业 FDI 的区域转移仍然具有现实意义。研究结论对于中国流通服务业如何进一步提高对外开放水平，制定有利于流通服务业生产率提升的相关政策具有重要的启示意义。

关键词　流通服务业　外商直接投资　全要素生产率

---

* 胡宗彪，中南财经政法大学工商管理学院，副教授，研究方向为对外开放与服务业发展、流通产业经济学；朱明进，中南财经政法大学工商管理学院，硕士研究生，研究方向为对外开放与服务业发展、流通产业经济学；滕泽伟，湖北经济学院工商管理学院，讲师，经济学博士，研究方向为对外开放与服务业发展。

一　引言

中国自 2001 年加入 WTO 以来，对外开放程度得到更大提高，与世界其他国家（地区）的联系日益紧密。特别是随着经济全球化和服务经济时代的到来，作为最大发展中国家的中国有着更为广阔的需求市场，从而成为跨国公司激烈争夺的对象，大量外商来到中国进行投资。2014 年，中国超过美国成为全球最大的 FDI（外商直接投资）流入国。据国家商务部统计，2015 年上半年，中国利用外资继续保持平稳增长，全国设立外商投资企业11914 家，同比增长 8.6%；实际使用外资 4205.2 亿元人民币，同比增长8.3%。FDI 渗透到国民经济的各个领域，包括生产、交换、分配和消费的各个环节。由于中国制造业盲目扩张导致的产能过剩、资源浪费、产业结构扭曲和经济发展滞缓的弊端开始暴露出来，国民经济的持续健康发展迫切需要新的产业增长极来推动，而流通服务业在改变商品的供需结构、产业结构的优化和升级等方面发挥着重要作用（赵凯、宋则，2009）。为了进一步加快流通服务业的快速发展，2015 年 8 月，《国务院关于推进国内贸易流通现代化建设法治化营商环境的意见》指出，要进一步提高内贸流通领域对外开放水平。放开商贸物流等领域外资准入限制，更加注重引进国外先进技术、管理经验、商业模式和知名品牌，鼓励跨国公司在华设立采购、营销等功能性区域中心。FDI 逐渐被各级政府视为加快流通服务业发展的制胜法宝。然而，中国吸引流通服务业 FDI（"以市场换技术"的行为）以促进产业质量（效率）提升的意图到底有没有成功，以及对中国流通服务业增长效率的影响程度究竟如何？我们并不清楚。流通服务业作为中国的基础产业和先导产业，其增长效率直接关系整个国民经济的可持续发展以及经济结构的优化升级。因此，我们有必要对流通服务业 FDI 影响流通服务业增长效率（生产率）的内在机制和现实表现进行深入研究。

二　文献述评

在全球化浪潮中，FDI 正扮演着日益重要的角色，对东道国尤其是发展中国家经济社会发展的影响越来越大（沈坤荣、耿强，2001）。在理论上，

FDI 主要通过示范效应、竞争效应、关联效应以及培训效应等方面对企业产生技术溢出效应，从而有助于东道国生产率水平和自主创新能力的提升（汪旭晖、杨东星，2011）。由于发展中国家与发达国家之间存在着巨大的现实技术差距，引进 FDI 逐渐成为广大发展中国家进行技术追赶的重要方式之一。流通服务业作为沟通生产和消费的重要部门，其在一国经济发展过程中承担的这种特殊角色，也导致了外资进入中国流通领域的时间要晚于其他行业（钟慧中，1998）。但随着中国对外开放程度的提高，FDI 受逐利动机的驱使与流通服务业逐渐结合，打破了传统流通服务业封闭的市场环境，增加了流通服务企业的竞争压力，迫使流通服务企业转变为传统的发展模式并通过提高生产率来增强竞争优势。加上 FDI 本身所特有的技术优势和服务优势，企业在产业关联过程中和生产过程中潜在的模仿和学习效应，都会间接影响流通服务企业的生产效率。然而，中国流通服务业 FDI 的生产率溢出效应如何，还不得而知。本文根据研究视角和研究对象的不同，将 FDI 与流通服务业生产率之间关系的研究大致分为三类。

第一类文献主要是基于中国服务业总体层面的研究。因为流通服务业是服务业的一部分，所以关于服务业 FDI 与服务业生产率之间关系的研究也可视为流通服务业的广义研究范畴。王恕立和胡宗彪（2012）采用中国服务业 13 个分行业 2004～2011 年的面板数据，考察了双向 FDI 的生产率效应。刘艳（2012）选取法制水平、劳动力市场化程度、服务业发展和人力资本水平对服务业 FDI 的技术溢出效应进行了实证分析。第二类文献主要是基于流通服务业的研究。汪旭晖和黄睿（2011）定性分析了 FDI 溢出效应对中国流通服务业自主创新的影响机制。汪旭晖和杨东星（2011）基于2005～2008 年省际面板数据，实证分析了流通服务业 FDI 溢出效应及其影响因素。第三类文献主要是基于流通服务业细分行业的研究。张宝友等（2013）重点研究了 FDI 质量与中国物流产业效率之间的关系，发现 FDI 质量的提高有利于物流产业效率的提升，但随着 FDI 数量的增加，物流业效率的提升会逐步递减。黄漫宇（2013）对中国零售业 FDI 技术溢出效应进行了实证分析，结果表明 FDI 对零售业技术进步有显著的促进作用，但存在区域差异。

现有文献是我们认识和研究 FDI 与流通服务业生产率之间关系的基石，具有不可或缺的重要意义。但随着研究的深入，我们发现现有文献关于流通服务业领域的利用外商直接投资对流通服务业生产率的影响研究非常欠缺，一是学术界对于流通服务业的定义缺乏统一的标准；二是现有大多文献只是关于 FDI 对服务业生产率方面的研究，具体到中国流通服务业层面的研究非常少；三是现有文献运用定性分析的方法较多，大多关注的是引进外资对中国流通服务业安全方面的影响。而流通服务业层面的经验研究主要局限于流通服务业 FDI 与中国流通服务业产出之间的关系，具体到流通服务业 FDI 对自身行业生产率溢出效应的研究寥寥可数；四是现有文献对 FDI 与中国流通服务业某一部门的关系研究要多于流通服务业总体层面的研究，缺乏从流通服务业这个相对中观的行业层面进行分析。基于对现有文献的梳理，本文将主要承担商品所有权转移功能的"批发和零售业"以及承担商品实体空间转移功能的"交通运输、仓储和邮政业"界定为流通服务业，在流通服务业 FDI 的生产率效应机制分析基础上，运用固定效应模型和面板门槛模型，从流通服务业整体层面、区域差异以及资本密集度视角研究中国流通服务业 FDI 的生产率效应，从而科学评估流通服务业 FDI 在中国流通服务业生产率增长中的作用。

三　流通服务业 FDI 的生产率效应机制分析

本文借鉴 Sasaki 和 Koga（2005）对资本市场进行局部均衡分析的方法和思路，尝试构建一个结合服务产品特性和外商直接投资的局部均衡模型，以考察流通服务业 FDI 流入东道国所引起的生产要素流动对流通服务业自身生产率的影响，即流通服务业 FDI 的生产要素再配置效应能否对东道国流通服务业产生正向的生产率溢出效应。

1. 资本要素流动的产出与福利效应分析

假设世界上只存在两个国家，资本要素相对丰裕的母国（A）和劳动力要素相对丰裕的东道国（B），两国都有两种生产要素：资本（K）和劳动（L），两国根据自身的相对要素禀赋优势分别生产资本相对密集型和劳动相对密集型服务产品，且生产要素是可以自由流动的。服务产品的质量在 $[q_0, q_1]$ 上连续分布，且同类服务产品之间的质量差异并未引起统计上服务分类的不同。生产要素的流动会通过改变流出国和流入国的要素禀赋（准确地说是使两国的要素禀赋结构相似），改变着两国的要素收益，图 1

描述了资本要素流动的产出与福利效应，从中可以反映出资本要素流动对要素收益的影响。

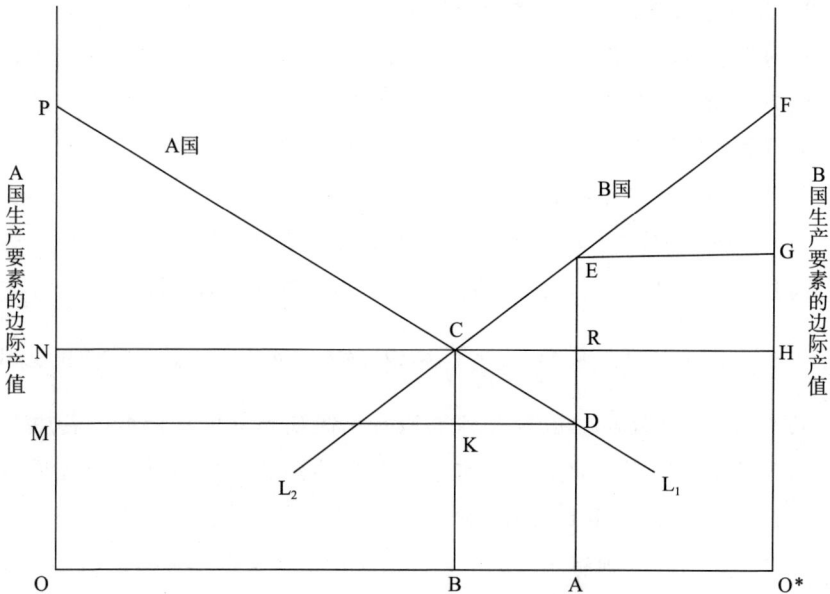

图 1　资本要素流动的产出与福利效应

根据图 1，A 国是资本要素相对丰裕的母国，B 国是劳动力要素相对丰裕的东道国，PL_1 和 FL_2 分别表示 A 国和 B 国资本要素的边际产出曲线（即资本要素的需求曲线）。在资本要素流动前，A 国和 B 国资本要素的总量为 OO^*，其中，A 国的资本要素存量为 OA，B 国的资本要素存量为 O^*A。在生产要素可以自由流动的情况下，A 国的资本要素流向 B 国，假设资本流动的成本为零，且没有风险，A 国将有 AB 数量的资本要素流向 B 国。这时，A 国和 B 国的资本要素收益率达到了均衡（A 国为 ON，B 国为 O^*H），可见伴随着 A 国资本要素的流出，A 国的资本收益率上升，伴随着 B 国资本要素的流入，B 国的资本收益率下降。

在资本要素流动前，A 国用 OA 数量的资本要素带来的产出为 OADP，B 国用 O^*A 数量的资本要素带来的产出为 O^*AEF。在生产要素流动后，A 国以国内剩余的 OB 数量的资本要素形成的产量为 OBCP，B 国以流动前的资本要素加上流动后的资本要素总计 O^*B 数量形成的产量为 O^*BCF。比较资本要素流动前后世界的总产出（两国的产量之和），可以发现，世界的总产出因资本要素的流动增加了 CDE，也就是两国可以分配的利益增量。可见，随着资本要素的流动，东道国 B 的总产出也相应增加了。

2. 引入外商直接投资因素后的均衡分析

在前文假设的基础之上，可以继续假设两国流通服务产品的生产在其成本优势范围内连续分布，且服从 Leontief 生产函数，即在每一产量水平上，拥有固定的资本和劳动力投入比例。同时假设流通服务产品的生产技术无差异，其质量差异是由生产过程中不同的资本—劳动投入比例决定的，用 $k_i(q)$ 表示，即 $k_i(q)$ 越大，流通服务产品的质量就越高，反之则越低。因此，本文将 $k_i(q)$ 设定为流通服务产品质量 q 的函数：

$$k_i(q) = e^{\alpha q} \quad (\alpha > 0, \ q_0 \leqslant q \leqslant q_1) \tag{1}$$

其中，α 为常数，$k_i(q)$ 是流通服务产品质量 q 的增函数，若用 w_i 表示流通服务业单位劳动力的工资水平，根据两国流通服务业劳动力要素禀赋状况，有 $w_A > w_B$；用 p_i 表示流通服务业资本价格，根据两国流通服务业资本要素禀赋状况，则有 $p_A < p_B$。首先假定两国流通服务业劳动力在国际上的流动受一定条件的制约，从而对劳动力价格的改变影响甚小，即可以将流通服务业劳动力的工资水平 w_i 当作常数来对待；流通服务业资本要素在国际市场上可以自由流动，且流通服务产品在生产过程中的资本需求量完全由资本要素价格决定，供给量则由资本要素价格和影响资本供给量的其他因素共同决定，即

$$D_{i,k}(p_i) = S_{i,k}(p_i, z) \tag{2}$$

其中，D_i 和 S_i 分别表示 i 国流通服务产品生产过程中所需资本要素的需求量和供给量，并且满足如下条件：$dD_{i,k}/dp_i < 0$，$\partial S_{i,k}/\partial p_i > 0$，$z$ 为影响资本供给量的其他因素。根据设定的资本和劳动要素价格，可以将 i 国流通服务产品的边际生产成本表述为：

$$MC_i(q) = k_i(q) \ p_i + w_i \quad (q_0 \leqslant q \leqslant q_1) \tag{3}$$

当两国之间流通服务产品进行自由贸易时，就存在一个流通服务产品质量水平 q_E，满足两国流通服务产品的边际生产成本相等，即 $MC_A = MC_B$，从而得出：

$$q_E = \frac{1}{\alpha} \ln \frac{w_A - w_B}{p_B - p_A} \quad (\alpha > 0, \; q_0 \leqslant q \leqslant q_1) \tag{4}$$

假设资本要素相对丰裕的母国 A 通过对外直接投资（FDI）的方式将一定数量的资本 K' 投资到东道国 B，为了便于分析，假设流入东道国 B 的资本 K' 在母国 A 原本是用于流通服务产品生产的资本投入，为了扩大生产追求利润最大化或市场规模，将这部分资本投入到东道国。那么对于东道国 B 来说，其生产流通服务产品的资本供给数量就会增加 K'，母国 A 生产流通服务产品的资本供给数量就会减少 K'。根据式（2），当 K' 数量的资本流入东道国之后，东道国资本供需平衡就可进一步表述为：

$$D_{B,k}(p_B) = S_{B,k}(p_B, K') \tag{5}$$

对式（5）进行全微分，得到：

$$\left(\frac{dD_{B,k}}{dp_B} - \frac{\partial S_{B,k}}{\partial p_B} \right) \frac{dp_B}{dK'} = \frac{\partial S_{B,k}}{\partial K'} \tag{6}$$

由前文分析可知，$dD_{i,k}/dp_i < 0$，$\partial S_{i,k}/\partial p_i > 0$，所以 $\partial S_{B,k}/\partial K'$ 与 dp_B/dK' 符号是相反的，即随着流通服务业 FDI 的流入，在流通服务产品生产过程中资本供给量的增加（减少）将会使得资本要素价格降低（提高）。母国将一部分资本要素以 FDI 形式投入东道国，使其流通服务产品生产的资本投入供给量增加，因此，可得：$dp_B/dK' < 0$，而母国流通服务产品生产的资本投入供给量减少。因此可以假定流通服务业 FDI 的流入使得东道国流通服务资本要素价格由 p_B 下降到 p'_B，而母国流通服务资本要素价格由 p_A 上升到 p'_A，但要素禀赋状况仍然使得 $P'_A < P'_B$，从而可以得到：

$$|P_A - P_B| > |P'_A - P'_B| \tag{7}$$

结合式（4）和式（7）可以得出：

$$q_E < q'_E \quad (q_0 \leqslant q_E, \; q'_E \leqslant q_1) \tag{8}$$

从式（8）可以看出，母国将一部分流通服务业资本要素以 FDI 形式投入东道国，提升了流通服务产品的质量水平（$q_E \to q'_E$），从而使得劳动要素相对丰裕的东道国 B 在生产流通服务产品时具备了一定的成本优势。从式（3）可以看出，东道国流通服务资本要素价格的下降，产品质量水平的提升，进一步降低了东道国流通服务产品生产的边际成本，这可以从服务产品质量和生产的边际成本曲线图（见图2）得到反映。

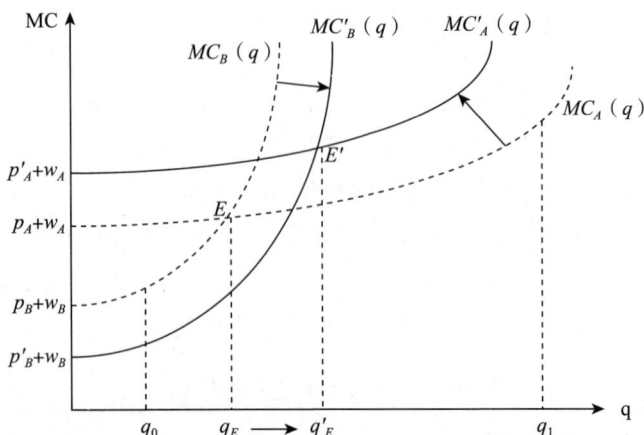

图2　资本要素流动的质量与边际成本曲线

在 Melitz（2003）模型的分析思路和框架中，假设企业是连续的，因此可以将异质性看作流通服务企业的关键性特性，每个流通服务企业都可以使用唯一的劳动力要素来提供差异化的产品 ω。这样，企业提供流通服务的成本主要由劳动力要素的投入构成，如果流通企业提供的服务数量为 q，则其成本函数可以表示为：

$$l = f + q/\varphi, \quad \varphi > 0 \tag{9}$$

其中，将 f 看作所有企业面临的相同固定成本，φ 看作各企业间的不同生产率水平，用来表示企业异质性。因此，流通服务企业的边际生产成本为 $1/\varphi$，其对不同的企业而言是一个随机变量。容易发现，更高的生产率水平代表着企业提供流通服务的边际生产成本更低，同时也可以认为更高的生产率水平意味着在相同成本下提供的服务产品质量更高。通过上述理论分析可以得到如下结论：流通服务业 FDI 流入东道国，有助于提升东道国提供流通服务产品的质量水平，降低流通企业提供服务产品的边际生产成本，进而可以提高流通服务企业的生产率水平。即流通服务业 FDI 的生产要素再配置效应对东道国流通服务业自身能够产生正向的生产率溢出效应。

四 模型设定、变量说明与数据处理

1. 经验模型设定

在理论机制分析的基础上，借鉴 Borensztein 等（1998）、李杏和 Chan（2009）等学者的做法，同时结合流通服务业的行业特征以及相关数据获取的可行性，本文构建的 FDI 影响流通服务业全要素生产率的计量模型如下：

$$\ln tfp_{it} = \alpha + \beta_1 \ln fdi_{it} + \beta_2 \ln k_{it} + \beta_3 \ln rd_{it} + \beta_4 \ln jcss_{it} + \beta_5 \ln city_{it}$$
$$+ \beta_6 \ln dgdp_{it} + \beta_7 \ln zfdi_{it} + \mu_i + e_{it} \tag{10}$$

其中，下标 t 和 i 分别表示年份和省份，u_i 为个体固定效应，e_{it} 是随机扰动项。tfp 代表流通服务业全要素生产率；fdi 代表流通服务业的外商直接投资强度；k 代表流通服务业的资本密集度；rd 代表 R&D 经费占 GDP 的比重；$jcss$ 代表基础设施建设水平；$city$ 代表城市化发展水平；$dgdp$ 代表经济发展水平；$zfdi$ 代表制造业外商投资强度。我们对各变量取自然对数，选择对数线性模型是考虑到其函数形式能够大大弱化数据中的异方差性和偏态性，又不会改变原数据之间的性质和相互关系，对提高模型估计结果的准确性有很大的帮助。

2. 变量说明与数据处理

（1）被解释变量：流通服务业全要素生产率（$lntfp$）。目前关于 FDI 与全要素生产率的研究文献中，全要素生产率的获得方法主要有索罗残差分析法、随机前沿分析法和数据包络分析法（DEA）。其中，国内多数学者一般都是假定生产函数是以柯布—道格拉斯的形式存在，通过索罗残差分析法求出相应的索罗余值来代替全要素生产率，如沈坤荣和耿强（2001）、王智勇（2015）等。而数据包络分析方法具有弱化数据质量对估计结果的影响、事先不需要设定生产函数形式、能够实现全要素生产率的所有分解等优点。借鉴王恕立和胡宗彪（2012）在考察中国服务业分行业生产率时采用的研究方法，运用序列 DEA – Malmquist 生产率指数法来确定 2005～2014 年各省份流通服务业的 Malmquist 生产率指数。其中，各地区流通服务业的资本投入、劳动投入以及产出的计算如下：物质资本存量通过永续盘存法求得，资本折旧率统一设定为 4%；劳动投入用各地区流通服务业的年末全社会就业人数来代替；产出以 2005 年为基年的不变价增加值来衡量，以上原始数据均来源于 2006～2014 年的《中国统计年鉴》和《中国第三产业统计年鉴》。最后，参考李梅和柳士昌（2012）、王恕立和胡宗彪（2013）的处理方法，将 Malmquist 生产率指数转换为以 2005 年为基期的累积变化率的形式，即 2005 年各省份的流通服务业 TFP 为 1，2006 年各省份的流通服务业 TFP 等于 2005 年各省份的流通服务业 TFP 乘以 2006 年各省份的流通服务业 Malmquist 生产率指数，依此类推。

（2）核心解释变量：流通服务业外商直接投资强度。本文采用历年各省份的流通服务业 FDI 实际使用金额在流通服务业固定资产投资中的比重，来表示流通服务业外商直接投资强度（$fdi1$）。由于各省份流通服务业 FDI 的实际使用金额没有统计，采用如下方法进行计算，即各省份流通服务业 FDI 实际使用金额 =（中国流通服务业 FDI 实际使用金额 / 中国当年实际使用外资金额）×各省份当年实际使用外资金额，这样处理有利于保持各省份流通服务业数据的特征不变。中国当年实际使用外资金额和各省份当年实际使用外资金额数据来源于国家统计局，缺失的 2011 年和 2014 年数据按如下方法计算得到：2011 年的中国及各省份实际使用外资用 2010 年和 2012 年的平均值代替，2014 年的数据则用 2013 年数据乘以（1 + 2005 年到 2013 年的几何平均增长率）估算得到，最后根据各年人民币汇率（年均价）将美元换算为人民币。历年各省份流通服务业的名义固定资产投资额数据来源于《中国统计年鉴 2006～2015》，我们统一使用全社会固定资产投资价格指数将固定资产投资和外商直接投资换算为 2005 年不变价，全社会固定资产投资价格指数来自《中国统计年鉴 2015》。借鉴刘艳（2012）的方法，本文还使用流通服务业 FDI 占流通服务业增加值的比重，来衡量流通服务业外商直接投资强度（$fdi2$）。流通服务业增加值通过《中国第三产业统计年鉴 2006～2015》中的"各地区交通运输、仓储和邮政业，批发业和零售业的增加值指数"换算为 2005 年不变价。由于西藏的数据不可获得，本文样本为 30 个省（区、市）。

（3）控制变量包括以下几个。第一，流通服务业的资本密集度（k）。资本密集度是影响技术进步的重要因素之一，平均而言，一个行业资本密集度越高，其技术水平和生产率水平也越高。参考黄漫宇（2013）的研究，以零售业固定资本存量与劳动人数之比来表示，即流通服务业的资本密集度＝流通服务业的资本存量/流通服务业的劳动投入。流通服务业的物质资本存量采用永续盘存法得到，各地区流通服务业分行业全社会就业人数＝各地区总就业人数 ×（各地区流通服务业分行业的城镇单位就业人数/各地区城镇单位总就业人数），各地区总就业人数＝全国总就业人数 ×（各地区城镇单位总就业人数/全国城镇单位总就业人数），数据来源于《中国统计年鉴 2006 ~ 2015》。

第二，经济发展水平（*dgdp*）。经济发展水平代表着一定的市场需求，需求导向型的市场环境对流通服务业会提出相应的技术要求，则经济发展水平可能会对流通服务业生产率产生重要影响。本文经济发展水平用各地区以 2005 年为基期的不变价 GDP 衡量。

第三，R&D 支出比重（*rd*）。一个行业生产率水平的提高不仅与资本密集度、经济发展水平等有关，还可能与所在地区的科技发展水平息息相关。本文选用各地区 R&D 经费占 GDP 的比重来表示科技发展水平，即 *rd* ＝各省份 R&D 经费/各省份 GDP。数据来源于中国科技部，由 EPS 整理得到。

第四，基础设施建设水平（*jcss*）。基础设施建设水平是影响中国物流业吸引 FDI 的重要因素之一，本文利用铁路、水路和公路货物中转量之和来表示货物周转量，用以衡量基础设施建设水平。数据来源于中国宏观经济数据库。

第五，城市化水平（*city*）。一般而言，一个国家（地区）的城市化水平在很大程度上也代表着当地的基础设施建设水平、吸引 FDI 的硬环境。本文各省份的城市化水平＝各省份的城市人口数/各省份的总人口数。数据来源于《中国统计年鉴 2015》。

第六，制造业外商直接投资强度。唐宜红和王林（2012）认为服务业的跨国投资者，会追随其母国的制造业来到东道国进行投资。流通服务业作为生产和消费的纽带，为制造业提供流通服务，制造业 FDI 必定会对流通服务业 FDI 产生影响，从而间接影响流通服务业的全要素生产率。根据流通服务业外商直接投资强度的测算方法，制造业外商直接投资强度也有两种衡量方法：第一种是用制造业 FDI 占制造业固定资产投资的比重来表示（*zfdi1*）；第二种是用制造业 FDI 占制造业增加值的比重来表示（*zfdi2*）。由于省级层面的制造业 FDI 和制造业增加值无法获取，采用如下方法计算：各地区制造业实际使用外资金额 =（全国制造业 FDI 实际使用金额/全国 FDI 实际使用金额）× 各地区实际使用外资金额，最后根据各年人民币汇率（年均价）将美元换算为人民币，各地区制造业增加值 =（全国制造业增加值/全国第二产业增加值）× 各地区第二产业增加值。为消除价格因素的影响，统一使用全社会固定资产投资价格指数将各地区制造业名义固定资产投资、外商直接投资和增加值换算为 2005 年不变价，数据来源于中国宏观经济数据库和《中国统计年鉴 2015》。表 1 报告了各变量定义及描述性统计量。

表 1 各变量定义与描述性统计量

变量名称及其定义		样本量	平均数	中位数	标准差	最小值	最大值
tfp	流通服务业全要素生产率	300	1.392	1.258	0.4299	0.7063	3.631
$fdi1$	流通服务业外商直接投资强度1	300	0.0209	0.0147	0.0200	0.000118	0.109
$fdi2$	流通服务业外商直接投资强度2	300	0.0859	0.0077	0.0062	0.000072	0.0278
k	流通服务业资本密集度	300	21.94	19.99	11.13	4.829	65.99
dk	东部流通服务业资本密集度	300	19.9358	18.0929	10.2320	4.8289	53.9344
zxk	中西部流通服务业资本密集度	300	23.1015	21.5868	11.4802	5.2925	65.9906
rd	*R&D* 支出比重	300	0.0135	0.0107	0.0104	0.00180	0.0608
$jcss$	基础设施建设水平	300	3998	2376	4028	144.2	20373
$city$	城市化发展水平	300	0.512	0.482	0.142	0.269	0.896
$dgdp$	经济发展水平	300	11814	9152	10342	543.3	55989
$zfdi1$	制造业外商直接投资强度1	300	0.111	0.0549	0.1569	0.000596	1.109
$zfdi2$	制造业外商直接投资强度2	300	0.0407	0.0295	0.0344	0.000454	0.1928

资料来源：中国宏观经济数据库和《中国统计年鉴 2015》。

第七，为了更好地进行流通服务业 FDI 生产率效应的区域比较研究，本文根据第七个五年计划以及党中央国务院提出的"西部大开发"和国家发改委的最新划分标准，将中国 30 个省份划为东部和中西部两大区域，具体如下：北京、天津、河北、上海、江苏、浙江、福建、山东、广东、海南和辽宁 11 个省份划归为东部地区；山西、河南、安徽、江西、湖北、湖南、黑龙江、吉林、内蒙古、广西、重庆、四川、贵州、云南、陕西、甘肃、青海、宁夏和新疆 19 个省份划归为中西部地区。

五　流通服务业 FDI 的生产率效应：
总体及区域差异

1. 可能的内生性问题及其检验

计量模型的内生性问题会导致 OLS 估计量有偏，因此对内生性问题的关注是经验研究中必须重视的一个方面。内生性问题产生的原因主要有两个：一是由于模型中遗漏了重要的解释变量，并且遗漏的变量与模型中已经引入的其他解释变量具有相关性；二是因为模型中解释变量与被解释变量之间存在双向的因果关系，两者相互影响。为了尽量减少对重要解释变量的遗漏和规避测量误差问题，我们将已有文献中确定对流通服务业全要素生产率产生重要影响的变量加入模型中作为控制变量，使数据的处理和模型估计在最大限度上能够真实可靠。对于双向因果关系，FDI 流入通过竞争效应、模仿效应、人才流动效应以及产业关联效应促使国内流通服务业生产率得到提高，同时流通服务业 FDI 更倾向于东道国生产率较高的行业。制造业 FDI、地区经济发展水平和 R&D 强度与流通服务业生产率也可能存在相似的双向因果关系。因此，我们采取 GMM 距离检验（又称为 C 检验）（Baum 等，2013）与 Davidson 和 MacKinnon（1993）提出的方法对模型进行内生性检验，若两种内生性检验结果不一致，以前者为准。考虑到在异方差情形下的 GMM 估计相比于单纯的 IV 估计更加相对有效（Baum 等，2013），我们将 fdi、$zfdi$、$dgdp$、rd 的滞后一期、滞后二期和滞后三期作为 IV 进行 GMM 估计。结果表明，两种内生性的检验结果基本一致。所有模型在 5% 的显著水平上都不能拒绝将被检验变量视为外生变量的原假设，所以本文中设定的模型不存在内生性问题。另外，D - M 检验还认为如果内生性问题不存在，则内生性问题对 OLS 的估计结果影响不大。

2. 流通服务业 FDI 的生产率效应：总体样本及稳健性

（1）流通服务业 FDI 的生产率效应：总体样本结果。首先对可能存在的内生性、异方差、截面相关及序列相关等问题进行检验，然后根据检验结果选择固定效应进行估计，估计结果见表 2。

表 2　总体样本的固定效应估计结果及稳健性检验

	lntfp				
	基准估计结果		稳健性检验结果		
	（1）	（2）	（3）	（4）	（5）
ln*fdi1*（ln*fdi2*）	0.0950***	0.0950***	0.0472 +	0.112***	0.0446*
	（0.0227）	（0.0185）	（0.0286）	（0.0284）	（0.0231）
ln*zfdi1*（ln*zfdi2*）	− 0.0690***	− 0.0690***	− 0.0322	− 0.0656**	− 0.0327
	（0.0245）	（0.0202）	（0.0237）	（0.0211）	（0.0260）
ln*dgdp*	− 0.0554	− 0.0554	0.0498	− 0.0441	0.0482
	（0.0821）	（0.0753）	（0.0849）	（0.0704）	（0.0840）
ln*rd*	0.0679	0.0679**	0.0618 +	0.0715*	0.0617 +
	（0.0494）	（0.0278）	（0.0370）	（0.0338）	（0.0373）
ln*k*	0.107**	0.107	0.0512	0.0784	0.0565
	（0.0460）	（0.0831）	（0.0949）	（0.0639）	（0.0839）
ln*jcss*	0.0738***	0.0738***	0.0879***	0.0748***	0.0878***
	（0.0278）	（0.0215）	（0.0222）	（0.0209）	（0.0218）
ln*city*	0.996***	0.996***	0.976***	0.955***	0.980***
	（0.186）	（0.198）	（0.253）	（0.256）	（0.274）
ln*fdi1*_ k（ln*fdi2*_ k）				− 0.00633	0.000994
				（0.00903）	（0.00702）
Constant	1.125	1.125**	0.0961	1.090**	0.0981
	（0.842）	（0.359）	（0.466）	（0.354）	（0.463）
Observations	300	300	300	300	300
R²	0.757	0.757	0.741	0.757	0.741
C 检验（P）	0.8669	0.8669	0.8954	0.8542	0.9203
D − M 检验（P）	0.994	0.994	0.5696	0.1533	0.0147
F	116.7	745.2	914.3	3373	817.2

注：R^2为组内拟合优度，***、**、*、+分别表示在1%、5%、10%、15%水平上显著。第（1）列是传统的 OLS 估计结果；第（2）列是考虑截面相关、异方差及序列一阶自相关后的估计结果；第（3）列是其他变量保持不变，用 *fdi2* 和 *zfdi2* 分别代替 *fdi1* 和 *zfdi1* 后的估计结果；第（4）列是保持其他变量不变，加入资本密集度与外商直接投资强度交叉项（ln*fdi1* × ln*k*）的估计结果；第（5）列是在改变外商直接投资强度指标的同时，加入资本密集度与外商直接投资强度交叉项的估计结果。第（1）列括号内的数字是常规标准误，其余列为经过 Driscoll 和 Kraay（1998）调整的稳健标准误差。

资料来源：中国宏观经济数据库和《中国统计年鉴 2015》。

从表 2 可以看出，对中国流通服务业生产率具有显著正向影响的变量有

100

流通服务业 FDI、R&D 支出比重、基础设施建设水平、城市化发展水平。流通服务业 FDI 的系数显著为正，表明外商直接投资强度增加对中国流通服务业生产率的提高具有促进作用，现阶段流通服务业 FDI 流入存在积极效应。王智勇（2015）认为 FDI 对第三产业效率、黄漫宇（2013）认为 FDI 对零售业技术进步、张宝友等（2013）认为 FDI 对物流业效率都存在显著正向影响，本文结论与这些文献基本一致。R&D 支出比重的系数显著为正，原因可能是研发投入能够为流通服务业生产率带来更进一步的增长空间，政府具备一般企业所不具有的政策优势和财力优势，能够通过增加研发投入在较短的时间内提高流通服务业生产率。基础设施建设水平能够促进流通服务业生产率的提高，与汪旭晖和杨东星（2011）的观点高度吻合。由此可见，目前加大基础设施的建设投入，构建科学高效的基础设施网络，对流通服务业生产率的提高仍能起到促进作用。城市化水平对流通服务业生产率具有显著正向作用，表明城市化有助于市场集聚和交易成本的降低，进而促进了流通服务业生产率提高，这与晏维龙（2006）的研究结论一致。

此外，制造业外商直接投资强度的系数显著为负。一般来说，服务业的跨国投资者会追随其母国的制造业来到东道国进行投资（唐宜红和王林，2012），即制造业 FDI 可能会对流通服务业 FDI 产生正向影响。但需要注意的是，伴随制造业 FDI 规模的增长，很可能会间接导致流通服务业 FDI 的规模下降，使流通服务业 FDI 的规模经济效应难以实现，从而不利于生产率效应的产生。经济发展水平和资本密集度对中国流通服务业生产率则不存在显著影响。通常来说，经济发展水平越高，其市场需求就越大，这往往有助于生产率的进步。但不容忽视的是，经济发展水平越高，企业进行创新发展的动力也可能会产生懈怠性，因为其不需要提高生产率也能获取利润。资本密集度的系数不显著，可能是因为流通服务业特别是物流业的发展需要大量资本投入，而市场进入门槛的存在使得流通服务企业在短期内无法筹措到足够多的资金投入到技术研发中去，即特殊的行业性质限制了资本密集度对流通服务业生产率的促进作用。

（2）稳健性检验。通过改变核心解释变量（外商直接投资强度）的计算方法以及引入资本密集度与外商直接投资强度的交叉项进行稳健性分析。第一，用 *fdi2* 和 *zfdi2* 分别代替 *fdi1* 和 *zfdi1* 表示流通服务业外商直接投资强度和制造业外商直接投资强度，其他变量保持不变；第二，保持其他变量不变，引入资本密集度与外商直接投资强度的交叉项（lnfdi1 × lnk）；第三，既改变外商直接投资强度的计算方法，也引入资本密集度与外商直接投资强度的交叉项（lnfdi2 × lnk）。结果表明，研究结论并未产生实质性改变。稳健性检验结果见表 2 的第（3）列至第（5）列。

3. 流通服务业 FDI 的生产率效应：区域差异

接下来，我们对流通服务业 FDI 的生产率效应展开东部地区和中西部地区之间的比较分析，表 3 报告了区域样本的固定效应估计结果。

表 3　区域样本的固定效应估计结果

	lntfp		
	全国	东部	中西部
ln*fdi1*	0.0950***	0.147***	0.0731***
	(0.0185)	(0.0356)	(0.0191)
ln*zfdi1*	− 0.0690***	− 0.000006	− 0.0566**
	(0.0202)	(0.0611)	(0.0206)
ln*dgdp*	− 0.0554	− 0.0598	− 0.0973
	(0.0753)	(0.0422)	(0.151)
ln*rd*	0.0679**	− 0.0475	0.120**
	(0.0278)	(0.0389)	(0.0521)
ln*k*	0.107	0.292***	0.0174
	(0.0831)	(0.0460)	(0.107)
ln*jcss*	0.0738***	0.0455*	0.157**
	(0.0215)	(0.0205)	(0.0567)
ln*city*	0.996***	1.058***	1.189***
	(0.198)	(0.268)	(0.149)
Constant	1.125**	0.410	1.680*
	(0.359)	(0.663)	(0.855)
Observations	300	110	190
R^2	0.757	0.800	0.778
C 检验（P）	0.8669	0.8422	0.8144
D – M 检验（P）	0.9940	0.5844	0.4845
F	745.2	299.7	454.4

注：R^2 为组内拟合优度，括号内为经过 Driscoll 和 Kraay（1998）调整的稳健标准误，***、**、* 分别表示在 1%、5%、10% 水平上显著。

资料来源：中国宏观经济数据库和《中国统计年鉴 2015》。

表 3 的结果显示，东部和中西部地区的流通服务业 FDI 系数都在 1%
水平上显著，且具有明显的区域差异性。东部地区流通服务业 FDI 的系
数高于中西部及全样本结果，表明在其他条件不变的情况下，东部地区流通
服务业 FDI 对流通服务业生产率的促进作用比中西部更大。东、中西部地
区的基础设施和城市化水平系数都显著为正，但两者对于提高流通服务业
生产率的效果不同，中西部地区的基础设施水平系数和城市化水平系数都
高于东部。东部地区制造业 FDI 的系数不显著，中西部地区制造业 FDI 的
系数显著为负，造成区域差异的原因可能是，近年来中国面临产业结构调
整的压力，东部地区的制造业逐步向中西部欠发达地区转移，从而导致制
造业 FDI 也大量向中西部地区转移，FDI 的行业分流使得中西部地区流通
服务业 FDI 的流入规模相对缩小，间接遏制了流通服务业 FDI 生产率的
提高。

东、中西部地区经济发展水平系数都不显著，可能是因为近几年来，
中国流通服务业市场需求的旺盛造成了流通服务业面临的竞争压力较小，
导致行业内企业缺乏进取动力，对技术进步的要求并不迫切。从表 3 中还可
以发现东部地区的资本密集度系数显著为正（0.292），而中西部地区的资
本密集度系数不显著（0.0174），即资本密集度对流通服务业生产率的影响
存在明显的区域差异。另外，东、中西部地区的 R&D 支出比重系数也具
有差异性，东部流通服务业的 R&D 支出比重系数不显著（-0.0475），
而中西部则显著为正（0.12）。可能原因在于，R&D 投入的目的是解决经
济发展中的技术前沿问题，一般而言，现实中的 R&D 投入往往滞后于经
济发展过程中技术前沿问题的出现，当 R&D 投入的研究成果出现时，经
济发展中的技术前沿问题可能已经发生改变，这就相当于将上一期问题的
解决方案应用于本期，R&D 投入可能会因为其滞后性遏制生产率的提高。
由于东部地区经济发展水平要远远高于中西部地区，东部地区在经济发展
中遇到的技术前沿问题，一般代表着全国范围内存在的技术前沿问题，因
此东部地区经济发展的"先行优势"会导致 R&D 投入对东部地区流通服
务业生产率的无效率；而中西部地区发展较慢，基于全国技术前沿问题的
理论研究先于中西部地区经济发展状况，正是中西部地区这种后发优势的
存在，才使 R&D 投入对中西部流通服务业生产率的提高起到了促进作用。

六 进一步讨论：资本密集度的门槛特征

根据资本投入要素的边际报酬递减规律，技术水平在一定时期保持不变的前提下，随着每单位资本投入要素的连续增加，其边际报酬会呈现出先上升后下降的趋势。流通服务业 FDI 作为投资流量，对流通服务业生产率的促进作用必然会受到行业本身资本密集度水平的影响。由表 1 可知，东、中西部资本密集度明显表现出区域分布不均的差异化特征，东部地区资本密集度的平均水平低于中西部地区。另外，上述全国及区域样本的估计结果表明，流通服务业 FDI 的生产率效应具有明显的区域异质性，东部流通服务业 FDI 的系数明显高于中西部。对此不禁要问，既然中西部地区资本密集度的平均水平已经很高且其流通服务业 FDI 的生产率效应又低于东部，那么，中国还有必要实施流通服务业 FDI 的区域转移政策吗？加大中西部流通服务业吸引外资的优惠政策力度在现阶段是否还有现实意义？因此，考虑到不同区域资本密集度可能对流通服务业 FDI 的生产率效应产生不同影响，我们采用面板门槛模型来考察流通服务业 FDI 的生产率效应的资本密集度门槛特征。

1. 面板门槛模型的设定及检验

Hansen（1999）将只存在一个门槛值的面板模型设定为：

$$y_{it} = \mu_i + \beta'_1 x_{it} I\ (q_{it} \leqslant \gamma) + \beta'_2 x_{it} I\ (q_{it} > \gamma) + e_{it} \tag{11}$$

其中，下标 i 表示个体，t 表示时间，q_{it} 是门槛变量，γ 表示待估计的门槛值，$I\ (\cdot)$ 为示性函数，该式等价于：

$$y_{it} = \begin{cases} \mu_i + \beta'_1 x_{it} + e_{it}, & q_{it} \leqslant \gamma \\ \mu_i + \beta'_2 x_{it} + e_{it}, & q_{it} > \gamma \end{cases} \tag{12}$$

可见，该模型实际上相当于一个分段函数。由于要考察资本密集度对中国东、中西部地区流通服务业 FDI 生产率效应的门槛特征，建立如下的面板门槛值模型：

$$\ln tfp_{it} = \beta_0 X_{it} + \beta_1 \ln fdi_{it} + \beta_2 \ln fdi_{it} I\ (\ln k_{it} \leqslant \gamma) + \\ \beta_3 \ln fdi_{it} I\ (\ln k_{it} > \gamma) + u_i + e_{it} \tag{13}$$

其中，X 为前文中出现的其他控制变量。由于模型（13）是在模型（10）基础上进行的回归，故不会存在内生性问题，仍采用固定效应进行估计。多门槛模型的设定与此类似。确定门槛值的总体思路是，在模型残差最小时对应的门槛值 γ 即为求得的实际门槛值 $\hat{\gamma}$。在得到门槛值之后，需要对其进行显著性和真实性检验。显著性检验就是看模型（13）中的系数 β_2 和 β_3 是否存在显著差异，为了判断这种差异是否显著，对既定门槛值对应的回归模型施加约束条件 $\beta_2 = \beta_3$ 并进行 Wald 检验，如果 Wald 统计量的置信概率小于 0.1，则拒绝原假设，认为 β_2 与 β_3 存在显著差异，门槛效应显著；如果 Wald 统计量的置信概率大于 0.1，则接受原假设，认为 β_2 与 β_3 不存在显著差异，门槛效应不显著。如果门槛效应的显著性检验表明只存在单一门槛，则采取单一门槛模型，若双门槛显著则采用双门槛模型。最后，对门槛估计值进行真实性检验，Hansen（1999）使用 MLE 检验门槛值，并提供了一个简单公式以计算出拒绝域，即当 LR（γ）> $-2\log\left[1 - (1 - \alpha)^{1/2}\right]$ 时，拒绝原假设，α 表示显著性水平，当 α 为 1%、5% 和 10% 时，LR 统计量的临界值分别为 10.59、7.35 和 5.94。

2. 面板门槛模型的固定效应估计结果

经检验，东部地区和中西部地区都采取双门槛模型进行估计，结果见表 4。

表 4　面板门槛模型的固定效应估计结果

	东部		中西部	
门槛值（资本密集度）	15.0744 万元/人和 26.6823 万元/人		8.158 万元/人和 45.2408 万元/人	
	（1）	（2）	（3）	（4）
最小残差平方和	0.379		1.439	
Wald 检验（F 值）	9.637		13.031	
Wald 检验（P 值）	0.022		0.053	
$lnfdi1 \times I$（$\ln k \leqslant \gamma 1$）	0.026*** (3.20)	0.026*** (4.11)	-0.035*** (-3.36)	-0.035** (-2.97)
$lnfdi1 \times I$（$\gamma 1 < \ln k \leqslant \gamma 2$）	0.086** (2.62)	0.086** (2.86)	0.106*** (3.67)	0.106*** (4.83)
$lnfdi1 \times I$（$\ln k > \gamma 2$）	-0.025*** (-2.94)	-0.025* (-2.03)	-0.037*** (-4.58)	-0.037*** (-4.54)

续表

	东部		中西部	
门槛值（资本密集度）	15.0744万元/人和26.6823万元/人		8.158万元/人和45.2408万元/人	
	(1)	(2)	(3)	(4)
lnzfdi1	0.015	0.015	-0.078**	-0.078***
	(0.39)	(0.27)	(-2.48)	(-4.27)
Lndgdp	0.211***	0.211***	-0.066	-0.066
	(2.94)	(3.41)	(-0.75)	(-0.65)
lnrd	-0.141*	-0.141***	0.113*	0.113**
	(-1.67)	(-3.48)	(1.93)	(2.64)
lnjcss	0.044 +	0.044 +	0.153***	0.153**
	(1.59)	(1.72)	(3.06)	(2.81)
lncity	0.858**	0.858**	1.025***	1.025***
	(2.20)	(2.29)	(4.26)	(4.15)
Constant	-1.988*	-1.988*	1.400 +	1.400*
	(-1.92)	(-2.11)	(1.48)	(2.14)
Observations	110	110	190	190
R^2	0.779	0.779	0.817	0.817
F	40.10	2433	90.70	130144

注：被解释变量为 TFP 累积指数的对数值；R^2 为组内拟合优度；括号内的数字为 t 值，第（1）列和第（3）列是按照常规标准误计算，第（2）和第（4）列是经过 Driscoll 和 Kraay（1998）调整的稳健标准误，***、**、*、+分别表示在1%、5%、10%、15%水平上显著。在门槛显著性检验中，种子值为1357911，Bootstrap 的次数设为1000。

资料来源：中国宏观经济数据库和《中国统计年鉴2015》。

（1）东部地区流通服务业 FDI 的门槛效应结果。在东部地区流通服务业 FDI 的门槛效应检验中，资本密集度有两个门槛值，分别是 15.0744 万元/人和 26.6823 万元/人。当资本密集度小于 15.0744 万元/人时，流通服务业 FDI 的系数显著为正（0.026）；当资本密集度介于 15.0744 万元/人和 26.6823 万元/人之间时，流通服务业 FDI 的系数仍显著为正（0.086）；但当资本密集度大于 26.6823 万元/人时，流通服务业 FDI 的系数显著为负（-0.025）。Wald 检验的 p 值为 0.022，表明三个系数在 5% 的水平上存在显著差异，即东部地区流通服务业 FDI 生产率效应存在明显的资本密集度门槛特征。两个门槛估计值对应的 LR 值明显小于取 5% 显著性水平时的临界值 7.35（见图 3 和图 4），所以门槛值的估计是真实有效的。

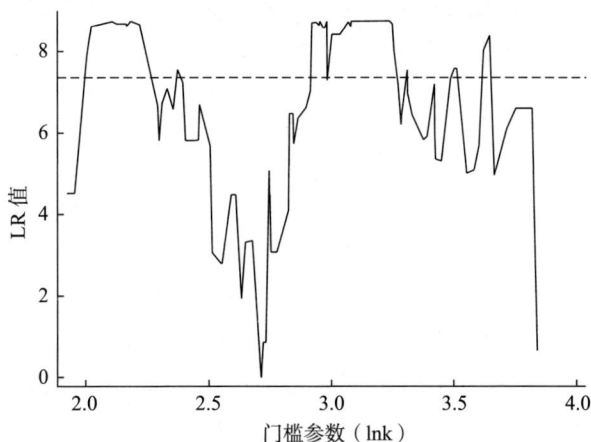

图 3　门槛估计值 1（东部地区）

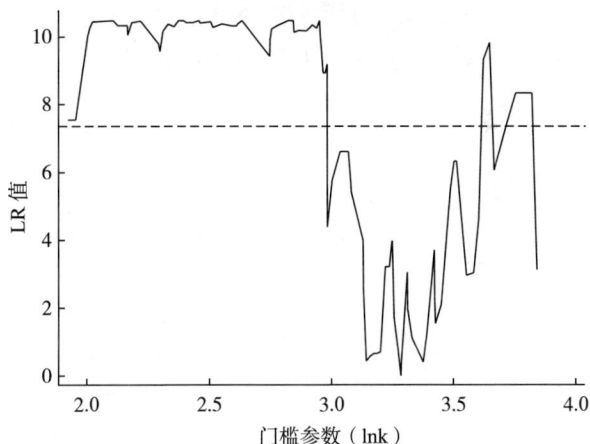

图 4　门槛估计值 2（东部地区）

　　（2）中西部地区流通服务业 FDI 的门槛效应结果。在中西部地区流通服务业 FDI 的门槛效应检验中，资本密集度有两个门槛值，分别是 8.158 万元/人和 45.2408 万元/人。当资本密集度小于 8.158 万元/人时，流通服务业 FDI 的系数显著为负（-0.035）；当资本密集度介于 8.158 万元/人和 45.2408 万元/人之间时，流通服务业 FDI 的系数显著为正（0.106）；当资本密集度大于 45.2408 万元/人时，流通服务业 FDI 的系数显著为负（-0.037）。Wald 检验的 p 值为 0.053，表明三个系数在 10% 的水平上存在显著差异，即中西部地区流通服务业 FDI 生产率效应存在明显的资本密集度门槛特征。

两个门槛估计值对应的 LR 值明显小于取 5% 显著性水平时的临界值 7.35 （见图 5 和图 6），所以门槛值的估计是真实有效的。

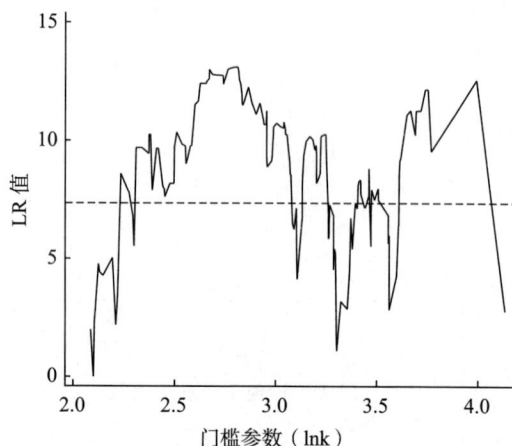

图 5　门槛估计值 1（中西部地区）

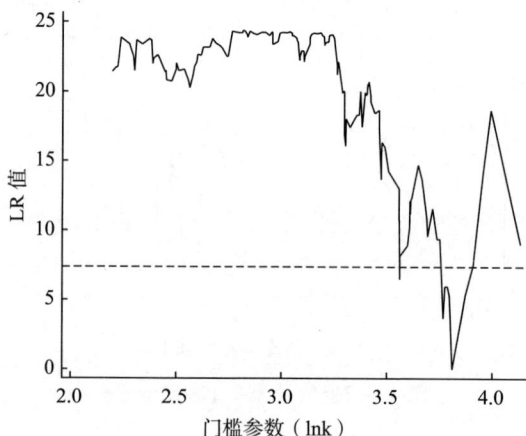

图 6　门槛估计值 2（中西部地区）

（3）流通服务业 FDI 的门槛效应结果：区域差异及原因分析。由表 4 可知，流通服务业资本密集度的区域差异，导致 FDI 的生产率效应也存在明显的区域差异。对于流通服务业 FDI 的生产率效应而言，东、中西部地区存在差异性的资本密集度门槛特征，具体表现在门槛值大小和影响效应的不同。

从各区域资本密集度的年份平均和不同资本密集度门槛所对应的 FDI 生产率效应程度来看，东部地区的资本密集度在 2005～2008 年都低于第一个门槛值（此时对应的系数显著为 0.026），2009~2013 年都介于第一个门槛值和第二个门槛值之间（此时对应的系数显著为 0.086），只有 2014 年大于第二个门槛值，即 2005~2014 年，东部地区资本密集度对流通服务业 FDI 生产率效应产生显著正向作用的有 9 年；2014 年流通服务业 FDI 的系数显著为负（-0.025）；中西部地区流通服务业的资本密集度在 2005~2014 年都介于第一个门槛值和第二个门槛值之间（此时对应的系数显著为 0.106，大于东部地区产生正向效应的系数 0.026 和 0.086），没有大于第二个门槛值的年份，即 2005~2014 年，中西部地区资本密集度对流通服务业 FDI 的生产率效应均呈现出促进作用。

虽然东、中西部地区资本密集度对流通服务业 FDI 的生产率效应大多呈正向作用，但在呈现正向效应的年份分析中，平均来讲，东部地区资本密集度对流通服务业 FDI 的生产率效应相对于中西部地区要低一些，因为中西部地区的资本密集度有 10 年时间全部处于更高效率的促进过程中。资本密集度对流通服务业 FDI 生产率效应的门槛特征以及东、中西部地区资本密集度的现状，说明中西部地区流通服务业 FDI 生产率正向效应的资本密集度容纳空间较大（中西部资本密集度门槛值的绝对差值较大）。这恰好验证了前文提出的流通服务业 FDI 生产率效应的区域异质性，不同区域的资本密集度可能对流通服务业 FDI 的生产率效应影响不同，即对于不同区域流通服务业的资本要素而言，其要素边际报酬递减规律的发生也具有区域异质性。同样也表明，目前中国在中西部地区对流通服务业吸引外资方面继续实行优惠政策仍然具有现实意义。

因此，在利用流通服务业 FDI 提高自身行业生产率的同时，还应考虑到资本密集度（人均资本存量水平）的作用。不同地区的流通服务业在利用 FDI 提高生产率水平的同时，要注意其效应发生的资本密集度门槛特征，做到合理调控流通服务业资本密集度水平，最大效率地利用 FDI 来提升流通服务业的生产率水平及其增长率。

七　主要结论及其启示

本文基于 2005~2014 年流通服务业 30 个省（区、市）的面板数据，对流通服务业 FDI 与中国流通服务业生产率之间的关系进行了研究，主要结论如下：（1）流通服务业 FDI、R&D 支出比重、基础设施水平、城市化水平对中国流通服务业生产率具有显著的促进作用；制造业 FDI 则具有显著的负向作用；经济发展水平和资本密集度在平均意义上未对流通服务业生产率产生显著影响。通过改变核心解释变量的测算方法，上述结论依然成立。（2）在区域差异分析结果中，流通服务业 FDI、基础设施水平、城市化水平对中国东、中西部流通服务业生产率仍都具有显著的促进作用，但呈现明显的区域差异特征；经济发展水平在区域层面上仍未对流通服务业生产率产生影响；制造业 FDI、R&D 支出比重和资本密集度存在显著的区域差异，制造业 FDI 和 R&D 支出比重对中西部流通服务业生产率具有显著的负向和正向作用，但对东部地区流通服务业生产率无影响，资本密集度对东部流通服务业生产率具有显著的促进作用，而对中西部无影响。（3）采用面板门槛模型来考察东、中西部地区流通服务业 FDI 生产率效应的资本密集度门槛特征，结果证明了中国在中西部地区对流通服务业吸引外资方面继续实行优惠政策仍有现实意义。

结合上述研究结论，本文的启示是：（1）中国流通服务业在现有阶段应进一步提高对外开放水平，制定有利于流通服务业吸引外商直接投资的产业政策，同时关注流通服务业 FDI 生产率效应实现的宏微观环境，加大基础设施建设和城市化建设的投入力度。（2）针对流通服务业研发投入方面，应该加大研发投入力度，营造良好的科研环境，鼓励和引导企业进行技术创新以及注重向国外流通服务业的经验学习。在外资利用方面，可以提高制造业 FDI 的进入门槛，达到兼顾流通服务业发展的目的。（3）对于流通服务业 FDI 生产率效应的区域差异以及区域之间的资本密集度门槛特征，中国应在坚持市场配置资源的决定性作用的同时，继续发挥有形之手的作用，积极引导企业在不同区域内制订合理的资本投入计划。比如，从近几年来看，东部地区流通服务业在引进 FDI 的同时，要注意资本密集度门槛特征的影响，合理配置资本，尽可能地发挥出资本密集度对流通服务业 FDI 生产率效应的正向作用。而中西部地区要合理提高流通服务业的资本密集度水平，最大效率地利用 FDI 来提升流通服务业的生产率水平及其增长率。

需要指出的是，虽然本文从整体层面、区域差异和资本密集度门槛特征等视角，对现阶段中国流通服务业 FDI 的生产率效应进行了研究，但对影响流通服务业 FDI 生产率效应的其他因素还需进行更加深入的研究。

参考文献

［1］ 黄漫宇：《中国零售业 FDI 技术外溢效应的测算——基于省际面板数据的实证分析》，《宏观经济研究》2013 年第 2 期。

［2］ 李梅、柳士昌：《对外直接投资逆向技术溢出的地区差异和门槛效应——基于中国省际面板数据的门槛回归分析》，《管理世界》2012 年第 1 期。

［3］ 李杏、M. W. Luke Chan：《外商直接投资的技术溢出的进一步检验——基于中国东中西部不同时间阶段分析》，《南开经济研究》2009 年第 5 期。

［4］ 刘艳：《服务业 FDI 技术溢出效应的影响因素分析——基于中国 16 省市面板数据的实证研究》，《上海交通大学学报》（哲学社会科学版）2012 年第 3 期。

［5］ 沈坤荣、耿强：《外国直接投资、技术外溢与内生经济增长——中国数据的计量检验与实证分析》，《中国社会科学》2001 年第 5 期。

［6］ 唐宜红、王林：《中国服务业外商直接投资的决定因素分析——基于行业面板数据的实证检验》，《世界经济研究》2012 年第 10 期。

［7］ 王恕立、胡宗彪：《服务业双向 FDI 的生产率效应研究——基于人力资本的面板门槛模型估计》，《财经研究》2013 年第 11 期。

［8］ 王恕立、胡宗彪：《中国服务业分行业生产率变迁及异质性考察》，《经济研究》2012 年第 4 期。

［9］ 汪旭晖、黄睿：《FDI 溢出效应对中国流通服务业自主创新的影响研究》，《财经问题研究》2011 年第 9 期。

［10］ 汪旭晖、杨东星：《中国流通服务业 FDI 溢出效应及其影响因素——基于省际面板数据的实证检验》，《宏观经济研究》2011 年第 6 期。

［11］ 王智勇：《FDI 对中国产业效率的影响——基于 1989～2010 年地市级面板数据的研究》，《当代经济科学》2015 年第 1 期。

［12］ 晏维龙：《中国城市化对流通业发展影响的实证研究》，《财贸经济》2006 年第 3 期。

［13］ 张宝友、朱卫平、孟丽君：《物流产业效率评价及与 FDI 质量相关性分析——基于 2002～2011 年数据的实证》，《经济地理》2013 年第 1 期。

［14］ 赵凯、宋则：《商贸流通服务业影响力及作用机理研究》，《财贸经济》2009 年第 1 期。

［15］ 钟慧中：《中国流通业的对外开放》，《国际贸易问题》1998 年第 1 期。

［16］ Baum C. F. , Schaffer M. E. , Stillman S. , 2013, "Instrumental Variables and GMM: Estimation and Testing" ［J］, *The Stata Journal*, 3 (1), 1 - 31.

［17］ Borensztein E. , Gregorio J. D. , Lee J - W. , 1998, "How does Foreign Direct Investment Affect Economic Growth?" ［J］, *Journal of International Economics*, 45 (1), 115 - 135.

［18］ Davidson R. , MacKinnon J. , 1993, *Estimation and Inference in Econometrics* ［M］, New York: Oxford University Press.

［19］ Driscoll J. C. , Kraay A. C. , 1998, "Consistent Covariance Matrix Estimation with Spatially Dependent Panel Data" ［J］, *Review of Economics and Statistics*, 80 (4), 549 - 560.

［20］ Hansen B. E. , 1999, "Threshold Effects in Non - dynamic Panels: Estimation, Testing, and Inference" ［J］, *Journal of Econometrics*, 93 (2), 345 - 368.

［21］ Melitz M. J. , 2003, "The Impact of Trade on Intra - Industry Reallocations and Aggregate Industry Productivity" ［J］, *Econometrica*, 71, 1695 – 1725.

［22］ Sasaki H. , Koga Y. , 2005, "Trade Pattern in Japan's Machinery Sector" ［R］, *Bank of Japan Working Paper*, NO. 05 - E - 15.

外资流入与中国服务业规模扩张：
实证检验与政策建议[*]

张　宇^{**}

摘　要　规模效应是外资流入对于相关产业所产生的最为直接的影响。从相关的国际资本流动与经济发展理论来看，境外资本的流入可能会通过改善一国的禀赋结构、产业竞争力乃至制度和政策环境等对于相应的产业形成新的发展激励，并直接促使这些产业的规模发生相应的变化。服务业的发展也无外乎如此。本文将分析国际投资与服务业规模扩张之间相关性，并分别从全国层面和地区层面进行实证检验，并提出有关政策建议。

关键词　外资流入　服务业规模　服务业发展　实证检验

一　外资流入与中国服务业发展的相关性

在对相关问题进行系统性的实证检验之前，我们首先从统计描述角度对外资流入与我国服务业规模发展的相关性进行相应的考察，以此对该问题形成一个直观意义上的认识。

---

* 中国社会科学院创新工程项目"我国服务业开放的绩效评估和提升策略"（项目编号：2017CJYA006）。

** 张宇，南开大学国际经济研究所副教授，主要研究方向为国际投资理论与政策。

（一）全国层面

就全国总体层面而言，我国的服务产业规模发展与外资流入之间存在着较强的同步性。图1显示了我国累计实际利用外资金额与第三产业增加值和从业人口规模的变化情况，从中可以看出，我国经济中的累计实际利用外资金额在1984～2014年从41.04亿美元上升到了15132.56亿美元，平均年增长率高达21.76%；而同时期我国第三产业增加值则从1841.1亿元上升到了306038.2亿元，年平均增长率也达到了18.56%，基本保持了与外资流入同等的增长速度；同时，我国第三产业的从业人口从7739万人上升到31464万人，年均增长率约为3.79%，也保持了与外资流入相同的增长态势。

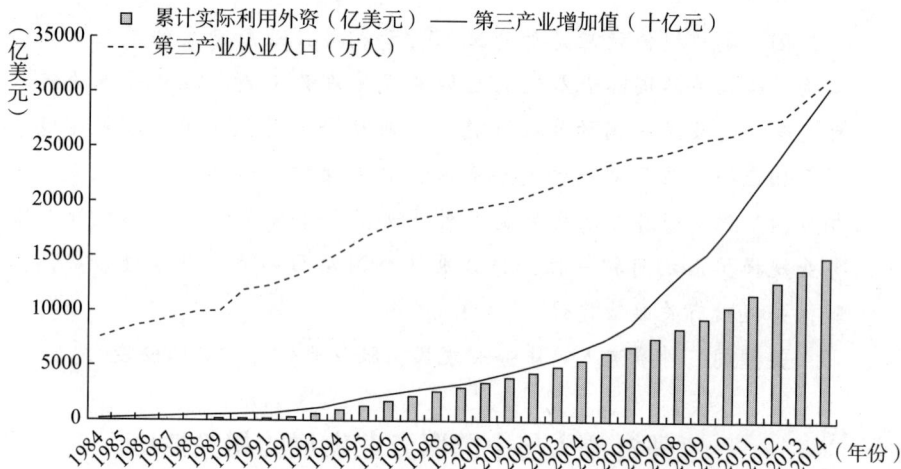

图1　1984～2014年我国总体外资流入与服务业规模发展

资料来源：历年《中国统计年鉴》。

进一步从我国外资流入与服务业规模发展之间的相关性情况来看，可以更为直观地看到两者之间所存在的密切联系。图1和图2分别显示了我国第三产业的增加值与从业人口通过累计实际利用外资金额之间的相关性分布，其中，我国1984～2014年全国总体累计实际利用外资额与第三产业增加值之间呈现出非常明显的正相关性线性关系，两者的相关系数达到了0.9812，显示了非常高的正相关性；同时，累计实际利用外资总额与第三产业从业人口之间的相关系数也达到了 0.9351，同样显示了较高的正相关关系。因此从直观意义来看，我国总体上的外资流入与第三产业规模发展之间可能存在着一定的内在联系。

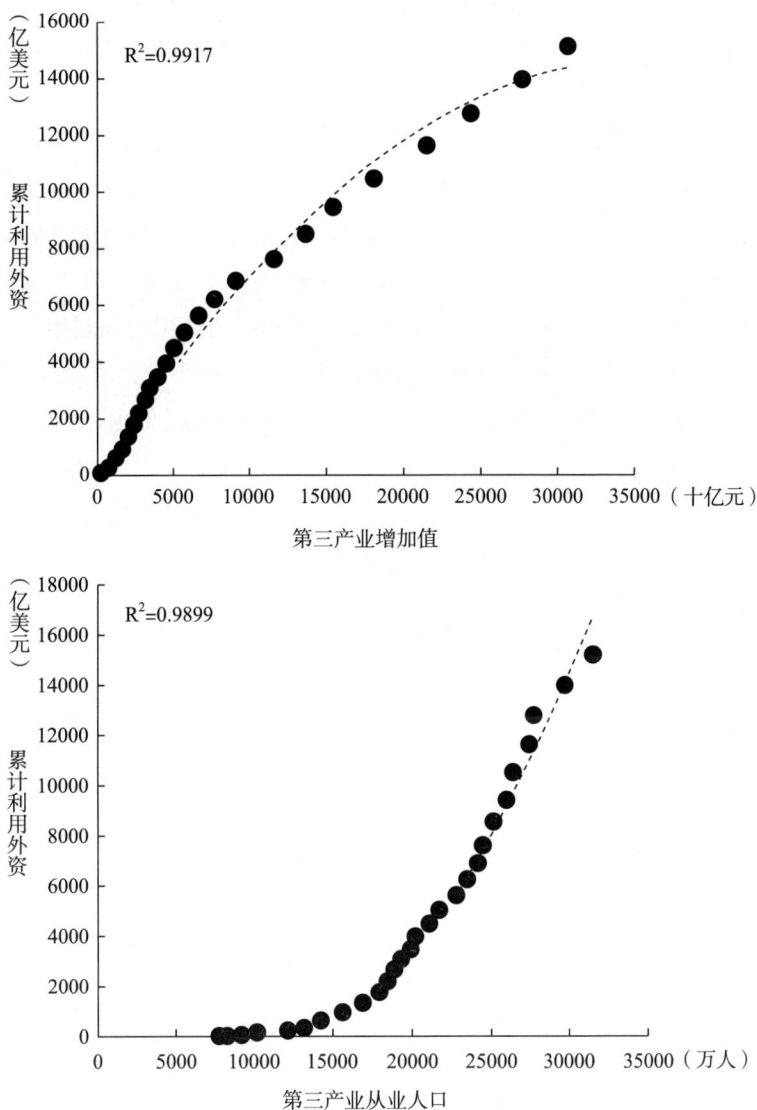

图 2　我国实际利用外资与服务业规模扩张的相关性

资料来源：根据历年《中国统计年鉴》数据整理。

（二）地区层面

考虑到我国经济在地区层面存在的巨大差异，在从全国总体的动态发展角度对外资流入与服务业规模发展之间的关系进行考察后，我们进一步从地区截面的静态对比角度对于不同地区之间外资流入与服务业规模发展之间的关系进行进一步的审视。

我们以 2012 年的数据为基础来进行。图 3 显示了我国 2012 年各地区累计实际利用外资额与服务业增加值和从业人口的对比情况。从该图可以看出，外资流入与服务业规模在地域分布上也存在着较强的同步性特征。其中，广东和江苏作为全国外资流入最多的两个地区，在 2012 年的累计实际利用外资额分别达到 2988 亿美元和 2891 亿美元，列全国实际利用外资总额的第一、二位，同时，从服务业产值层面来看，这两个地区在 2012 年也实现第三产业增加值 26520 亿元和 23518 亿元，同样也是全国服务业产值最高的前两位；而从就业规模来看，尽管其与外资流入规模之间的同步性特征较增加值层面稍弱，但也呈现出了一定的同步化趋势，其中作为外资流入规模最大地区的广东省，其第三产业从业人口总数也达到了 743.16 万人，位居全国首位。

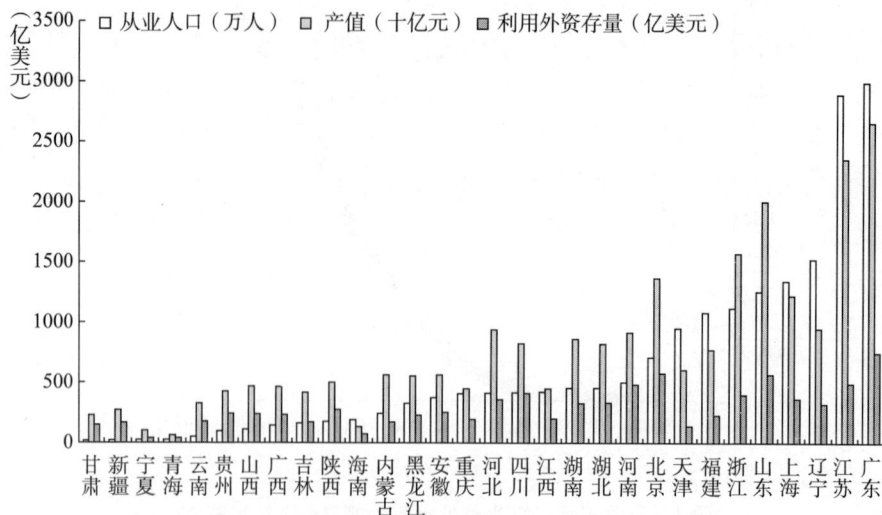

图 3　2012 年我国各地区实际利用外资与当地服务业规模

资料来源：根据历年《中国统计年鉴》数据整理。

图 3 和图 4 显示了我国各地区之间利用外资存量与服务业增加值规模及就业人口规模之间的相关性分布。从中可以看出，尽管地区截面层面上外资存量与服务业规模之间的相关性较全国总体动态层面稍弱，但仍然呈现出较为明显的正相关特征。其中，各地区实际利用外资存量与服务业增加值之间的相关系数达到 0.9027，而实际利用外资存量与服务业从业人口之间的相关系数也达到了 0.7110，同样显示了外资流入与服务业规模扩张之间存在着一定的正向关联。

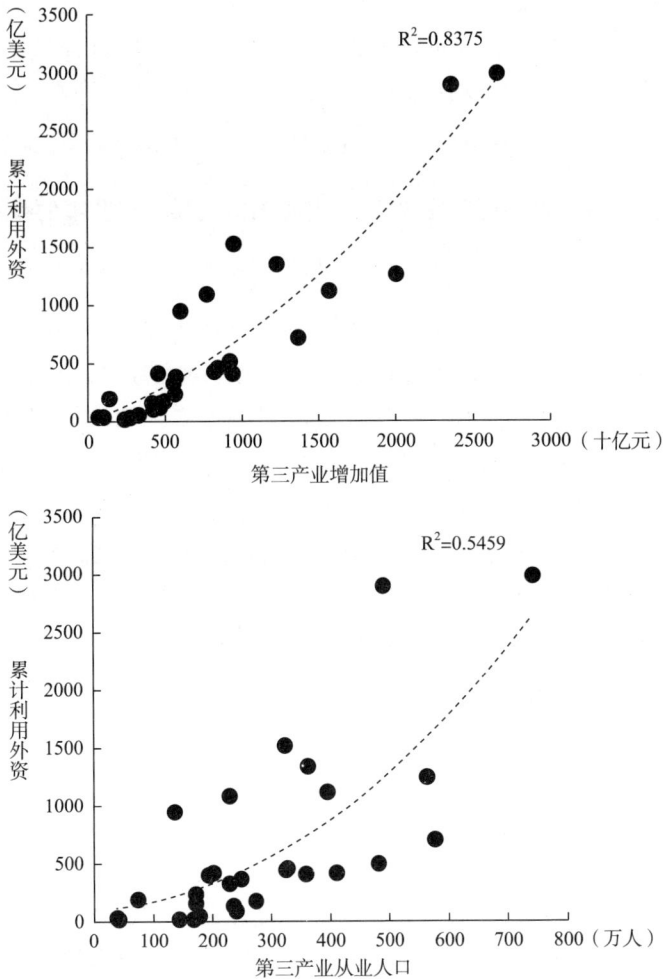

图 4 2012 年我国各地区利用外资与本地区服务业规模的相关性

资料来源：根据历年《中国统计年鉴》数据整理。

二 外资流入与服务业发展的实证分析

（一）全国层面

首先，我们从全国时间层面的动态视角来考察外资流入对我国服务业规模发展的影响情况。

1. 模型构建

根据最基本的 Cobb – Douglass 生产函数形式，设服务业的产出水平为 Y_t，资本存量为 K_t，劳动投入为 L_t，全要素生产率为 A_t，则有：

$$Y_t = A_t K_t^\delta L_t^{1-\delta} \tag{1}$$

对（1）式等式两边同时除以 $L_{i,t}$，并取对数变换可得基本的线性检验式：

$$\ln (y_t) = \delta \ln (k_t) + \ln (A_t) \tag{2}$$

其中 $y_t = Y_t/L_t$，$k_t = K_t/L_t$。理论上而言，境外资本的流入可以通过作用于人均资本积累以及技术进步等因素而影响服务业的产出规模，但考虑到决定经济增长的各种因素的内生性以及各影响因素之间的交互作用，要对 FDI 与技术进步之间的关系进行准确的测算是一件比较困难的事情。通常认为，在一个开放经济当中可能对东道国的技术进步产生影响的因素包括对外开放、资本深化和制度的变迁等。而 FDI 对经济增长的影响也主要是通过这些因素来实现的。由于这些因素之间存在着广泛的联系，因此 FDI 对生产效率的影响也由此显得更加扑朔迷离。以下我们首先来对这些因素之间的互动关系进行简要的分析。

（1）FDI 与技术进步

首先来考察以下外资流入对技术进步所产生的直接影响。这种影响主要体现在两个方面，即技术转移效应和技术溢出效应。

（A）技术转移效应

所谓的"技术转移效应"是指跨国公司直接投资过程中所带来的先进技术和先进的管理经验。由于跨国公司的投资是一个包含资本、技术和管理等要素在内的"一揽子"流动，所以在这样一个过程当中，跨国公司所具有的先进技术也会随之被转移到东道国当中。

技术转移效应是伴随着跨国公司的投资行为而同时发生的，对于东道国的技术进步所带来的影响也最为直接。根据 Hymer（1976）以及 Kindle-berger（1969）的垄断优势理论，跨国公司具有相对于东道国企业的垄断优势是跨国公司直接投资行为的必要条件。因此至少在理论上跨国公司的进入可以产生显著的技术转移效果。实际上，如果我们能够将在东道国从事生产活动的跨国公司视为东道国经济活动的一部分，那么只要跨国公司向东道国转移的生产能力当中所蕴含的技术含量高于东道国企业自身的技术水平，则跨国公司的进入必然会导致东道国生产能力和技术水平的提升。特别是对于发展中国家的弱势产业而言，跨国公司的进入可以帮助东道国迅速切入相关的生产领域并带动东道国经济结构的调整和升级，从而对东道国的经济发展和技术进步起到一定的加速和促进作用。

（B）技术溢出效应

跨国公司所引发的国际直接投资不仅会对东道国的技术发展过程起到补充和强化的作用，而且还可能会通过技术溢出效应对东道国本土企业的技术进步产生一定的影响。所谓"技术溢出效应"，主要是指 FDI 的流入对东道国的经济效率和经济增长以及发展能力会产生无意识的影响，即通过间接作用的方式来改变东道国相关产业技术进步的进程。溢出效应产生的途径有很多，Kokko（1994）曾经对这些途径进行了系统的归纳并总结为四种情况：一是外资企业出现后所带来的竞争压力促使东道国企业充分发挥现有技术的效率并提高产品质量；二是外资企业带来的市场竞争压力迫使东道国企业增加技术投入并进行技术创新；三是外资企业将相关技术提供给上游或下游的企业；四是外资企业培训的工人和管理人员进入东道国内资企业。对于很多发展中国家而言，借助跨国公司实现本国的技术进步已经成为其吸引外资的一个主要动机，而利用 FDI 的技术外溢效果来提升本国企业的技术水平无疑更加切合这一目标。

尽管在理论上而言，跨国公司的进入可以通过技术转移和技术外溢两个渠道促进东道国的技术进步，但实际上 FDI 的这种技术促进效应仍然要依赖于一些外部条件，比如东道国的制度环境、人力资本、基础设施，特别是东道国自身的技术基础。当东道国自身的技术基础比较好时，一方面可以通过竞争压力迫使跨国公司转移更先进的技术；另一方面较好的技术基础也有利于对跨国公司转移技术的模仿和消化吸收，从而增大跨国公司的技术溢出效果。基于这一原因，跨国公司的技术促进效应大都出现在一些中等发达国家和经济基础较好的发展中国家中，所以这一效应也被称为"富国的午餐"（Balasubramanyam，1998）。

（2）FDI、资本深化与技术进步

资本深化或者要素的积累也是影响技术进步的一个重要的因素。根据Arrow（1962）所提出的"干中学"理论，生产率的提高实际上是资本积累的副产品，即企业的生产效率会随着企业在某一领域当中生产经验的积累和熟练程度的增加而得到提升。这意味着随着资本存量的不断提高，该国的生产率水平也会随之出现增长。

由"干中学"思想而衍生的资本深化和技术进步之间的关系实际上暗示了FDI影响技术进步的另一个间接的途径，即通过增加该国的资本深化程度而提高该国的生产率。然而尽管由于跨国公司在进行投资时会引起东道国资本存量的增加，但由于劳动力在行业之间的流动性，由境外资本注入所带来的资本增加可能也会吸引其他行业的劳动力进入服务行业，并使得人均意义上的资本存量增加被削弱。由此，境外资本进入对于人均资本存量增加，或者服务业资本深化的具体影响可能是一个有赖于实证检验确定的问题。

然而需要指出的一点是，资本深化和FDI流入之间的关系实际上是一种双向作用，一方面，FDI的流入会增加东道国的资本深化程度；但另一方面，资本的积累也是吸引FDI流入的一个重要的原因。从现代的空间经济学理论来看，资本在某一个国家或者地区内部的积累本身会产生一定的向心力。制造业出于接近廉价工业原料产地和销售市场以节省运输成本等动机，或者出于获取企业之间的技术溢出效应等动机会倾向于向该地区集中（Fujita，Krugman and Venables，1999）。基于这一原因，资本深化或者资本积累程度的提高反过来也是刺激FDI进入的一个动因。

（3）制度变迁与技术进步

在广义层面上，可能对全要素生产率形成影响的因素不仅仅包括境外资本的技术转移和溢出，制度环境也可能是其中一个重要的基础性因素。随着经济增长问题研究的深入，越来越多的经济学家开始把目光转向了制度领域。在传统的经济增长理论看来，经济增长的动力源泉可能是由创新、物质资本积累和人力资本积累等推动的技术进步。然而在制度主义者看来，以上这些为经济增长理论所关注的原因可能并不是经济增长的源泉，而只是经济增长所产生的一个结果（North，1991）。而真正对经济增长起到根本性推动作用的关键因素应该是经济当中的制度安排。

传统的经济增长理论曾经把生产率的进步归因于研发和创新行为。但这一理论并不能解释为何一些国家的研发行为会比另一些国家更强烈。有鉴于此，新制度主义经济学家们提出，只有当一个经济当中具备了完善的产权并由此降低了创新活动当中私人与社会报酬的差别时，经济当中才会具有足够多的创新激励，所以能够可靠地保护私有产权的制度是经济当中实现技术进步的关键。鉴于此，制度变迁实际上是一种比技术变革更具根本性的增长动力。除了产权制度以外，稳定的政治体制、完善的法律法规以及运转良好的司法系统也都有助于克服经济活动中的政治风险和不确定性，因此也会有助于刺激私人投资的增长和技术的进步。

制度安排除了会直接影响技术进步之外，还可能关系到 FDI 影响东道国技术进步的途径，比如技术转移和技术溢出效应。在市场经济不完善，产权无法得到有效保护的情况下，国内的企业可能面临一个被扭曲的激励而丧失了学习的动机或者学习的能力，从而限制了技术溢出效应的发挥；而如果东道国赋予了跨国公司过多的优惠措施时，跨国公司则会凭借这种制度性的优势而取得相对于国内企业更强的竞争力，从而弱化了其技术转移的动机（蒋殿春、张宇，2008）。

此外，对于一个转型经济而言，跨国公司的进入也有可能会对当地的制度变迁产生影响。为了建立跨国公司满意的投资环境以吸引到更多的国际投资，达到地区经济发展的目标，各级政府通常会具有一定的动机去改善当地的制度环境以适应市场经济的要求（王霞，2007）。另外，进入东道国的跨国公司也会成为现有体制下的一个既得利益者，在能够坐享一些不完善的制度所带来的租金的情况下，跨国公司有可能会凭借其市场势力而阻碍某些领域的制度变革。比如我国的新《劳动合同法》以及企业设立工会的行为就曾遭到了跨国公司的抵制甚至撤资的威胁。

通过以上的分析可以看出，FDI 的进入不仅会通过技术转移和溢出效应直接影响到东道国的技术进步和生产效率提升，同时还会通过影响资本深化和制度变迁对东道国的生产率水平产生间接的影响。与此同时，FDI 的流入还会受到东道国的技术水平、资本积累以及制度环境的影响。这些因素之间的影响机制可以概括为图 5 所示内容。

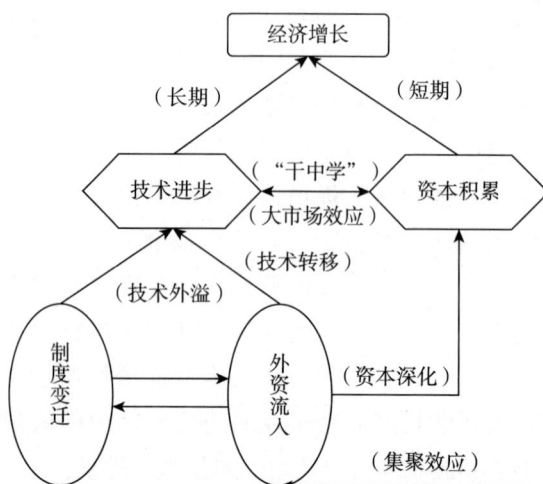

图 5　FDI 与技术进步及其决定因素之间的互动关系

由于 FDI 和技术进步、资本深化以及制度变迁等经济增长的决定因素之间存在复杂的互动关系，所以单纯以单方程回归的方式来考察 FDI 对这些因素的影响将不可避免地因为回归方程的内生性而导致回归结果有偏。而克服这种内生性的一个有效方法就是建立联立方程模型进行估计。考虑到时间序列本身的特性，我们将利用向量自回归误差修正模型（VEC）来考察 FDI 对技术进步、资本深化以及制度变迁等的影响，由此建立 VEC 模型如下：

$$\begin{cases} \Delta\ln(y_t) = \sum_{i=1}^{T}\alpha_{1i}\Delta\ln(k_{t-i}) + \sum_{i=1}^{T}\alpha_{2i}\Delta\ln(FDI_{t-i}) + \sum_{i=1}^{T}\alpha_{3i}\Delta\ln(Z_{t-i}) + \varepsilon_1 ecm_{t-1} + C \\ \Delta\ln(k_t) = \sum_{i=1}^{T}\beta_{1i}\Delta\ln(y_{t-i}) + \sum_{i=1}^{T}\beta_{2i}\Delta\ln(FDI_{t-i}) + \sum_{i=1}^{T}\beta_{3i}\Delta\ln(Z_{t-i}) + \varepsilon_2 ecm_{t-1} + C \\ \Delta\ln(FDI_t) = \sum_{i=1}^{T}\theta_{1i}\Delta\ln(y_{t-i}) + \sum_{i=1}^{T}\theta_{2i}\Delta\ln(k_{t-i}) + \sum_{i=1}^{T}\theta_{3i}\Delta\ln(Z_{t-i}) + \varepsilon_4 ecm_{t-1} + C \end{cases}$$

$$(3)$$

其中 ecm 为误差修正项。如果变量之间存在的长期协整关系为如下形式：

$$\ln(y_t) = \lambda_1\ln(k_t) + \lambda_2\ln(FDI_t) + c \qquad (4)$$

则误差修正项为：

$$ecm_t = \ln(y_t) - \lambda_1\ln(k_t) - \lambda_2\ln(FDI_t) - c \qquad (5)$$

在该 VEC 系统中，误差修正项的系数 ε 反映了变量之间的均衡关系偏离长期均衡状态时，将其调整到均衡状态的速度；而所有作为解释变量的差分项系数则反映了各变量的短期波动对解释变量短期变化的影响；协整方程则反映了各变量之间的长期均衡关系。

2. 样本与数据选择

由于我国改革开放时间较短，分析中所能够选取的样本数也较为有限。而 VEC 模型具有较多被估参数的特点决定了模型的变量选取不宜过多。由于 VEC 模型中涵盖了各变量的滞后项，一些未被考虑的因素可以在这些变量的滞后项中得到体现，故而缺省一些不必要的控制变量不会对模型的结果产生严重影响。

考虑到服务业产出规模的三个基本的决定因素，即技术进步、制度变迁和资本积累，为了了解外资流入对这些因素所产生的具体影响，我们在构建 VEC 模型时选择了四个主要变量，即服务业的人均产出 y，外资依存度水平 FDI，人均资本存量变量 k 以及制度变量 Z，其中外资流入以及制度因素对于服务业产出规模的直接效应主要通过索洛余值 A 代表的全要素生产率变动来体现。各变量的具体构建方式与数据来源如下所示。

服务业人均产出（y）：以 1984～2014 年中国第三产业实际增加值（1984 年不变价计算）与第三产业从业人口的比重衡量。

服务业人均资本存量（k）：以中国各年度服务业实际资本存量 K 除以就业人数 L 衡量[①]。

外资依存度（FDI）：以中国 1984～2014 年外资流入存量占全国固定资产存量的比重作为外资依存度的指标。其中外资流入存量与全国固定资产存量的计算方法参见服务业人均资本存量。

制度变量（Z）是一个较难量化的变量。鉴于我国的制度变迁当中一个重要的内容就是产权的明确和对私人产权限制的放松，所以我们可以用非国有经济在国民经济当中的比重作为制度变迁水平的一个代理变量。为此，

---

① 服务业资本存量的计算以永续盘存法为基础，具体如下：设历年经固定资产投资价格指数平减所得的实际固定资产投资额为 I_t，则第 t 年的实际资本存量为 $K_t = (1 - \sigma) K_{t-1} + I_t$。其中 σ 为折旧率，现实计算中取 10%。基期资本存量取自李仁君《中国三次产业的资本存量测算》，《海南大学学报》（人文社会科学版）2010 年第 2 期，第 47～52 页。

我们以全国城镇就业人口中非国有企业的从业人口比重作为度量我国市场化程度变迁的指标。

全部样本数据取自历年《中国统计年鉴》。为了克服模型中可能存在的异方差现象，对各变量均取对数处理。在 VEC 模型的估计中，需要各变量为一阶平稳，即 I（1）过程。因此在构建模型之前，需要先对变量的单整性进行检验。

表1 变量的平稳性检验①

变量	检验方式	SIC	DW	ADF	临界值		检验结果
					5%	10%	
$\ln(y_t)$	C，T，1	−3.3012	2.0630	−1.7332	−3.57	−3.22	不平稳
$\ln(k_t)$	C，T，1	−3.4558	2.1540	−2.2179	−3.57	−3.22	不平稳
$\ln(Z_t)$	C，T，2	−3.3138	2.2006	−3.0402	−3.59	−3.23	不平稳
$\ln(FDI_t)$	N，N，0	−2.6913	1.5722	−1.1030	−1.96	−1.61	不平稳
$\Delta\ln(y_t)$	C，T，0	−3.1152	1.9669	−4.1255	−3.57	−3.22	平稳
$\Delta\ln(k_t)$	C，T，0	−2.9818	2.0872	−7.1895	−3.57	−3.22	平稳
$\Delta\ln(Z_t)$	C，T，0	−2.9349	2.0945	−3.2381	−3.57	−3.22	平稳
$\Delta\ln(FDI_t)$	N，N，1	−3.1406	1.9845	−3.2226	−1.95	−1.61	平稳

资料来源：作者计算得出。

表1显示了各变量及其一阶差分变量的 ADF 检验结果。检验表明，三个变量的原变量均为非平稳变量，而三个变量的差分变量均表现出平稳性特征，因此，三个变量均为一阶单整变量，符合 VEC 模型的假定要求。

在确定了变量具有一阶单整性的基础上，可以考虑对变量之间的协整关系以及因果关系进行进一步的检验。

根据 Johansen（1988）以及 Johansen 和 Juselius（1990）所提出的基于向量自回归模型的协整检验方法，对 $\ln FDI$、$\ln A$、$\ln(Z)$ 和 $\ln XF$ 三个变量之间的协整性进行检验，结果如表2所示。

---

① 检验采用计量经济分析软件 Eviews 5.1 进行。其中检验方程式中的 C、T、N 分别代表检验式中包含常数项，时间趋势项，不包含常数项和时间趋势项。滞后期的确定以施瓦茨信息准则（SIC）判断。

表 2　变量之间的协整性检验

协整关系个数	特征值	迹统计量	临界值	置信概率
0 个	0.5744	43.5096	35.1928*	0.0051
至多 1 个	0.3662	18.7384	20.2618	0.0799
至多 2 个	0.1731	5.5122	9.1645	0.2319

资料来源：作者计算得出。

检验结果在 1% 的水平上拒绝了四个变量之间不存在协整关系的原假设，但接受了模型中至多存在一个协整关系的假设，由此证明这三个变量之间应当唯一的协整关系。

在变量之间具有协整性的基础上，我们可以进一步对 $\ln(FDI)$、$\ln(A)$、$\ln(k)$ 和 $\ln(Z)$ 四个变量进行 Granger 因果检验（Granger Causality Test）以确定变量之间是否存在因果性联系。

3. 检验结果

由于 VEC 模型本质上是多个变量的分布滞后模型的一个扩展，因此变量之间的协整性检验以及 VEC 模型的建立都需要确定模型的最优滞后期。我们以五种主要的判别准则对模型的最优滞后期进行检验，其中的三种判别准则（LR、AIC 与 SC）表明模型的最优滞后期为 2 期（见表 3）。据此结果，我们选择 2 期作为模型的滞后期。

表 3　VEC 模型最优滞后期检验①

滞后期	判别准则				
	LR	FPE	AIC	SC	HQ
0	NA	1.8800E − 05	− 2.3700	− 2.0845	− 2.2827
1	217.4437*	2.8300E − 09	− 12.0829*	− 10.4675*	− 10.9630
2	30.8918	1.1900E − 09*	− 11.1812	− 10.9411	− 11.7339*

资料来源：作者计算得出。

对该系统进行估计，得结果见表 4。

---

① 带有 " * " 标志的为最优滞后期水平。

表4　制度约束与外资依赖的 VEC 模型估计

	$\Delta\ln(Y_t)$		$\Delta\ln(K_t)$		$\Delta\ln(FDI_t)$	
	系数	标准差	系数	标准差	系数	标准差
协整项 ecm_{t-1}	0.2057	(0.1506)	0.4281	(0.1267)	− 0.0989	(0.1299)
$\Delta\ln(Y_{t-1})$	0.7503	(0.4755)	0.1253	(0.3999)	− 0.9146	(0.4102)
$\Delta\ln(Y_{t-2})$	− 0.1894	(0.4232)	− 0.0512	(0.3560)	0.3478	(0.3651)
$\Delta\ln(K_{t-1})$	− 0.9380	(0.5025)	− 0.1593	(0.4226)	1.1693	(0.4335)
$\Delta\ln(K_{t-2})$	0.0640	(0.5497)	0.0030	(0.4623)	− 0.4265	(0.4742)
$\Delta\ln(FDI_{t-1})$	0.1775	(0.1570)	0.0135	(0.1321)	0.6056	(0.1355)
$\Delta\ln(FDI_{t-2})$	0.0847	(0.1665)	0.2435	(0.1401)	− 0.0541	(0.1437)
$\ln(Z_t)$	0.4247	(0.1823)	0.6353	(0.1533)	− 0.3178	(0.1572)
Constant	0.3193	(0.1154)	0.4441	(0.0970)	− 0.1960	(0.0995)
协整方程：	$\ln(Y_t) = 1.5664\ln(K_t) + 0.5128\ln(FDI_t) - 0.0947Trend + 0.6804$ $(0.2710^{***})\ (0.1372^{***})\ (0.0220^{***})$					
R^2 (adjusted $-R^2$)	0.4202 (0.1760)		0.8118 (0.7326)		0.9648 (0.9499)	
s. e.	0.0424		0.0356		0.0366	
AIC	− 3.2291		− 3.5753		− 3.5244	
SIC	− 2.8009		− 3.1471		− 3.0962	
F	1.7210		10.2449		65.0437	

资料来源：作者计算得出。

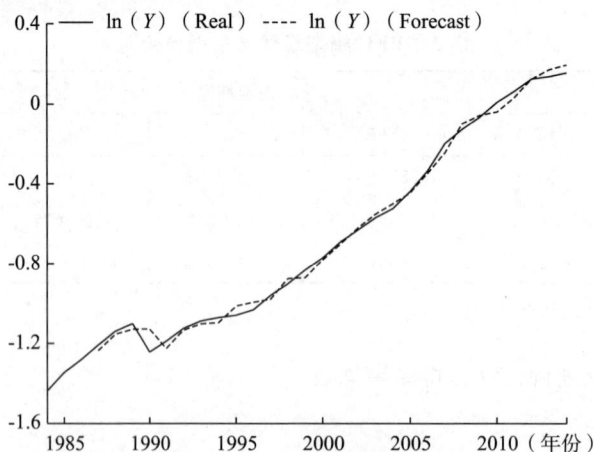

图6　VEC 模型的拟合效果

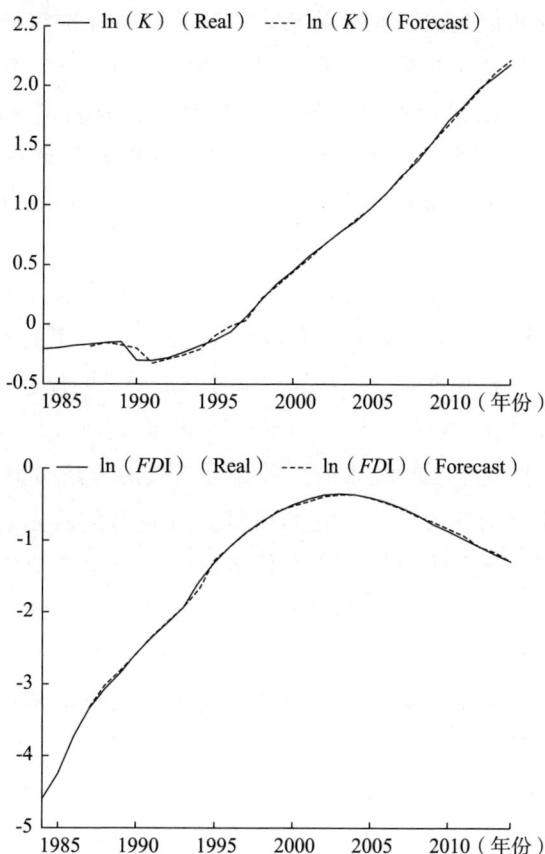

图6　VEC 模型的拟合效果（续）

资料来源：作者计算得出。

图6显示了 VEC 模型下的预测值与实际值的情况，从总体上来看取得了较好的拟合效果。而对该系统方程进行1－3阶的 LM 检验以及 White 检验结果也表明，模型当中不存在明显的一阶及高阶自相关和异方差性。因此该结果是可以接受的（见表5）。

表5　VEC 模型的相关检验

自相关（LM 检验）						异方差（White 检验）	
1 阶		2 阶		3 阶			
统计量	概率	统计量	概率	统计量	概率	统计量	概率
3.8205	0.9228	4.2665	0.8930	5.5395	0.7850	102.1627	0.3144

资料来源：作者计算得出。

从协整方程所体现出的长期关系来看，无论是资本深化程度还是外资流入都与服务业的产出规模之间存在显著的正相关关系。其中资本深化程度对生产率的促进效果最明显，弹性为 1.5664；外资流入对于服务业产出规模的影响弹性则约为 0.5128。这一结果意味着导致我国服务业规模提升的长期因素主要是资本的积累，同时外资流入在其中也起到了一定的作用。

基于协整关系的分析只是考察了 FDI 的进入对技术进步的长期均衡影响，为了从更系统的角度考察 FDI 流入对技术进步以及其他经济增长的决定因素所产生的影响，从而综合地判断 FDI 对经济增长的促进作用，我们需要对系统模型进行更进一步的解读。而对于 VEC 模型而言，借助脉冲相应函数进行分析是把握变量之间关系的一种更为正式的方法。由于 VEC 模型本质上属于一种非理论性的模型，它无须对变量做出任何先验性的约束，因此在对此类模型进行考察时，往往不具体讨论一个变量变化对另一个变量的影响，而是分析当一个误差项发生变化，或者模型受到某种冲击时对系统的动态影响，该分析也被称为"脉冲响应分析"。图 7 显示了外资流入变量一个标准差的正向变动对于服务业产出规模、人均资本存量以及外资流入本身所产生的影响。

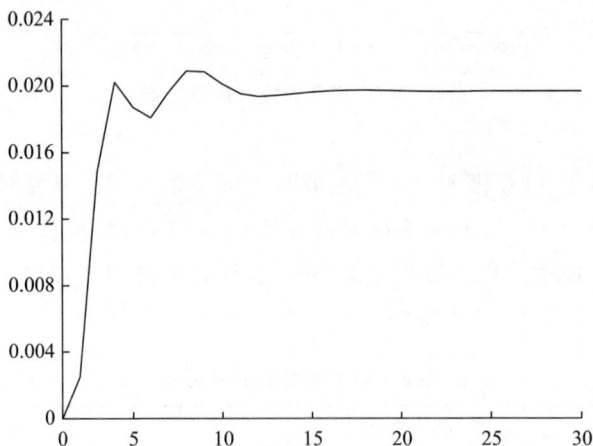

图 7　外资流入的脉冲响应分析

从产出规模变化来看，外资流入的正向变化会引起服务业产出规模的扩大，并且在 8 年左右达到最大规模，随后会出现轻微的回落并稳定在新的

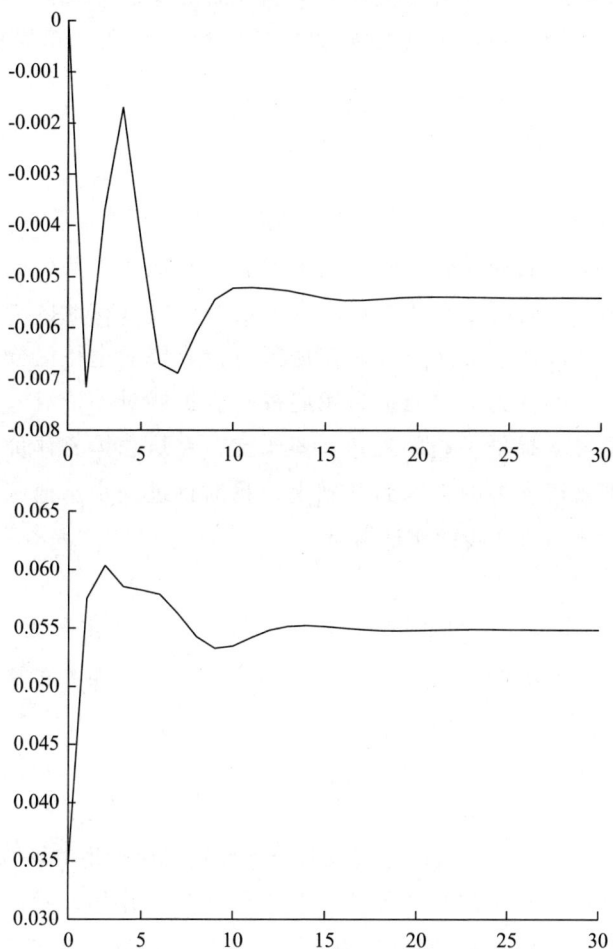

图7 外资流入的脉冲响应分析（续）

资料来源：作者计算得出。

均衡水平，进而表明外资流入在总体上会对服务业的规模形成一定的积极影响；但从服务业的人均资本规模变化情况来看，外资依存度的增加则会带来服务业人均资本存量水平在一定程度上的下滑，从理论层面来看，这一现象一方面可能体现了我国服务业外资引进仍以劳动密集型产业为主；另一方面也可能意味着外资流入对于我国本国服务业资本的挤出。此外，从外资流入本身的自反馈效应来看，外资流入在增强本国服务业规模的同时也使得我国服务业本身的产业吸引力和集聚力得到强化，甚至对于我国总体的经济发展产生一定的积极效应，这种效应反过来又会成为吸引外资进一步流入的动因，由此使得服务业的外资流入呈现"正反馈"的积极效应。

（二）地区层面

由于我国的外资流入在地区以及行业层面上存在着明显的不平衡特征，外资流入对于服务业规模发展的影响也可能会在地区以及行业的截面角度有着不同的体现。同时，虑及外资流入通过产业关联在地区之间以及行业之间所产生的外部性，将外资流入在地区与行业层面进行区分也会进一步丰富对相关问题的认识。这无疑为我们进一步扩展对外资流入与服务业规模扩张问题的考察提供了新的视角。鉴于此，在从总体上评价了外资流入对我国服务业规模发展的影响的基础上，我们将进一步从地区以及行业层面对这一问题进行进一步的实证检验。

1. 模型构建

假设地区 i 在第 t 年的服务业产出为 $Y_{i,t}$，且该产出水平受到外资流入程度 $FDI_{i,t}$ 以及其他 M 个地区特征因素 $X_{i,t}^m$（$m=1$，$\cdots$，M）的影响，则可得基本检验式如下：

$$\ln(Y_{i,t}) = \theta\ln(FDI_{i,t}) + \sum_{m=1}^{M} \lambda_m X_{i,t}^m + C \tag{6}$$

其中系数 θ 代表了外资流入程度对服务业规模所产生的影响。为了进一步明确不同地区以及不同行业外资在其中所起到的作用，我们可以考虑在基础检验式（6）的基础上将外资流入区分为四个层次，即本地区服务业外资流入 $FDI_{i,t}^{Service}$；本地区其他行业外资流入 $FDI_{i,t}^{other}$；其他地区服务业外资流入 $FDI_{neighbor,t}^{Service}$；其他地区其他行业外资流入 $FDI_{neighbor,t}^{other}$。由此可得到检验方程为：

$$\ln(Y_{i,t}) = \theta_1\ln(FDI_{i,t}^{Service}) + \theta_2\ln(FDI_{i,t}^{Other}) + \theta_3\ln(FDI_{neighbor,t}^{Service})$$
$$+ \theta_4\ln(FDI_{neighbor,t}^{Other}) + \sum_{m=1}^{M} \lambda_m X_{i,t}^m + C \tag{7}$$

此外，根据前文理论分析结果，外资流入对服务业规模的影响效应可能取决于当地劳动力在行业之间的可流动程度。为了验证这一结论，考虑设本地外资变量（服务业与非服务业）的系数 θ_s（$s=1$，2）受本地劳动力

跨行业可流动性 $LTR_{i,t}$ 变量的影响，即

$$\theta_s = b_{s1} + b_{s2}\ln\left(LTR_{i,t}^{Service}\right) \tag{8}$$

将其代入检验方程（7）中可得：

$$\ln(Y_{i,t}) = b_{11}\ln(FDI_{i,t}^{Service}) + b_{12}\ln(FDI_{i,t}^{Service}) \times \ln(LTR_{i,t}^{Service}) + \theta_2\ln(FDI_{i,t}^{Other})$$
$$+ \theta_3\ln(FDI_{neighbor,t}^{Service}) + \theta_4\ln(FDI_{neighbor,t}^{Other}) + \sum_{m=1}^{M}\lambda_m X_{i,t}^m + C \tag{9}$$

$$\ln(Y_{i,t}) = b_{21}\ln(FDI_{i,t}^{Other}) + b_{22}\ln(FDI_{i,t}^{Other}) \times \ln(LTR_{i,t}^{Service}) + \theta_1\ln(FDI_{i,t}^{Service})$$
$$+ \theta_3\ln(FDI_{neighbor,t}^{Service}) + \theta_4\ln(FDI_{neighbor,t}^{Other}) + \sum_{m=1}^{M}\lambda_m X_{i,t}^m + C \tag{10}$$

2. 样本与数据选择

检验方程中所涉及的解释变量与被解释变量的指标设定如下：

（1）服务业产出 $Y_{i,t}$

对于服务业的产出变量，考虑以各地区相应年度以 2005 年不变价计算的第三产业增加值作为度量指标。

（2）外资依存度 $FDI_{i,t}$

检验中所涉及的外资依存度变量分为本地服务业、本地其他行业、外地服务业和外地其他行业四种，其指标构造方法分别如下所述。

（A）本地外资依存度变量

对于本地区外资依存度变量，我们以各地区相应年度服务业外商和港澳台投资企业固定资产投资完成额占当年该地区全部固定资产投资完成额的比重作为本地服务业外资依存度 $FDI_{i,t}^{Service}$ 的度量指标；同时，利用本地区全社会固定资产投资额以及港澳台和外商投资企业全社会固定资产投资完成额与服务业相关指标之差计算得到非服务业的固定资产投资额以及外资与港澳台投资非服务企业的固定资产投资额，并以非服务业的港澳台与外资企业投资额占非服务业固定资产投资总额的比重作为本地非服务业外资依存度 $FDI_{i,t}^{other}$ 的度量指标。

（B）外地外资依存度变量

在得到本地区服务业与非服务业外资依存度指标的基础上，进一步利用各地区之间的地区相关系数对除本地区以外的其他地区相关外资变量进行加权求和可得到外地的服务业与非服务业外资依存度指标，即

$$FDI_{neighbor,t}^{Service} = \sum_{i\neq j}\omega_{i,j}FDI_{i,t}^{Service} \quad FDI_{neighbor,t}^{Other} = \sum_{i\neq j}\omega_{i,j}FDI_{i,t}^{Other} \tag{11}$$

（3）地区相关系数

外地外资依存度的计算需依赖于各地区的相关系数，该权重的选择主要取决于地区之间的经济联系。为了反映不同形式外资流入所产生的地区外部性，我们构建了三种不同的地区相关系数矩阵。

（A）地理距离法

通常认为，一个地区往往与邻近地区间存在较强的联系。因此现有大部分研究都以地区间的地理距离作为加权标准来衡量地区间的经济联系（如沈坤荣等，2006）。鉴于此，我们也考虑以此方法构建地区间相关系数矩阵，具体方法为：首先计算出任意省份 j 的省会城市到省份 i 的省会城市之间公路交通里程 $D_{i,j}$ 的倒数，即 $w_{i,j}^{D} = 1/D_{i,j}$，对 $w_{i,j}^{D}$ 进行标准化处理，即 $\omega_{i,j}^{D} = w_{i,j}^{D} \big/ \sum_{i=1} w_{i,j}^{D}$，由此得到地区之间空间距离加权的地区间相关系数矩阵。

（B）地区经济差距法

考虑到地方政府间的竞争，地方政府往往会选择那些与自身的经济发展水平相同或相近的地区作为引资竞争的目标，同时经济发展相似的地区也更易形成相近的区位及成本条件，从而对产业条件类似的 FDI 形成吸引力。为此考虑以各地区之间的经济发展水平差异构建地区间相关系数矩阵：以任意省份 j 与省份 i 的人均 GDP（PGDP）之差的绝对值作为两地区经济发展水平差异的指标，并以该指标的倒数作为原始的权重，即 $w_{i,j}^{G} = 1/\mid PGDP_{j} - PGDP_{i} \mid$，对该原始权重进行标准化处理，即 $\omega_{i,j}^{G} = w_{i,j}^{G} \big/ \sum_{i=1} w_{i,j}^{G}$，由此得到地区之间按经济差距加权的地区间相关系数矩阵。

（C）经济发展水平法

考虑到地区经济发展水平的影响，一些较为发达的地区会形成更大的市场规模并对本地的经济产生更强烈的影响，因此经济发展程度也是体现地区经济联系的重要标准，为此考虑以本地区以外的各地区人均 GDP 水平为原始权重 $w_{i,j}^{L}$，对此进行标准化处理，即 $\omega_{i,j}^{L} = w_{i,j}^{L} \big/ \sum_{i=1} w_{i,j}^{L}$，由此得到地区之间按经济发展程度进行加权的地区间相关系数矩阵。

（4）控制变量与其他变量

由于地区之间在经济发展水平以及区位特征方面呈现出巨大的差异，为了控制这些地区特征对检验结果的影响，考虑在模型中引入如下控制变量。

（A）服务业增加值滞后项（$Y_{i,t-1}$）：用以控制其他未观测的因素的影响，以各地区服务业增加值的滞后一期值作为度量指标。

（B）地区 GDP 总量（$GDP_{i,t}$）：用以控制地区经济规模特征的影响，以各地区相应年度 2005 年不变价计算的国内生产总值衡量。

（C）人均 GDP（$PGDP_{i,t}$）：用以控制地区经济发展水平的影响，以各地区相应年度以 2005 年不变价计算的实际人均国内生产总值衡量。

（D）外贸依存度（$Open_{i,t}$）：用以控制地区经济开放程度的影响以各地区人民币计价的进出口商品总额占该地区国内生产总值的比重衡量。

（E）工业化程度（$City_{i,t}$）：用以控制各地区工业发展程度的影响，以各地区非农业增加值占当地国内生产总值的比重衡量。

（F）政府主导程度（$GOV_{i,t}$）：用以控制地区政府对经济主导程度的差异，以各地区政府财政支出占 GDP 的比重衡量。

（H）服务业市场化程度（$MKT_{i,t}$）：用以控制地区服务业市场化程度的差异，以各地区服务业固定资产投资中非国有企业投资所占比重衡量。

（I）服务业人均资本存量（$k_{i,t}$）：用以控制服务业的技术结构的差异。服务业人均资本存量采用永续盘存法，即设各地区服务业相应年度经 2005 年为基期的固定资产投资价格指数平减处理所得到的实际固定资产投资额为 $I_{i,t}$，则第 t 年的实际资本存量为 $K_{i,t} = (1-\sigma) K_{i,t-1} + I_{i,t}$。其中 σ 为折旧率，现实计算中取 10%。各地区基期服务业人均资本存量取自宗振利、廖直东（2014）[①]。

（J）人力资本水平（$HR_{i,t}$）：用以控制地区人口素质的差异，以各地区六岁以上人口中大专以上学历所占比重衡量。

（K）劳动力跨行业流动程度（$LTR_{i,t}$）：劳动力跨行业流动的障碍较难直接考察，但考虑到在一个劳动力可以顺畅地实现行业间转移的经济中，各行业的劳动力报酬应当倾向于均等化，为此，我们考虑以各地区所有相

[①] 宗振利、廖直东《中国省际三次产业资本存量再估算：1978 - 2011》，《贵州财经大学学报》2014 年第 3 期，第 8 ~ 16 页。原文中固定资产存量值均为 1978 年不变价，为保持样本统计口径的统一，在本文计算中利用各地区固定资产投资价格指数将其转换为 2005 年不变价。

关行业人均工资的标准差作为劳动力跨行业流动程度变量的度量指标，该指标越大，则表明行业间劳动力报酬的差异越明显，行业之间的劳动力流动面临的壁垒越大；反之，该指标越小，则证明行业间的劳动力流动壁垒越小。

（5）检验样本与数据来源

考虑到检验样本数据的可得性，本文以中国除西藏自治区之外的其他30个省份在2005~2013年的相关数据作为检验样本，样本数据以及各指标的计算数据均取自《中国统计年鉴》以及《中国第三产业统计年鉴》各期。

3. 检验结果

为了消除地区间的截面异方差性，我们对样本数据的估计采用了截面加权（Cross - Section Weighting）的固定效应估计方法，并利用 Hausman 检验确定固定效应模型的适用性。利用该方法对基础模型（7）式进行估计，结果见表6。

表6　外资流入与服务业规模扩张检验结果（地区层面）

	地理距离加权		发展水平加权		发展差距加权	
	系数	t 检验	系数	t 检验	系数	t 检验
$\ln(Y_{i,t-1})$	0.8238	$(54.74)^{***}$	0.8213	$(52.82)^{***}$	0.8288	$(53.24)^{***}$
$\ln(GDP_{i,t})$	0.0962	$(6.78)^{***}$	0.0952	$(6.33)^{***}$	0.0799	$(4.58)^{***}$
$\ln(PGDP_{i,t})$	-0.0313	$(-2.30)^{**}$	-0.0288	$(-2.06)^{**}$	-0.0214	(-1.29)
$\ln(k_{i,t})$	0.0252	$(5.41)^{***}$	0.0245	$(4.57)^{***}$	0.0255	$(3.83)^{***}$
$\ln(INDS_{i,t})$	0.0088	(0.68)	0.0084	(0.64)	0.0016	(0.10)
$\ln(OPEN_{i,t})$	0.0097	$(4.69)^{***}$	0.0084	$(4.11)^{***}$	0.0094	$(4.04)^{***}$
$\ln(MKT_{i,t})$	0.0138	$(4.18)^{***}$	0.0154	$(4.84)^{***}$	0.0129	$(2.53)^{**}$
$\ln(HR_{i,t})$	-0.0018	$(-1.76)^{*}$	-0.0020	$(-1.66)^{*}$	-0.0006	(-0.40)
$\ln(GOV_{i,t})$	0.0441	$(9.02)^{***}$	0.0486	$(9.97)^{***}$	0.0469	$(10.43)^{***}$
$\ln(FDI_{i,t}^{Service})$	0.0015	(1.12)	0.0021	(1.43)	0.0006	(0.47)
$\ln(FDI_{i,t}^{Other})$	0.0027	$(2.19)^{**}$	0.0033	$(2.75)^{***}$	0.0026	$(1.91)^{*}$
$\sum w^{D} \times \ln(FDI_{i,t}^{Service})$	-0.0115	$(-3.79)^{***}$	—	—	—	—
$\sum w^{D} \times \ln(FDI_{i,t}^{Other})$	0.0119	$(4.86)^{***}$	—	—	—	—
$\sum w^{L} \times \ln(FDI_{i,t}^{Service})$	—	—	-0.0111	$(-3.37)^{***}$	—	—

	地理距离加权		发展水平加权		发展差距加权	
	系数	t 检验	系数	t 检验	系数	t 检验
$\sum w^{L} \times \ln(FDI_{i,t}^{Other})$	—	—	0.0120	$(4.07)^{***}$	—	—
$\sum w^{G} \times \ln(FDI_{i,t}^{Service})$	—	—	—	—	−0.0041	$(-2.37)^{**}$
$\sum w^{G} \times \ln(FDI_{i,t}^{Other})$	—	—	—	—	0.0056	$(2.54)^{**}$
Constant	0.9388	$(25.15)^{***}$	0.9532	$(25.04)^{***}$	0.9443	$(17.40)^{***}$
R^2 (adjusted − R^2)	0.9999 (0.9999)		0.9999 (0.9999)		0.9999 (0.9999)	
s. e.	0.0124		0.0125		0.0127	
F Statistic (Probability)	59854.94 (0.0000)		57262.81 (0.0000)		56976.02 (0.0000)	
Hausman Test (Probability)	81.4692 (0.0000)		79.5352 (0.0000)		77.6097 (0.0000)	

注：括号内数字为相关回归系数的 t 检验值，其中 *、** 与 *** 分别代表该回归系数通过 10%、5% 和 1% 置信概率下的显著性检验。

资料来源：作者计算。

从表 6 的估计结果来看，方程取得了较好的拟合效果，同时 Hausman 检验结果也证实了选择固定效应模型的合理性，检验结果是可以接受的。

从影响地区第三产业规模发展的决定因素来看，地区的经济规模仍然是决定服务业整体产业规模的最主要因素，在剔除经济规模的影响下，可以发现经济发展水平与服务业的规模之间存在一定的负相关关系，即对于同等经济规模的地区而言，服务业的规模可能会随着经济发展水平的提升而呈现下降的态势，结合第一章对于我国各地区服务业占经济比重情况的分析，这一情况可能源自我国相当部分地区尚未越过产业结构的发展"门槛"，即很多地区因为工业化尚未得到有效的发展而使得第三产业在其中的比重处于较高的水平，对于这些地区而言，随着经济发展水平的提升和工业化的进行，第三产业在其经济中的地位也将会随之下降。地区的经济开放程度对本地服务业规模扩张也有较强的积极效果，由此表明开放程度扩大带来的海外市场需求增加和交易成本的降低同样会引起服务业规模的有效扩张。同时，服务业的市场化程度、政府对于经济的主导程度以及服务业自身的技术结构（资本劳动比）等因素也都与服务业的规模扩张之间存在较强的正向关联。

从本文的核心变量，即外资流入程度对于服务业规模扩张的影响来看，不同领域的外资流入对于特定地区服务业规模发展的影响也存在着明显的差异。总体而言，服务业自身的外资流入，无论是来自本地还是外地，都并未给本地的服务业规模扩张带来积极效果，其中，本地的服务业外资流入对于本地服务业的规模扩张效应在资本补充和竞争挤出两方面作用的相互抵消下表现并不显著，而对于不存在资本补充作用而仅会对当地服务企业形成竞争压力的外地服务业外资流入而言，其对于本地的服务业规模扩张甚至会产生明显的负面影响。相对而言，来自本地和外地的非服务产业外资流入却对本地区的服务业规模扩张产生了显著的积极作用，由此意味着，外资流入对于我国服务业规模扩张的促进作用受到前述劳动力跨行业流动壁垒以及对国内企业的竞争性挤出等因素的影响似乎难以有效发挥，而目前外资流入对于服务业规模扩张的积极效果主要是通过产业间的关联，特别是制造业外资流入对于服务性产业的带动所实现。

进一步而言，考虑到地区之间不同的经济联系，其他地区的外资流入对于本地服务业规模发展的促进作用也存在一定的差别。检验结果表明，地理距离上邻近地区的外资流入，特别是这些地区非服务业的外资流入对于本地服务业规模扩张的影响仍然是最显著的，其原因在于邻近地区更低的运输成本更易于吸引外资与周边地区建立产业关联。同时，经济发达地区的外资因其具有更高的技术含量，其服务业的外资对于其他地区的竞争压力会更大，因此对于其他地区的服务业规模扩张会形成更大的负面影响，但这种高技术含量的非服务业外资对于其他地区服务业的关联带动效果也是最强烈的。相对而言，经济发展水平相近地区的外资流入则因为技术结构与竞争力同本地外资具有更强的相似性，对于本地区服务业规模扩张的正面影响和负面影响都处于相对较小的水平。

就前文的理论分析结果而论，外资流入对于服务业规模扩张的影响实际上取决于劳动力要素的跨行业流动性等多方面的因素。为了验证这一结论，我们进一步对引入劳动力行业间流动程度与外资流入连乘变量的模型（9）与模型（10）进行检验。仍然采用截面加权的固定效应方法对相关方程进行估计，结果如表7所示。

表 7　劳动力跨行业流动程度对服务业外资规模效应的影响（地区层面）

	地理距离加权		发展水平加权		发展差距加权	
	模型 (2.12)	模型 (2.13)	模型 (2.12)	模型 (2.13)	模型 (2.12)	模型 (2.13)
$\ln\,(Y_{i,t-1})$	0.8230 (52.45)***	0.8243 (55.13)***	0.8208 (50.16)***	0.8222 (52.17)***	0.8268 (50.46)***	0.8295 (55.12)***
$\ln\,(GDP_{i,t})$	0.0893 (6.63)***	0.0927 (7.15)***	0.0884 (6.37)***	0.0915 (6.64)***	0.0723 (4.75)***	0.0765 (4.96)***
$\ln\,(PGDP_{i,t})$	−0.0290 (−2.28)**	−0.0368 (−2.85)***	−0.0261 (−2.03)**	−0.0343 (−2.59)**	−0.0190 (−1.25)	−0.0293 (1.85)*
$\ln\,(k_{i,t})$	0.0238 (5.83)***	0.0233 (5.07)***	0.0233 (4.80)***	0.0230 (4.37)***	0.0236 (3.90)***	0.0232 (3.45)***
$\ln\,(INDS_{i,t})$	0.0082 (0.64)	0.0088 (0.71)	0.0079 (0.60)	0.0086 (0.67)	0.0013 (0.08)	0.0019 (0.12)
$\ln\,(OPEN_{i,t})$	0.0087 (4.07)***	0.0094 (4.10)***	0.0075 (3.90)***	0.0082 (3.73)***	0.0080 (3.48)***	0.0089 (3.56)***
$\ln\,(MKT_{i,t})$	0.0140 (4.30)***	0.0117 (3.82)***	0.0156 (4.88)***	0.0137 (4.56)***	0.0131 (2.56)**	0.0101 (2.24)**
$\ln\,(HR_{i,t})$	−0.0012 (−1.34)	−0.0012 (−1.37)	−0.0015 (−1.36)	−0.0015 (−1.42)	0.0000 (−0.03)	0.0001 (0.07)
$\ln\,(GOV_{i,t})$	0.0429 (8.24)***	0.0431 (7.62)***	0.0474 (9.31)***	0.0473 (8.56)***	0.0456 (8.44)***	0.0447 (7.79)***
$\ln\,(FDI_{i,t}^{Service})$	0.0265 (2.08)**	0.0015 (1.05)	0.0246 (1.80)*	0.0021 (1.33)	0.0326 (2.34)**	0.0002 (0.17)
$\ln\,(FDI_{i,t}^{Other})$	0.0020 (1.61)	0.0435 (7.67)***	0.0027 (2.14)**	0.0428 (5.50)***	0.0015 (0.91)	0.0520 (6.49)***
$\sum w^{D}\times\ln(FDI_{i,t}^{Service})$	−0.0119 (−3.98)***	−0.0115 (−3.95)***	—	—	—	—
$\sum w^{D}\times\ln(FDI_{i,t}^{Other})$	0.0123 (5.29)***	0.0123 (5.56)***	—	—	—	—
$\sum w^{L}\times\ln(FDI_{i,t}^{Service})$	—	—	−0.0114 (−3.49)***	−0.0109 (−3.47)***	—	—
$\sum w^{L}\times\ln(FDI_{i,t}^{Other})$	—	—	0.0123 (4.30)***	0.0123 (4.48)***	—	—
$\sum w^{G}\times\ln(FDI_{i,t}^{Service})$	—	—	—	—	−0.0043 (−2.48)***	−0.0045 (−2.48)**
$\sum w^{G}\times\ln(FDI_{i,t}^{Other})$	—	—	—	—	0.0060 (2.73)***	0.0062 (2.82)***

续表

	地理距离加权		发展水平加权		发展差距加权	
	模型（2.12）	模型（2.13）	模型（2.12）	模型（2.13）	模型（2.12）	模型（2.13）
$\ln(WS_{i,t})$ * $\ln(FDI_{i,t}^{Service})$	-0.0026 (-1.92)*	—	-0.0023 (-1.79)*	—	-0.0033 (-2.23)**	—
$\ln(WS_{i,t})$ * $\ln(FDI_{i,t}^{Other})$	—	-0.0046 (-6.33)***	—	-0.0045 (-4.60)***	—	-0.0056 (-5.40)***
Constant	0.9851 (21.14)***	1.0240 (22.97)***	0.9925 (19.54)***	1.0362 (21.78)***	1.0083 (13.59)***	1.0489 (15.39)***
R^2（adjusted $-R^2$）	0.9999 (0.9999)	0.9999 (0.9999)	0.9999 (0.9999)	0.9999 (0.9999)	0.9999 (0.9999)	0.9999 (0.9999)
s. e.	0.0124	0.0124	0.0125	0.0125	0.0127	0.0126
F Statistic (Probability)	61059.88 (0.0000)	61586.57 (0.0000)	58112.29 (0.0000)	58569.02 (0.0000)	59279.77 (0.0000)	58714.46 (0.0000)
Hausman Test (Probability)	84.7263 (0.0000)	84.9178 (0.0000)	81.6291 (0.0000)	81.6234 (0.0000)	80.2722 (0.0000)	81.4304 (0.0000)

注：括号内数字为相关回归系数的 t 检验值，其中 *、** 与 *** 分别代表该回归系数通过
10%、5%和1%置信概率下的显著性检验。

资料来源：作者计算得出。

方程的估计仍然取得了较好的拟合程度，各控制变量的表现也基本与前文相似，此处不再重复解读。从我们所关注的重点，即地区劳动力跨行业流动程度与本地外资流入的连乘项来看，行业间工资差异同本地服务业以及非服务业外资变量的连乘项均呈现显著为负的结果，该结果表明行业间工资差距的增加，即劳动力行业间流动壁垒的强化会对本地服务业外资所产生的规模扩张效果出现显著的降低，这也与前文理论分析的预期相一致，即服务业外资流入能否带来服务业规模的显著扩张实际上要依赖于劳动力是否可以在行业间实现有效的流动。

三　基本结论

一个理想的框架下，外资的流入会对服务业的规模扩张产生积极的影响，但在现实中，这种影响也可能因为种种的障碍和壁垒而难以得到有效的发挥，进而使得外资流入对服务业规模所产生的影响在现实当中是一个

并不确定的问题。

一是从全国总体的动态层面来看，受我国服务业利用外资的技术结构以及外资流入所可能产生的"挤出效应"的影响，外资流入对于我国服务业人均资本水平形成一定程度的负面影响，但外资流入对于我国服务业总体规模扩张则产生了较为明显的积极效果，特别是这种效果本身又成为进一步吸引外资进入的动因，进而使得服务业的规模扩张与外资流入之间呈现出较为明显的"正反馈"效应。

二是从地区层面的检验结果来看，在区分不同地区以及不同领域的外资流入情况下，可以发现服务业本身的外资流入，无论其是来自本地还是外地，均未能对本地的服务业规模扩张产生积极的效果，结合理论分析以及相关实证检验的结果可以认为，服务业的外资流入受到劳动力行业间流动壁垒的影响而尚难以对相关地区服务业的规模扩张形成有效的促进作用，反而会因为对国内服务企业的竞争性挤出而对服务业的规模扩张产生一定的负面作用。这一点在没有资本补充效应发挥的外地服务业外资流入方面表现得尤为明显。相对而言，非服务业的外资流入，无论其是来自本地还是外地，都对本地区服务业的规模扩张产生了极为明显的积极推动作用，就此而言，我国外资流入对于服务业规模扩张的促进作用仍主要来自产业关联，特别是非服务业外资流入对于服务产业的带动作用。

四 政策建议

外资流入对服务业发展是否能够产生有效的推动和促进作用，背后的关键主要在于是否存在健全完善的市场环境。因此，积极推进相关领域的市场化改革，创建良好的制度环境也是更为合理有效地利用境外资本，增强其对服务业发展的促进效果的重要环节。

一是建立公平的市场竞争体系。公平的市场竞争环境是健全的市场经济体制的基础。对于我国这样一个处于转型经济阶段的国家而言，我国在公平的市场竞争体系建设方面仍存在一定的不足，而在市场化改革起步较晚的服务业领域，这一现象则表现得更为严重。这种公平的市场竞争体系的缺失也在一定程度上影响了我国服务业在利用外资方面所取得的具体效果。因此，纠正上述制度性的扭曲，建立以公平竞争为基础的市场竞争环境实际上也是更充分发挥外资流入对服务业发展积极作用的一个首要前提。

二是以"国民待遇"理性对待外国直接投资。除了对民营企业的体制性歧视之外，对外商直接投资所赋予的"超国民待遇"是扭曲外资企业的激励机制，降低其结构升级和技术转移动机，进而导致其对服务业发展的积极效应遭到弱化的另一个制度性根源。而改善这一制度约束的关键则在于消除外资所享有的"超国民待遇"，为内外资企业营造一个公平的市场竞争环境。

三是以市场化改革减少寻租。垄断利益和制度租金不仅是资源分配领域非市场化行为的集中表现，同时也会使得企业面临错误的激励信号，压抑技术创新在增强企业竞争能力与发展能力中的价值，令企业将更多的精力与资源投入到寻租行为而非技术创新活动当中。就此而言，要从根本上激发企业的创新动力，也要改变目前经济中存在的不合理激励信号，以市场化改革的方式减少企业的寻租行为。

四是健全完善要素市场。资本要素价格的相对高估和劳动力价格的相对低估是制约国内外企业追求产业结构升级和技术进步效果，压抑境外投资对服务业发展的积极效应发挥的关键性因素。要从整体上提升服务业利用外资的层次和效率，最大限度地发挥其对服务业发展的积极作用，就必须要针对要素市场存在的制度性缺陷入手进行调整和变革。比如，在深化金融体制市场化改革方面，着力推进利率市场化改革、彻底剥离银行业的行政功能、切断商业银行向国有企业的输血管道、推进证券市场结构改革和构建多层次资本市场为主体的直接融资体系等；在完善劳动力市场化建设方面，要着力建立统一的劳动力市场、推进户籍体制改革、推进劳动力有序流动、利用社会各方面的资金力量形成多层次的社会保障体系。

参考文献

［1］Hymer S. H. , *The International Operations of National Firms: A Study of Direct Foreign Investment*, Cambridge: MIT Press, 1976, p. 25.

［2］Kindleberger C. P. , *American Business Abroad*, New Haven: Yale University Press, 1969.

［3］Kokko A.，"Technology Market Characteristics and Spillovers"，*Journal of Development Economics*，1994，43，pp. 279 - 293.

［4］Kokko，A.，Tansini and M. Zejan，"Productivity Spillovers from FDI in The Uruguayan Manufacturing Sector"，*Journal of Development Studies*，1996，32（4），pp. 602 - 611.

［5］Balasubramanyam V. N.，"The MAI and Foreign Direct Investment in Developing Countries"，*Lancaster University Management School Working Papers*，1998，No. 000016.

［6］Fujita M.，P. Krugman and A. J. Venables，*The Spatial Economy*，MIT Press，1999.

［7］Arrow K. J.，"The Economic Implications of Learning by Doing"，*Review of Economic Studies*，1962，29，pp. 155 - 173.

［8］North D. C，陈郁等译：《经济史中的结构与变迁》，上海三联书店，1991。

［9］Johansen S.，"Statistical Analysis of Cointegration Vectors"，J*ournal of Economic Dynamics and Control*，1988（12），pp. 231 - 254.

［10］Johansen S. and K. Juselius，"Maximum Likelihood Estimation and Inference on Cointegration with Application to the Demand for Money"，*Oxford Bulletin of Economics and Statistics*，1990，52，pp. 169 - 210.

［11］王霞：《FDI 对中国制度变迁的影响——兼论中国外资政策的选择》，南开大学博士学位论文，2007。

［12］陈涛涛：《影响中国外商直接投资溢出效应的行业特征》，《中国社会科学》2003 年第 4 期。

［13］李宏兵等：《外资进入改善了我国服务业就业结构吗——基于微观企业数据的实证研究》，《国际贸易问题》2016 年第 10 期。

［14］李仁君：《中国三次产业的资本存量测算》，《海南大学学报》（人文社会科学版）2010 年第 2 期。

［15］王少瑾：《对外开放与我国的收入不平等——基于面板数据的实证研究》，《世界经济研究》2007 年第 4 期。

［16］王燕飞、曾国平：《FDI、就业结构及产业结构变迁》，《世界经济研究》2006 年第 7 期。

［17］张娟：《外国直接投资对中国产业结构的调整效应分析》，《亚太经济》2006 年第 6 期。

［18］宗振利、廖直东：《中国省际三次产业资本存量再估算：1978 - 2011》，《贵州财经大学学报》2014 年第 3 期。

构建我国服务贸易持续稳定
发展的长效机制*

夏杰长　肖　宇**

摘　要　近年来我国服务贸易在总量扩大的同时，内部结构不断优化，区域发展更加均衡，特别是"一带一路"倡议启动以来，我国服务贸易亮点迭出，增速已远远高于同期货物贸易和 GDP 增长速度，正在成为引领我国外贸增长新引擎。本文研究发现，虽然我国服务贸易取得了一系列成绩，但依然存在贸易逆差持续扩大和国际竞争力赢弱的不争事实，此外，对外开放程度不高、国际话语权缺失、对新兴领域重视不够等问题亦不容忽视。通过对成绩和短板的分析，本文提出了贸易保护主义形势严峻，重点关注数字贸易和"一带一路"沿线国家市场机遇等未来可能的发展趋势。通过国际服务贸易强国的政策比较，就如何构建我国服务贸易长效发展机制的相关政策进行了初步探讨。

关键词　服务贸易　服务业　国际竞争力　长效机制

---

*　基金项目：国家社科基金重大项目"扩大我国服务业对外开放的路径与战略研究"（项目编号：14ZDA084）；中国社会科学院创新工程项目"我国服务业对外开放的绩效评估和提升策略"（项目编号：2017CJY006）。

**　夏杰长，中国社会科学院财经战略研究院副院长、研究员，博士生导师，主要从事服务经济与政策研究；肖宇，中国社会科学院研究生院博士研究生，主要从事国际贸易理论与政策研究。

一　问题的提出

服务贸易重要性正在日益引起中央政府高度关注。党的十八大报告曾高屋建瓴地指出，要全面提高开放型经济水平，发展服务贸易，推动对外贸易平衡发展。党中央、国务院在《中共中央　国务院关于构建开放型经济新体制的若干意见》（中发〔2015〕13 号）中也明确要求，"提升服务贸易战略地位"。从实际发展情况来看，近年来，我国服务贸易总额已连续多年持续增长，根据商务部有关数据，2016 年我国服务贸易规模达到 6575 亿美元，全年增速达到 14.2%，服务贸易占外贸比重接近 20%，比 2015 年增加了 2 个百分点。从服务贸易内部结构来看，广告服务、维修服务、金融服务等高附加值服务出口增幅分别达到 47%、48%、50%，远远高于传统三大服务贸易细分行业增幅，服务贸易内部结构不断优化①。在经济走势 "L"形探底大背景下，服务贸易走出了一条逆势发展 "大阳线"，保持了稳健发展良好势头，实现了服务贸易 "十三五" 良好开局。但是，在看到这些成绩的同时，更要看到服务贸易面临的问题和挑战，囿于经济发展阶段、科学技术水平、劳动力结构等多方面因素制约，服务贸易发展水平和综合竞争力和西方发达国家相比仍然具有较大差距。已有研究发现，中国服务贸易出口技术内涵仍然偏低，相对出口技术复杂度指数基本处于全球主要服务出口国的均值水平（戴翔，2012）[1]。通过多项竞争力指标比较研究发现，无论是整体还是细分部门，中国服务贸易只是规模意义上的大国，而非服务贸易强国，国际竞争能力不强（程大中等，2017）[2]。进入 21 世纪，中国货物贸易顺差大幅增加，但是服务贸易逆差呈逐年扩大趋势（夏杰长等，2014）[3]。在供给侧结构性改革及 "一带一路" 倡议深入推进的今天，清楚认识我国服务贸易成绩和差距所在，探索未来发展趋势，并全面梳理我国服务贸易相关政策，提出可行性意见和建议，具有重要的理论和现实意义。本文正是基于此出发，力求探寻我国服务贸易持续稳定健康发展的长效机制。

---

① 资料来源为中华人民共和国商务部《中国对外贸易形势报告》（2017 年春季）。

二 我国服务贸易领域存在的突出问题

（一）服务贸易逆差有持续增大趋势

改革开放以来，我国对外开放取得了巨大成就。截至 2016 年，我国实现货物贸易顺差 3.35 万亿元，服务贸易总额达到 6575 亿美元，规模居世界第二位。但是，在一系列辉煌成绩背后，一个不容忽视的事实是，我国在服务贸易领域从 1995 年至 2016 年已连续 22 年逆差。而作为我国第一大贸易伙伴国的美国，长期以来也一直是我国服务贸易逆差的主要来源国。我国服务贸易发展形势不容乐观。

1998 年，我国服务贸易逆差仅为 25.9 亿美元；2000 年，为 57.1 亿美元；2005 年，为 92.6 亿美元；到了 2008 年，首次突破 100 亿美元大关，为 115.6 亿美元；2011 年，再次创出新高，为 549.2 亿美元；2013 年，首次突破 1000 亿美元大关，该年我国服务贸易逆差额创纪录地达到了 1184.6 亿美元；此后四年里，该逆差数仍然持续攀升，到了 2016 年，达到了有史以来最高值，突破 2000 亿美元大关，该年，服务贸易逆差额达到了 2601 亿美元高位。从增长率趋势来看，自 1998 年以来，我国服务贸易逆差年均增长率高达 34.6%，在此期间，有 4 年增长率超过 85%。

再从行业分布来看，运输服务、旅游、保险服务、专有权利使用费和特许费是我国服务贸易逆差的主要来源。如表 1 所示，以均值为例，1997～2014 年，运输服务贸易逆差为 205.41 亿美元，旅游贸易逆差为 118.45 亿美元，保险服务贸易逆差为 84.25 亿美元，专有权利使用费和特许费为 77.84 亿美元。除建筑、计算机和信息服务、咨询等行业实现了贸易顺差外，其他行业基本在逆差或者是微弱顺差位置徘徊。而且从单个行业发展趋势来看，建筑、计算机和信息服务及咨询行业，也仅仅是在 2008 年前后方才开始实现微弱顺差。

与之相对应，我国服务业分行业贸易竞争力指数也是相当微弱，2015～2016 年，在我国服务贸易中，细分行业竞争力最弱的是专有权利使用费和特许费；其次是旅游、保险服务和运输服务。由此可见，贸易逆差额大小基本与贸易竞争力指数呈反相关关系，贸易竞争力指数越小，则逆差相对越大。

因此，我们基本可以得出一个这样的结论，在我国服务贸易发展过程中，如果贸易竞争力得不到根本解决，贸易逆差问题势必还有进一步扩大趋势。

表1　服务业分行业贸易逆差及贸易竞争力指数

行业	贸易逆差（亿美元）	贸易竞争力指数	
	均值（1997~2014年）	2015年	2016年
运输服务	-205.41	-0.32	-0.37
旅游	-118.45	-0.44	-0.52
通信服务	1.44	0.12	0.03
建筑服务	32.46	0.24	0.19
保险服务	-84.25	-0.3	-0.48
金融服务	-2.05	-0.06	0.32
计算机和信息服务	30.20	计算机0.41	计算机0.41
		信息-0.04	信息-0.18
专有权利使用费和特许费	-77.84	-0.91	-0.91
咨询	37.56	0.35	0.35
广告、宣传	5.13	个人、文化和娱乐服务0.46	个人、文化和娱乐服务0.44
电影、音像	-1.42		
其他商业服务	72.18	0.45	0.35

注：①逆差数据为作者根据《中国服务贸易统计2015》（单位：亿美元）、国家统计局、商务部网站历年数据计算而得。

②贸易竞争力指数数据来源于中国对外贸易形势报告（2017年春季），其计算方法为一国某部门进出口贸易的差额占该部门进出口贸易总额的比重，取值［-1,1］，数值越大则表示该部门贸易竞争力越强。

③因统计口径差别及部分数据缺失，广告、宣传和电影、音像对应个人、文化和娱乐服务业。

（二）服务贸易整体国际竞争力依然羸弱

事实上，已有大量研究证明，持续增加的服务贸易逆差背后，是我国服务贸易竞争力羸弱之不争的事实。如表2所示，以服务贸易比较优势指数（TC）为例，2015年，我国的服务贸易比较优势指数为-0.24，相比之下，其他发达国家的贸易数值远远高于中国。在世界主要服务贸易经济体中，英国的服务贸易比较优势指数最高，为0.25，美国仅次其后，为0.19。

表2　2015 年全球主要服务贸易经济体服务贸易竞争力一览

国家	服务出口额（10 亿美元）	服务进口额（10 亿美元）	国际市场占有率（%）	服务出口占该国贸易出口总额的比重（%）	服务贸易比较优势指数（TC）	服务贸易显示比较优势指数（RCA）
美国	690	469	14.5	31.08	0.19	1.39
英国	345	208	7.3	43.84	0.25	1.96
中国	285	466	6	11.12	-0.24	0.5
德国	247	289	5.2	15.76	-0.08	0.7
法国	239	228	5	28.18	0.02	1.26
荷兰	178	157	3.7	23.89	0.06	1.07
日本	158	174	3.3	20.18	-0.05	0.9
印度	155	122	3.3	35.02	0.12	1.57
新加坡	139	143	2.9	26.55	-0.01	1.19
爱尔兰	128	151	2.7	47.69	-0.08	2.13

资料来源：汤婧、夏杰长：《我国服务贸易发展现状、问题和对策建议》，《国际贸易》2016 年第 10 期。

注：①TC（贸易竞争力指数）核算公式为：（某国或地区服务总出口减去服务总进口）/（该国或地区服务总出口加上服务总进口）；其取值介于［-1，1］，大于 0 表示具有国际竞争力，数值越大，表示国际竞争力越大；小于 0 表示不具有国际竞争力，数值越小，表示国际竞争力越小。

②RCA（显示性比较优势指数）核算公式为：某国服务出口占该国总出口比例/世界服务出口总额占世界总出口额比例；其取值大于 2.5 时，表示国际竞争力极强，介于［1.25，2.5］时，表示具有很强的国际竞争力，介于［0.8，1.25］时，表示具有较强的国际竞争力，小于 0.8 时，表示国际竞争力较弱。

再以服务贸易显示比较优势指数（RCA）为例，在世界主要服务贸易经济体中，中国为 0.5，位居倒数第一。排名最高的国家为爱尔兰，英国、美国紧随其后，分别为 1.96 和 1.39。两种测量服务贸易国际竞争力量化指标都显示，我国服务贸易竞争力在世界主要服务贸易经济体中排名倒数第一，值得我们高度关注。

从两种量化指标数值分布来看，世界服务贸易竞争力较强国家，主要是集中在已经完成工业化的欧美地区。其中，除美、英、德、法等老牌发达国家之外，北欧的荷兰、爱尔兰两种贸易指数分别为 0.06、1.07 和 -0.08、2.13，都远远高于中国。而在发展中国家中，印度的服务贸易竞争力分别为 0.12 和 1.57，也远高于中国。

究其原因，一方面，随着我国经济社会发展水平的提高，居民对境外高端服务需求，如旅游服务、医疗养老等旺盛购买力导致了对境外服务的巨大需求。而我国相关服务行业的供给水平和供给质量无法满足国内消费者日益增长的市场需求，导致了国内需求的外溢。另一方面，则是我国经济转型发展过程中，对知识、专有产权等智力密集型服务业的需求不断增长。国外相关行业依托较高的发展水平，在全球产业链（GVCs）分工中，对国内相关产业形成了强势的挤压。

（三）服务贸易领域开放度有待提升

我国服务贸易对外开放程度与西方发达国家相比还有一定差距，部分行业的保护程度还比较高。从量化指标研究来看，著名学者 Hodkmon 最早提出了对各国服务业开放度进行衡量的方法，称为"豪克曼法"，其将各国开放程度区分为三类：完全自由化、不开放、其他，每一类的计分分别为 1、0、0.5，总分越大，开放度越高[①]。而在服务贸易领域，为了量化衡量各经济体的服务贸易开放程度，经合组织（OECD）及世界银行先后推出了服务贸易限制指数 Services Trade Restrictiveness Index（STRI）。

为此，本文选取了 OECD 国际的 STRI 指数，如图 1 所示，以我国服务贸易限制性指数与 OECD 国家平均数比较为例，在 2015 年，我国除了在建

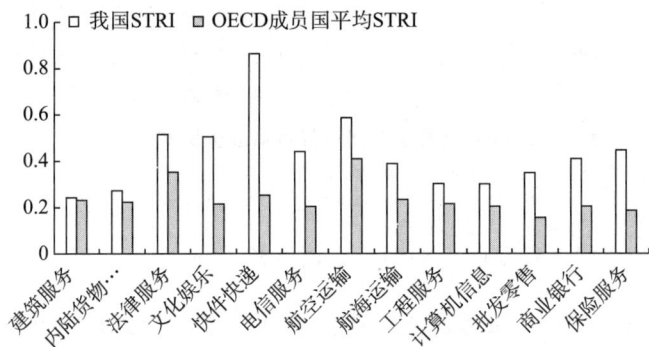

图 1　我国与 OECD 国家 STRI 均值比较（2015 年）

注：①资料来源为作者根据王思语、林桂军：《供给侧改革背景下的我国服务业发展思考》，《国际贸易》2017 年第 3 期，相关数据整理而得。

②根据 OECD 测量标准，STRI 指数在 0.3（含）为限制程度较低；0.3-0.5（含）为限制程度较高；0.5 以上为限制程度极高。

---

① 郑长娟：《服务企业的国际市场进入模式选择》，浙江大学出版社，2006。

筑服务、内陆货物运输两个行业服务贸易限制性指数与 OECD 国家平均数接近外，在法律服务、文化娱乐等其余 11 个细分行业，我国服务贸易限制性指数都远远高于 OECD 国家平均数。其中，限制指数最高为快件快递行业。此外，文化娱乐、电信服务、商业银行、保险服务等行业服务贸易限制性指数也相对较高。

再从国别比较来看。如图 2 所示，2016 年，OECD 公布的世界主要服务经济体 22 个分行业服务贸易限制性指数中，除了在物流仓储和装卸领域，我国服务贸易限制性指数低于俄罗斯。在会计领域低于韩国和印度，在铁路货物运输领域低于印度和德国，在商业银行和保险领域低于印度外，其他 17 个细分行业，我国数据基本处于世界主要服务经济体的最高位置。

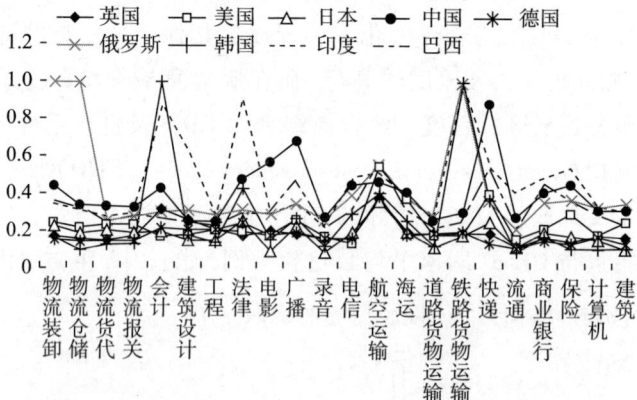

图 2　2016 年世界主要服务经济体服务贸易限制指数

资料来源：OECD 数据库。

（四）缺乏服务贸易国际规则制定话语权

众所周知，受历史条件影响，我国长期以来实行的是高度集中的苏联计划经济发展模式。改革开放以来，虽然已逐步建立了社会主义市场经济体制，但在和西方发达国家对接上，还存在一些这样或那样的差异。在浩浩荡荡的全球化过程中，我们通常需要被动遵从发达国家已经制定的国际规则，而发达国家也常常依靠"先发优势"，在国际市场向发展中国家发难，以维护自己的利益。

据 WTO 统计，自 1995 年至今，在全球服务贸易领域争端中，发起争端的原告方主要为发达国家，已经收录贸易争端案例中，发展中国家作为被告的比例为 86.49%，发达国家作为被告的比例仅仅为 13.51%。在服务贸易市场，发达国家常常要求发展中国家开放国内市场，放开进入限制。发展中国家往往只能被动应对。

从与中国相关服务贸易摩擦案例来看。2005～2017 年，WTO 贸易争端案例库主要收录了与我国相关 7 起服务贸易争端，其内容主要集中于不恰当税收返还、金融领域的准入限制和信息公开、知识产权保护和其他市场主体准入限制等问题。

在一系列服务贸易争端中，原告方主要为美国、加拿大、日本、欧盟（含原欧共体）等发达国家和地区。而作为被告方，我国基本上是全部被动接受西方发达国家的诉讼需求，在部分意见突出的领域，如知识产权保护等，我国甚至对相关国内法律法规进行了修订。在外国投资者要求下，我国被动接受了金融服务、零售等领域对外开放，在国际市场话语权缺失问题比较严重。

三 服务贸易的发展趋势

（一）新兴经济体在全球服务贸易市场强势崛起

从经济全球化的发展历程来看，工业革命以来，西方发达国家依托科技、资本、人力等优势牢牢占据全球经济制高点，向外输出资本、技术和行业标准。而广大发展中国家，在经济全球化过程中，只能被动处于全球产业链分工附加值"微笑曲线"底部。在全球贸易中，西方发达国家在国际分工中占据着附加值较高的研发、设计和品牌推广、管理等环节。发展中国家则输出原材料，承接附加值较小的制造环节。发展中国家和地区长期以来在全球分工中低端锁定非常明显。

但随着资本技术的外溢和广大发展中国家经济社会发展水平的不断提高，尤其是以中国为代表新兴市场力量的奋力赶超，加之部分西方发达国家在国家治理、社会政策等方面弊端的多种因素影响，这一传统的国际分工格局正在发生一些积极的变化。在全球服务贸易市场，长期以来发达国家和地区占据绝对优势地位的格局正在逆转。

如图 3 所示，除转型经济体数据表现平稳外，2005～2015 年，发达经济体在全球服务贸易中的占比逐年下降，由 2005 年的 71.95%，下降至 2015 年的 63.31%。从占比趋势线来看，发达经济体逐年下降。

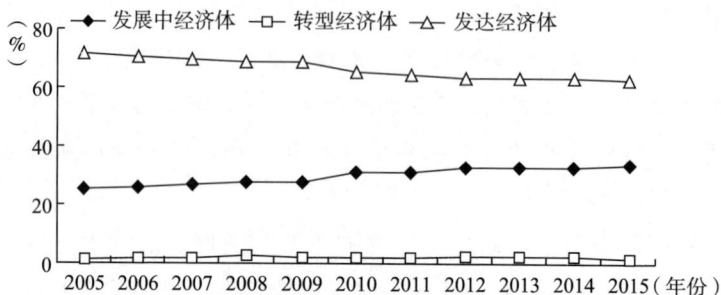

图 3　全球服务贸易变化趋势
资料来源：联合国贸发会议数据库（UNCTAD）。

而与之相对应，则是新兴经济体在全球服务贸易占比地位的迅速提升。2005 年，新兴经济体在全球服务贸易中的占比仅仅为 25.74%，到了 2010 年，其首次突破 30% 大关，达到了 31.24%，截至 2015 年，新兴经济体在全球服务贸易中的占比已经上升至 34.09%。

（二）数字贸易正在成为国际服务贸易主要形式

随着以电子互联网与计算机技术为代表的数字经济的发展，以电子数据、流量获取为代表的新兴技术正在深刻地改变着原有服务贸易四种形态（自然人流动、跨境交付、境外消费、商业存在），人们足不出户，便可在计算机或手机上完成一系列服务的生产、交换、购买和消费等环节。由此衍生出了数字贸易①正在成为未来国际服务贸易的最主要趋势。

以世界第一服务贸易进出口国中国为例。在居民的消费购买中，2016 年全年，我国实现网上零售额 51556 亿元，环比增长 26.2%。而据商务部消息，到 2020 年，我国电子商务交易规模将逼近 50 万亿元，其中网络零售交易额将超过 10 万亿元，占社会零售总额比重达到 16.3%②。尤其是依托电商平台的海淘业务，正在成为我国居民消费的重要方式。

---

① 根据美国国际贸易委员会定义，"数字贸易"是指"通过有线和无线数字网络传输产品或服务"，具体分为数字内容服务、社交网站服务、搜索引擎服务和其他数字服务四大类。

② http://www.mofcom.gov.cn/article/resume/n/201408/20140800692495.shtml

再看世界第一服务贸易出口国美国。据美国商务部经济与统计局统计，2011 年美国通过数字传输的数字交付服务贸易出口 3574 亿美元，进口 2219 亿美元，占全部美国服务出口的比重超过 60%，占货物和服务出口的 17%。从数字产品服务出口的增加值来看，其在美国出口增加值中比重更高，占整个国际贸易的比重超过 1/3[①]。

实际上，上述变化也深刻地体现在全球主要跨国公司市值中，截至 2017 年 6 月，如图 4 所示，2017 年，全球市值最大的前十大公司中，除了 Johnson & Johnson（强生）和 ExxonMobil（埃克森美孚）外，苹果、Alphabet、Microsoft、Amazon、Facebook，以及中国的腾讯和阿里，无一例外，都是数字经济蓬勃发展的产物。

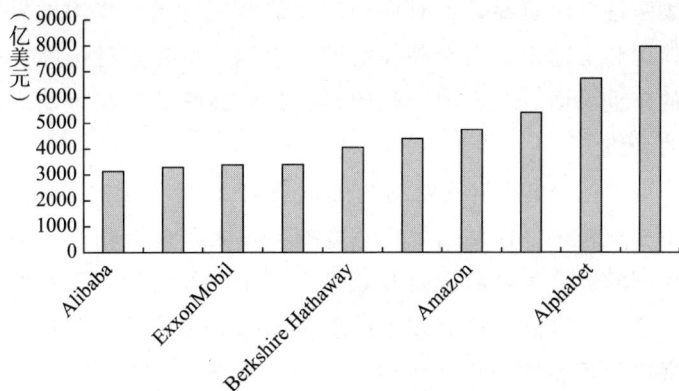

图 4　世界十大公司一览（截至 2017 年 6 月）

资料来源：Bloomberg News。

我国在 2016 年 12 月，印发了《"十三五"国家战略性新兴产业发展规划》，把数字创意产业首次纳入国家战略性新兴产业发展规划，成为与新一代信息技术、生物、高端制造、绿色低碳产业并列的五大新支柱。由此可以预见，在不久的将来，数字经济以及由此衍生出的数字贸易，势必将成为国际服务贸易的新发展方向，值得我们高度关注。

（三）在波动起伏中走向开放将成为服务贸易的新常态

2016 年，英国脱欧、欧洲难民潮、恐怖袭击等"黑天鹅"事件频发，

---

① 商务部政策研究室：《全球数字贸易规则新动向值得关注》，2016 年 5 月 10 日。

国际社会逆全球化思潮暗流涌动。部分发达国家把国内生产率增速放缓、收入分配恶化、失业等问题归咎于贸易自由化。在长期标榜自由主义的美国，特朗普总统当选后，彻底退出 TPP 谈判，明确提出要重新审视与多个国家的自由贸易协定。

在部分主要发达国家的主导下，2017 年 3 月份在德国召开的 G20 会议公报中删除了关于竞争性贬值、抵制一切形式的保护主义等关键的三句话，是十多年来首次。种种迹象表明，国际社会贸易保护主义沉渣泛起，世界经济在深度调整中曲折复苏，服务贸易面临的国际形势更加复杂。

但是，全球化的潮流已很难逆转，基于一系列多边协议的贸易投资体系仍在发挥着积极的作用。在全球主要经济体中，依然有不少国家旗帜鲜明地表明了坚持自由贸易，反对保护主义的坚定立场。作为世界第一大货物贸易出口国和全球第二大对外投资国的中国，也在多种国际场合做出了坚持开放的庄重承诺。但不容否认的是，我们面临的贸易争端短期内可能会有上升的趋势。

据 WTO 统计，1997 年的亚洲金融危机与 2008 年美国次贷危机前后，贸易摩擦也相应较多，这说明，贸易摩擦在很大程度上与全球的经济发展环节和当事国的经济发展状况息息相关，当全球经济发展平稳时，贸易摩擦较少，反之，则可能面临着较大的贸易摩擦。考虑到服务贸易在一国经济社会发展中的重要性和特殊作用，在全球经济下行期，我们面临的服务贸易摩擦压力仍不容小觑。但世界经济发展的历史已经雄辩地证明，开放是不可逆转大趋势。世界经济终究会在深度调整中走向开放，以服务贸易为例。1996 年，诉诸世界贸易组织 DSB 的全球主要国家服务贸易摩擦为 13 起，到了 2000 年，该数据下降到了 6 起并随之一路走低至 2006 年和 2007 年的 0 起。2008 年后，该数据虽再次呈现递增态势，但从长期趋势线来看，全球服务贸易摩擦呈现明显的递减态势。

综上所述，在波动起伏中走向开放，应该是我国服务贸易在未来很长一段时间内的重要趋势之一。

（四）国际服务贸易大众化趋势将会更加明显

在我国外贸发展的历史上，广大民营中小企业是一支不容忽视的市场力量，特别是在以长江三角洲和珠江三角洲为代表的东南沿海地区，自我国启动市场化改革以来，这些地区依托便利的交通区位条件和人力、资金、科技优势，充分吸收境外资金和先进的技术、管理文化，成为我国外贸发展主力军。"十二五"期间，民营企业在我国出口中的比重首次超过外资企业，由 2001 年的 7.3% 提高到 2015 年的 45.2%，比"十一五"末提高 14.7 个百分点[①]。

事实上，从出口数据来看。自 2011 年以来，民营企业出口在出口总额的比重始终高于外商及国有企业，且占比逐年上升，由 2011 年的 46.6% 上升至 2015 年的 58.9%；反之，外商投资企业、国有企业在出口总额占比均呈逐年下降趋势。

进口主体中，经过几年的调整，也已经形成外商、国有、民营企业三分天下的局面[②]。以"一带一路"沿线国家为例，如图 5 所示。截至 2016 年末，从中国向"一带一路"沿线国家出口企业主体中，民营企业占了 58.9%，外商投资企业和国有企业分别为 27.8% 和 13.1%。同时，从中国在"一带一路"沿线国家进口企业主体构成来看，民营企业占比 28.2%，基本接近外商和国有企业占比，整体呈现出明显的"三足鼎立"格局。

在服务贸易领域，考虑到较高的准入门槛，较多的民营资本投资限制，如在电信、金融等具有较高附加值的服务行业，民营资金面临着或这样或那样的制约。民营企业参与服务贸易的门槛较高，难度较大。服务贸易的大众参与度并不高，仅以金融为例，全国银行业中能在全球布局的商业银行中，股份制商业银行的占比寥寥无几。

但是，随着我国经济体制改革的全面推进，民营企业进入服务行业、参与服务贸易的门槛正在逐年降低。尤其是随着互联网技术及电子商务技术的发展，广大中小企业参与服务贸易的优势正在被激活，一度成为我国参与全球服务贸易的重要力量。比如，以 BAT（百度、阿里、腾讯）、华为、小米、乐视等为代表的广大企业，依托自身的科学技术和商业模式创新，紧跟时代脉搏，实现了跨越式发展。腾讯和阿里也在 2017 年 6 月份，正式挤进全球市值前十大公司行列。

在"大众创业、万众创新"政策指引下，服务贸易进入门槛势必会进一

①　《对外贸易发展"十三五"规划》。
②　国家信息中心"一带一路"大数据中心等：《"一带一路"贸易合作大数据报告 2017》。

步降低，民营企业参与国际服务贸易政策桎梏业已被打破。可以预见，在不久的将来，我国服务贸易参与主体的民营化、小型化趋势将会逐步显现。出台服务贸易领域鼓励中小企业发展的相关政策与配套措施也势在必行。

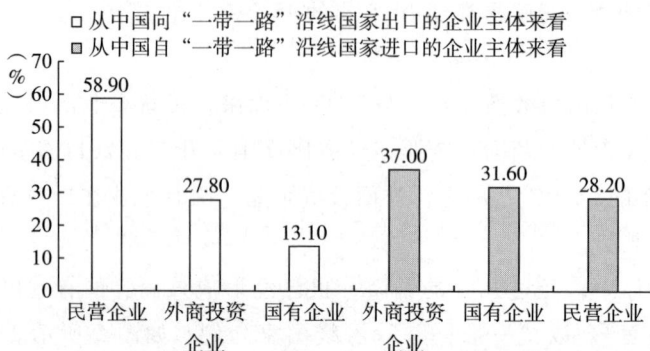

图5　民营企业参与"一带一路"沿线国家进出口情况

资料来源：作者根据《全景透视共建"一带一路"成绩单》（《湖北日报》2017年5月11日）相关新闻报道整理而得，http://ctdsb.cnhubei.com/html/hbrb/20170511/hbrb3107705.html。

四　构建我国服务贸易持续稳定发展的长效机制

（一）多管齐下扭转逆差扩大的趋势

一是有的放矢发展高附加值服务业。从主要服务贸易强国出口构成来看，以美国为例，据美国商务部经济分析局数据，2006年以来，美国服务业出口构成中，除旅游和运输外，顺差来源行业主要集中在金融服务、知识产权、计算机和信息服务等资本和技术密集型行业。而同为服务贸易强国的英国，其金融服务占比牢牢领先于其他行业，运输和旅游占比旗鼓相当，此外专利和许可证使用费所占比例也较高。再看与我国一衣带水的邻国日本，近年来，日本服务贸易出口中，虽然运输是其占比第一高行业，但从增长率看，专有权利使用费和特许费贸易一直在持续增长，同时，旅游和金融也是日本服务贸易顺差主要来源。

不难发现，在排除了地理区位、历史条件的影响后，服务贸易强国顺差来源行业主要集中在附加值较高的金融、技术研发等领域。而反观近些年我国服务贸易构成，运输、旅游等传统行业依然占据较强主导地位，占比多年接近60%。相比之下，金融服务、技术研发、信息、商务服务等行业虽然也实现了快速增长，但占比依然不高，高附加值服务业没有成为拉动我国服务贸易出口增长、缩小服务贸易逆差的有力抓手。

因此，发展高附加值服务业，集中精力在金融、知识产权、商务服务等领域发力攻坚，是遏制我国服务贸易逆差持续增大的首要之选。具体来说，一方面，要借鉴西方服务贸易强国历史经验，持续抓好运输、旅游、金融服务这三个行业。比如，借助上海、广州、香港在国际海运市场优越地理区位条件，大力发展国际货运，保持运输行业国际优势。同时，借助金融服务业开放契机，做好深港通、沪港通、伦港通等试点，给予上海、广东等自贸区更多金融开放政策，打造和美国纽约、英国伦敦、日本东京类似国际金融交易中心。值得一提的是，旅游服务虽然是我国的传统服务业，但近年来却是我国最大的服务贸易逆差行业，在通关便利和旅游签证方面出台更多便利化措施，吸引国外旅游者，值得决策层高度关注。另一方面，借助供给侧结构性改革契机，在服务行业启动一场声势浩大的供给侧改革也相当重要，比如，提高旅游服务业供给质量、规范国内旅游市场、逐步放开金融行业管制，以对内对外开放提升国内金融服务业国际竞争力、出台更多的产学研便利化措施，鼓励技术研发和成果转化、从法律层面保护知识产权，鼓励技术创新等。

二是稳步实施"制造业＋"战略。从世界范围内来看，制造业服务化已成为全球趋势，一些世界级制造业企业，如通用、飞利浦、IBM等纷纷通过业务转型和服务模式创新提升竞争力（刘斌等，2016）[4]。而实际上，随着需求的变化、经济全球化、竞争加剧和技术进步，产业之间的边界日渐模糊，以产业共生融合为特征的制造业服务化趋势逐渐显现（黄群慧、霍景东，2015）[5]。制造业通过服务化转型，增加产品中知识服务要素的密集度，可以带来产品种类增加，降低价值链各环节间的协调成本，提高利润，实现产业从低端向高端升级（周大鹏，2013）[6]。

我国在《中国制造2025》中曾明确指出，制造业服务化是制造业发展的本身逻辑。实际上，作为我国经济转型升级重要举措，制造业的服务化从一定程度上来说，其实质就是制造业的结构优化，也是我国提高全要素生产率，最终实现服务贸易顺差的路径选择之一。

具体来说，首先，要明确发展目标。增加绿色GDP核算考核，鼓励企业绿色生产，增加技术和人力要素投入。比如，可细化到知识产权和专利申请数量，在对中央企业和国有资本控股上市公司中，明确服务增加值的量化考核占比等。其次，是要完善政策扶持。对各类所有制企业一视同仁，在税收减免、创新资金奖励、高端人才与技术引进等方面出台更多实惠性措施。鼓励国内制造业企业和产业链相关服务环节融合对接。最后，是要加强监测评估。加强数据的监控，要逐步改善评估体系，改变过去政府既是规则的制定者，又是绩效评估者的局限，更多借助专业智库、独立的三方评估机构等，对重点企业的制造业服务化水平乃至全国范围内的发展现状进行评估，提出专业意见。

三是大力发展服务外包。服务外包和制造业的服务化，实质是一个硬币的两个面，两者既相互联系又相互区别，共同构成了在经济全球化过程中产业转型升级和提升服务贸易国际竞争力的两个维度。在全球化过程中，服务与制造业互相推动又独立发展，制造业全球化带动服务全球化、服务全球化引导制造全球化、制造业全球化与服务全球化互相推动（江小涓，2008）[7]。而在此过程中，服务外包正是我国参与国际分工和经济全球化的最主要方式。我国政府早在 2009 年，就提出了在全国范围内鼓励服务外包发展的意见与建议（国办函〔2009〕9 号），在一系列政策东风的扶持下，近年来，我国服务外包进入了飞速发展快车道。从 2016 年统计数据来看，我国承接离岸服务外包的执行金额为 4884.5 亿元，与 2011 年相比增加了 2.95 倍，6 年期间年均增长 24.2%。

但是，依然要看到，在服务外包领域，我国的低端锁定现象依然比较明显，在附加值较高的专业服务、管理咨询等行业，我国尚处于接包方的不利局面。欧美、日本等国家和地区是主要的发包方。在接包方中，目前，印度是全球最大的离案接包国，在服务外包市场，和我国的竞争非常激烈。因此，建议我国从三个方面推动服务外包发展，进而逐步解决逆差问题。其一，在宏观层面对服务外包企业税收减免、示范城市、园区建设、人才培养和引进等进行细化明确。其二，大力推动数字中国建设，提高全社会宽带普及率，借助现代化的移动互联网、云计算、大数据、物联网等与新技术，为承接国际服务外包奠定坚实的硬件基础。其三，是做好人才培养，不仅要做好国际性人才的培养，更要为高端服务业人才的引进创造条件，为海外优秀的专业人才回国创业创造更好的条件。

（二）持续夯实服务贸易发展的基石

一是高度重视服务业发展。服务业的发展是服务贸易得以进行的根本基础，大力发展服务业，是提升我国服务贸易国际竞争力，扭转服务贸易连续多年逆差的根源所在。近些年，我国服务业发展进步显著，但还存在着行业附加值率偏低，以劳动密集型服务业为主；传统服务业比重偏高；国内不同地理区域服务业发展水平差距较大；制造业服务化和生产性服务业发展水平偏低等问题。服务业整体发展水平和西方发达国家相比还有较大差距。发展服务贸易首要前提，是继续高度重视服务业发展，从加大政策扶持、吸引外资、培养人才、推进跨界融合等角度等做大服务业体量，鼓励制造业企业服务化、生产性服务业和高端服务业发展。持续夯实服务贸易发展根基，在量变中寻求提升服务贸易国际竞争力质的改变。

二是稳步推进服务业开放。我国制造业对外开放的成绩已经雄辩地说明，社会主义市场经济不是故步自封，竞争是优化资源配置，提升国际竞争力的重要推动力量。

在我国对外开放进程中，考虑到国家经济安全、部分行业发展水平和特殊行业属性等因素，我国服务业对外开放水平和西方发达国家相比还不够高。而根据我国加入 WTO 相关协定，2014 年 12 月结束，我国保护期相关权利即行终止。服务业全面深入开放成为摆在政策决策者面前不能再回避的重要问题。

近期，在服务业行业保护最为集中，国际服务贸易摩擦最为激烈的金融领域，央行和证监会主要负责人都提出了明确的扩大开放信号。下一步，就是要在综合权衡国家经济安全基础上，稳步推进银行、证券、保险、医疗、航运、旅游、软件、零售、支付、文化等行业的双向开放，通过加强国际合作、大力引进外资和鼓励国内企业"走出去"，明确具体的路径和时间表，进一步提升服务业对外开放水平，在开放中求发展。

三是引导空间与行业聚集。将服务业发展与国家区域发展战略相结合，在宏观、中观、微观三个层面逐步建立"点、线、面"三位一体的相互联系、互为依托的服务空间发展新格局。宏观层面，依托"一带一路"、京津冀协同发展和长江经济带建设三大战略，稳步推动自由贸易试验区及服务贸易创新发展试点城市建设，实现国家三大战略与服务业创新发展的无缝衔接及相关辐射区域全覆盖。中观层面，鼓励政策创新和人才引进，允许有条件的地区出台鼓励服务业创新发展政策，建设服务业集聚创新区，在环渤海、长江三角洲、粤港澳大湾区等区域，形成一批和北京中关村、广州科学城、深圳前海、美国硅谷等类似的区域特色鲜明、比较优势突出、带动作用明显的科技创新与技术研发基地，以此带动服务业转型升级。微观层面，鼓励广大服务业中小企业发展，建立现代服务业集聚区，同时推动服务业企业兼并重组，逐渐培育一批在国内外具有较强行业竞争力和话语权的龙头企业。

（三）确立"服务先行"对外贸易战略

一是将服务出口上升为国家战略。从对外贸易的发展历程来看，我国虽然早已制定了较为完善的对外贸易发展战略，但对服务出口的重视程度还不够。在服务贸易领域，缺乏一个全国性的纲领性发展规划。建议我国针对服务贸易逆差不断扩大的严峻形势，把发展服务贸易作为整个对外贸易的优先地位，制定"服务先行"战略，就服务贸易发展战略目标、基本方针、基本原则、重要任务、支撑保障等予以明确。全面提升全社会对服务贸易关注程度，完善各项机制、激活社会活力，给服务贸易大发展插上腾飞的翅膀。最终实现服务贸易与货物贸易的平衡发展。

二是鼓励扶持新兴业态出现。秉持开放包容心态，吸收借鉴国际市场具有较强服务贸易竞争力国家的发展经验，积极关注服务贸易领域的新变化，容忍并保护新业态发展，重点关注在电子计算机技术、手机等移动终端大发展基础上服务贸易呈现出的新特征、新苗头。一方面，加大对电子计算机技术的研发、投入和应用力度，鼓励国民经济各产业部门"互联网＋"和"手机＋"，积极探索基于互联网技术的商业模式创新，鼓励腾讯、阿里、华为等一批在国际市场具有一定竞争力的企业做大做强，到国际服务贸易市场参与竞争。另一方面，高度重视中小企业发展，鼓励基于互联网技术的创新创业，可在全国范围内设置一定额度服务贸易创新发展基金，发挥财政资金杠杆引领作用，鼓励风险投资基金和天使投资进入服务贸易领域，甚至在必要条件下，鼓励地方国资控股企业对服务业创投企业进行战略投资，扶持创新创业类企业发展。

三是做好合作交流平台搭建。根据"政府搭台、企业唱戏"原则，在京交会成功模式基础上，在服务贸易试点地区，定期组织开展全球范围的服务贸易交易博览会，创造一切条件为服务类企业"走出去"和外资企业"引进来"搭建好平台。同时，为服务业各类协会、商会的成立创造更好条件，充分发挥好行业协会在凝聚行业合力，和政府做好沟通协调，提供政策建议，维护行业利益方面的重要作用。鼓励各类性质行业协会的跨境交流与合作等。在相关产业园区、孵化器、加速器等方面，不光是制造业企业，也要给予服务业企业一定空间。以"大众创业 万众创新"为契机，鼓励个人参与服务贸易发展创新，把商业模式创新和技术创新结合起来，在每年的高新技术企业认定中，设置一定的服务业企业比例，既要培育一批具有国际竞争力的大型国有企业，也要鼓励中小企业做大做强和个人创新创业。不断创新政府服务模式，比如对于蓬勃兴起的数字贸易，可扶持壮大一批具有差异化竞争优势的区域或行业电商平台。尽可能做到鼓励服务贸易与财税金融政策协调同步，在服务类企业出口退税、金融机构贷款财政贴息等方面向服务类企业进行倾斜，对于优质服务类企业做到出口信用保险全覆盖，鼓励市场主体到国际市场参与竞争。

（四）争夺服务贸易国际规则话语权

一是在国际规则制定中贡献中国智慧。从全球范围内的三次全球化浪潮来看，基本上是西方国家的全球化和西方国家主导的全球化（胡鞍钢，2017）[8]，西方国家通过自己主导的全球化，设定符合自己利益需求的游戏规则，实现了全球范围内资源最优配置，吸收了大量的全球化利益。中国作为发展中国家，受一系列政治经济条件影响，在这一浩浩荡荡的全球化进程中，常常是全球游戏规则的被动接受者，在全球产业链（GVCs）分工中，低端锁定与被动接受非常明显。这也是我国服务贸易在全球贸易竞争中处于不利格局的重要原因。可以毫不夸张地说，一国是否具有服务贸易国际竞争力，在很大程度上与该国是否掌握国际规则制定的话语权有关，而国际规则的制定是一国参与全球经济治理的重要体现。

因此，发展服务贸易，解决贸易逆差的重要一环，就在于我国对全球服务贸易规则制定话语权的强弱。具体来说，就是要在坚持对内对外开放前提下，积极参与各类国际组织，团结发展中国家，了解世界动态、反映中国声音、贡献中国智慧。在加强国际服务贸易规则研究消化基础上，加强国际合作，以开放化坚冰，以合作促共赢。

二是扎实推进"一带一路"发展战略。从历史趋势来看，发达国家掌握国际游戏规则话语权，主要是通过世界贸易组织（WTO）、世界银行、IMF等各类国际经济贸易合作和金融机构来实现的。发达国家依托其强大的政治经济实力，对后加入的新兴市场国家施加影响，从而牢牢掌握着国际经济规则的话语权。因此，建立以自己为主导的国际组织，是掌握话语权的重要途径。我国正在如火如荼地稳步推进"丝绸之路经济带"和"21世纪海上丝绸之路"建设，与该倡议相配套的丝路基金和亚洲基础设施投资银行（Asian Infrastructure Investment Bank，AIIB）也已相应成立。截至2017年5月，参与我国倡议的"一带一路"沿线国家和地区已经达到了65个，涵盖了东亚、西亚、南亚、独联体、东盟、中东欧等众多国家和地区。而亚投行也已有77个正式成员国。为我国提高并逐步掌握服务贸易国际话语权奠定了良好的基础。因此，接下来，我国一个重要的战略就是，不断做大"一带一路"朋友圈，做实各项务实合作，促进沿线区域互联互通，推广"中国标准"的全球化，在经济融合、民心相通的潜移默化中逐步掌握国际规则的制定权。

三是不断拓展双边和多边贸易关系。从全球范围内服务贸易大国与强国发展战略来看，国际游戏规则的话语制定权一直是发达国家之间、发达国家与发展中国家之间争夺的焦点。以美国为首的西方发达国家本质上是想以本国服务贸易发展水平为标准，通过双边和多边贸易协定，为本国服务业打开其他国家市场做后盾。建议在争夺国际话语权过程中，我们要主动出击，一方面，稳步推进RECP等区域经济合作协定，同时，结合我国开放需要，与主要贸易伙伴国逐一签署相关自由贸易协定，不断增强我国对贸易伙伴国的经济吸引力，以应对西方国家的"围追堵截"。其次，通过与我国服务贸易主要出口国签署针对服务贸易双边协定，输出并不断巩固服务贸易中国标准。继而通过循序渐进的多边协议，提升服务贸易在广大发展中国家和新兴市场国家出口份额，最终在国际市场形成和西方发达国家主导话语体系分庭抗礼的格局，更好维护我国利益。

（五）实施更加灵活多元的规制措施

一是要加强规则的研究和预判。首要任务，是要立即完善国内服务贸易统计制度。建议在目前我国现行服务贸易统计体系基础上，参考主要国际组织和部分发达国家服务贸易统计方法，逐步完善服务贸易统计体系，实现统计数据国际接轨。如可参考部分发达国家和地区的做法，在服务贸易统计中，增加附属机构服务贸易（FATS）数据，以便更全面反映我国服务贸易概况。此外，还要重点参考国际货币基金组织和 WTO 口径，统筹协调国内涉及相关服务贸易统计机构，对目前不适应国际社会主流方法进行修正。及时根据国内行业发展变化和政策研究需要，逐步适时调整增加部分反映当今行业变化新指标，比如，尝试增加跨国公司等商业存在领域相关数据、制造业服务化增加值、数字贸易核算等。

其次，是加强国际规则发展趋势研判。最重要的是高度熟悉国际服务贸易主要规则和主要服务贸易强国与大国的服务贸易政策。以服务贸易自由化进程为例，服务贸易总协定（GATS）生效后，WTO 主导的服务贸易自由化谈判由于各方面意见分歧较大，已基本陷入停滞。而以美国为首的西方发达国家则在力推 TISA、TPP 和 TTIP，目前 TISA 已进入实质性准入谈判阶段，从美国立场来看，其最为关注的是市场准入、国民待遇、跨境数据流动、国有企业四个领域。而综合考虑我国服务发展水平，该领域都是我国开放难度大，尚处幼稚期的行业，一旦开放，势必将直接面临发达国家优势产业强势冲击。因此，在我国服务贸易发展过程中，一个重要的任务就是，及时掌握西方发达国家，尤其是服务贸易强国的行业发展动态、最新的贸易政策。必要情况下，要继续加强对服务贸易研究投入，鼓励科研院所、高校或企业，加大对国际规则研究，培育一批服务贸易领域专家型智库，不断增强研究实力，做到知己知彼，百战不殆。

二是以立法代替行政管制。在服务贸易领域国际争端中，由于我国服务业发展相对滞后，部分行业立法滞后或直接存在真空，不仅为西方国家起诉我国提供了口实，也与我国已加入国际组织部分要求不符，没有起到为服务贸易保驾护航的作用。

反观部分服务贸易强国，以美国为例，美国早在 1974 年，就颁布了专门针对服务贸易的《1974 年贸易法》，随后还颁布促进服务贸易发展的《1984 年贸易与关税法》《1992 年出口促进法》等一系列配套法律。除此之外，在各行业都制定了十分详细的法律法规，如《信息自由法》（1967）、《国际银行法》（1978）、《航运法》（1984）、《电信法》（1996）、《计算机软件保护法》、《版权法》等。针对服务贸易统一问题，颁布了《国际投资与服务贸易调查法》（1985）。甚至，还有针对家庭娱乐行业的立法，如《家庭娱乐和版权法》（2005）。

为顺应入世需要，我国在2001年10月后颁布了大量调整国际服务贸易关系的行政法规。如《旅行社管理条例》《国际海运条例》《外资保险公司管理条例》《外商投资道路运输业管理规定》《外商投资电信企业管理规定》等。截至目前，我国涉及服务领域的法律法规主要有《中华人民共和国对外贸易法》（1994年生效）《商业银行法》《保险法》《海商法》《广告法》《民用航空法》《注册会计师法》《律师法》《外资金融机构管理条例》《计算机软件保护条例》等。

但是，和西方服务贸易强国相比，我国服务贸易立法仍然相对滞后，一旦涉及贸易争端，不少行业将面临无法可依的尴尬境地，部分行业也只能用行政管理条例来镶套。因此，建议我国针对目前服务贸易现状，起草设立一部服务贸易发展的根本性法律，同时，加快立法进度，将各行业管理条例上升到法律层面，进一步通过立法明确内外资准入、外商监管、争端解决等机制。最终形成管理有序、层次分明的服务贸易法律体系。

三是贸易规则的管理创新。首先是旗帜鲜明反对贸易保护，高举服务贸易自由化大旗，深入推进对内对外双向开放战略。对内，鼓励支持民间资本进入服务业领域，充分发挥民间资本的鲶鱼效应，激发服务贸易领域市场活力；对外，在逆全球化思潮反扑背景下，坚持对外开放基本国策不动摇，继续加强吸引外资力度，加大对国外先进科学技术、人才等生产要素的吸收引进力度，以开放促发展。把"引进来"与"走出去"相结合，通过平台搭建、政策扶持、市场主体培育等，逐步扭转我国服务贸易逆差持续扩大趋势，最终实现服务贸易与货物贸易平衡发展。

其次，是管理方式统筹集中。以美国为例，美国服务贸易管理以商务部为核心，相关的五个主要管理机构为：贸易促进与对外商务服务司、制造业与服务业司、市场准入与条约执行司、经济分析局和普查局。此外，美国还有隶属于国会的美国国际贸易委员会、直接服务于美国总统的美国贸易代表办公室及跨部门的协调机构美国国家经济委员会（赵瑾，2015）[9]。可以说，美国服务贸易的管理部门可谓非常强大。

而反观我国的服务贸易管理机制，统筹协调部门主要是商务部服务贸易和商贸服务业司，日常管理推动职能分布在各省市商务厅，其他政府相关招商部门也有涉及，统计职能则分布在国家统计局。这一管理体制带来的主要问题是，职责分散化和非专业化，在目前行政体制下，商务部的一个内设司局单位统筹协调能力仍然有限。因此，建议我国在全国范围内，设立更高层次的服务贸易统筹协调管理部门，如可在国务院建立跨部门统筹协调小组，适时组织召开促进服务贸易发展部际联席会议，形成自上而下强大推力，以此促进服务贸易快速发展。

参考文献

［1］戴翔：《中国服务贸易出口技术复杂度变迁及国际比较》，《中国软科学》2012年第2期。

［2］程大中、郑乐凯、魏如青：《全球价值链视角下的中国服务贸易竞争力再评估》，《世界经济研究》2017年第5期。

［3］夏杰长、姚战琪、齐飞：《中国服务贸易竞争力的理论与实证研究》，《中国社会科学院研究生院学报》2014年第5期。

［4］刘斌、魏倩、吕越：《制造业服务化与价值链升级》，《经济研究》2016年第3期。

［5］黄群慧、霍景东：《产业融合与制造业服务化：基于一体化解决方案的多案例研究》，《财贸经济》2015年第2期。

［6］周大鹏：《制造业服务化对产业转型升级的影响》，《世界经济研究》2013年第9期。

［7］江小涓：《服务全球化的发展趋势和理论分析》，《经济研究》2008年第2期。

［8］胡鞍钢著《中国进入世界舞台中心》，浙江人民出版社，2017，第5～12页。

［9］赵瑾等著《国际服务贸易政策研究》，中国社会科学出版社，2015，第99～104页。

我国基本公共服务均等化供给：
理论模型、指数测度和实现机制[*]

曾世宏　杨　鹏　李晨蕾[**]

摘　要　缩小公共服务供给缺口是经济新常态下供给侧结构性改革的重要内容，基本公共服务的均等化提供有利于缩小公共服务供给缺口。本文构建了基本公共服务均等化供给的理论模型与基本公共服务均等化供给指数，测度了我国 2005～2015 年教育、医疗卫生与社会保障领域基本公共服务均等化供给程度，用我国地区面板数据实证检验了基本公共服务均等化供给的影响因素，发现近 10 年我国基本公共服务均等化提供并没有得到显著改善，城市化进程没有提高基本公共服务供给的均等化程度，人口结构、城乡差距、政府公共服务财政支出效率仍然是影响基本公共服务均等化提供的主要因素。因此，公共服务领域的供给侧结构性改革关键在于增强我国城镇化的公共服务匹配能力，缩小城乡公共服务消费差距，提高政府公共服务财政支出效率。

关键词　公共服务　公共服务均等化　供给侧结构性改革

---

* 2016 国家社会科学基金一般项目 "'互联网＋'背景下分享经济促进公共服务消费升级的机制研究"（项目编号：16BJY130）。

** 曾世宏，湖南科技大学商学院副教授，湖南创新发展研究院副院长，经济学博士，中国社会科学院财经战略研究院应用经济学在站博士后，主要研究方向为服务经济与创新发展；杨鹏，湖南科技大学商学院硕士生，主要研究方向为服务经济与服务创新；李晨蕾，中南财经政法大学财政税务学院硕士生，主要研究方向为财政预算。

一 引言

瓦格纳（Wagner，1965）从财政支出的视角最早提出"公共服务"概念，认为国家财政是提供公共产品和公共服务需要支付的货币。公共服务具有非排他性和非竞争性，单纯依靠市场机制供给公共服务必然导致效率缺乏，政府必须成为公共服务的供给主体（Samuelson，1996）[1]。政府的政治程序和组织结构在很大程度上决定了公共服务的供给质量和供给效率（Sell，1985）[2]。基本公共服务满足的是普通社会群体共同的基本消费需求，需要政府通过各种手段来实现基本公共服务供给的效率与公平（Doel，1999）[4]。

国内外学者基于不同视角对基本公共服务均等化供给及其影响因素进行了研究。江明融（2006）认为基本公共服务均等化是对基本公共服务供给中公平与效率的权衡，包含地区间财力均衡配置[4]。常修泽（2007）从政府职能与市场力量作用对比中将基本公共服务均等化提升到制度安排的高度，认为它是弥补市场失灵的重要手段[5]。王谦（2008）从农民现实需求出发认为基本公共服务均等化需要加强农业基础设施等公共服务的供给[6]。Steven（2009）用问卷调查形式研究了基本公共服务的构成要件[7]。胡祖才（2010）认为基本公共服务均等化不是简单的平均化，而是机会均等和效果均等[8]。王宏利（2011）认为基本公共服务均等化在于政府对于不同社会阶层实行相同的行政管理制度，目的在于平等解决社会成员在基本生存层面的问题[9]。

吕炜和王伟同（2008）着重强调了政府责任缺失的严重影响，认为政府在基本公共服务领域应承担更多责任[10]。Gebremeskel（2010）发现人口外流对公共服务支出具有显著影响[11]。张国富（2011）认为城乡二元结构是影响公共服务均等化供给的主要因素[12]。王谦（2011）认为改变城乡二元制度，实现基本公共服务均等化的当务之急是要改革户籍制度[13]。张开云（2011）提出制度障碍及其路径依赖性是造成当前我国基本公共服务非均等化的根源[14]。刘成奎（2014）分析了财政分权、地方政府城市偏向对基本公共服务均等化的影响[15]。李平（2014）发现财政支出比例的提高并没有提高公共服务均等化程度，反而由于财政政策的城市偏向原则造成基本公共服务差距扩大[16]。赵宝廷（2014）提出政府要引导财政支出向民生财政倾斜[17]。孔凡文等（2015）认为我国城乡基本公共服务供给是不均等的，其中目前最需要加强的依次是乡村基础设施建设、乡村基本公共教育和乡村医疗卫生发展[18]。乔艳华等（2015）用案例研究发现不同地区政府行政能力对公共服务均等化程度有着很大的影响[19]。Ayansina（2015）认为消费者对公共服务的需求有上升趋势，国家需要提供能满足与人口相匹配的公共服务，公共服务的覆盖层次需要政府干预来扩大[20]。Daniela（2016）认为在商业化和信息化时代公共服务均等化提供受到监管体系、消费者期望与基础设施需求的影响[21]。

基本公共服务的均等化供给对促进经济增长和实现收入公平分配具有重要意义。Singh（2010）从长期均衡和短期均衡两个角度研究了印度公共服务部门和GDP增长的关系，发现稳定的公共服务均等化程度有助于工业和农业的经济增长[22]。Yoshida和Masatosh（2011）通过运用公共服务供给的垄断竞争两部门模型揭示了政府的公共服务支出对国民收入增长有显著促进作用[23]。

我国经济社会发展面临公共服务需求快速增长与供给相对不足的矛盾。教育、医疗、养老等领域公共服务的供给总量不足与分布不均。促进公共服务供给均等化是提高公共服务供给质量和效率，助力中国经济实现转型升级的重要引擎。"十三五"规划明确要求增加公共服务供给，增强政府职责，提高公共服务供给能力和共享水平，并强调要创新公共服务提供方式，能由政府购买公共服务提供的，政府不再直接承办；能由政府和社会资本合作提供的，则广泛吸引社会资本积极参与，其实质就是要让政府和市场各尽其责，各展所长，良性互动，在公共服务供给侧结构性改革中实现双到位。

供给侧结构性改革的本质是用改革的办法推进结构调整，矫正要素配置扭曲，扩大有效供给，提高供给结构对需求变化的适应性和灵活性，提高全要素生产率，更好满足人口总量和人口结构空间分布变化的需要，促进经济社会持续健康发展，其重点是去产能、去库存、去杠杆、降成本、补短板。基本公共服务供给缺口是我国目前形势严峻的一块短板。实现基本公共服务均等化供给有利于供给侧结构性改革的落实。现阶段地区和城乡差距主要反映在医疗卫生、义务教育、养老托幼、社会保障等基本公共服务资源配置扭曲。推进供给侧结构性改革，促进基本公共服务资源均等化配置，是适应我国经济社会发展新常态的新思路。

本文的主要创新之处在于继承已有文献研究成果基础上，创新性地构建了基本公共服务均等化供给的实现机制模型与测度指标，并基于2005～2014年的省级面板数据，运用面板计量模型对我国教育、医疗、卫生与社会保障领域基本公共服务均等化供给的主要影响因素进行了实证检验，并从供给侧结构性改革的视角提出了实现基本公共服务均等化供给的具体对策建议。

二　理论模型与检验假说

假定消费者选择行为符合预算约束的效用函数，将私人消费商品 x 的价格标准化为1，并且所有居民依法享有均等的公共服务消费水平。我们用 z 表示个人的公共服务消费量，价格为 p_z，Z 为社会公共服务消费总量。用 y_m 表示人均收入，t_i 表示税收份额，T 表示总税收。那么，个人的效用函数可以表示为：

$$U\ (x,\ z) \tag{1}$$

他的预算约束函数为：

$$y_m = x + t_i b_m \tag{2}$$

其中，b_m 代表税基，个人的需求函数也同样受制于政府预算，即：

$$uZ = G + tB \tag{3}$$

上式中，$t \cdot B$ 代表总税收，G 代表政府间的财政转移，u 为影响公共服务消费的城镇化参数，u 越大，即城镇化水平越高，说明要求提供的公共服务消费量也越大。把公式（3）变形，可得：

$$t = \frac{uZ - G}{B} \tag{4}$$

由于公共服务的消费质量还取决于公共服务提供的均等化程度 γ 以及人口总规模 N，或者城市人口密度。根据 Bocherding 和 Deacon（1972）的理论[24]，把公共服务消费的拥挤函数进一步可以改写成：

$$Z = N^{\gamma} z \tag{5}$$

其中，γ 代表公共服务提供的均等化指数，如果它的值为 0，意味着公共服务完全均等化提供，如果 γ 介于 0 到 1，意味着公共服务提供较为均等，如果 γ 大于 1，意味着地区公共服务提供越不均等。

整理上述公式（3）和（5）得：

$$ya = ym + g \ (bm/b) \ = x + \ (bm/b) \ uN^{\gamma-1} z \tag{6}$$

其中，y_a 为加入了政府转移支付的人均可支配收入，$g = G/N$，$b = B/N$，B 为总税基。（6）式的含义为包括政府间财政转移支付在内的居民人均可支配收入全部用来购买私人消费品和公共服务 $(bm/b) \ uN^{\gamma-1} z$，把（6）式变形，可得：

$$x = ym + \ (bm/b) \ [g - uN^{\gamma-1} z] \tag{7}$$

将（7）代入消费者效用最大化函数（1），可得：

$$Max \ U = U\{(ym + \ (bm/b) \ [g - uN^{\gamma-1} z]), \ z\} \tag{8}$$

对（8）式求最优化解，可以得到居民公共服务的消费需求函数，即：

$$z = z \ [ya, \ bm/b, \ N] \tag{9}$$

我们把公共服务的税收价格定义为居民购买公共服务的边际成本，也就是居民人均可支配收入对公共服务消费量求偏导，即：

$$\frac{\partial y_a}{\partial z} = p = \ (bm/b) \ uN^{\gamma-1} \tag{10}$$

假定每个消费者知道他的税收价格，并可以决定他能够享受的公共服务的消费量。依据（9）式给出的居民公共服务消费需求函数，并且加入具有固定的价格和收入需求弹性 β_1 和 β_2，则居民公共服务的消费需求函数可以写成：

$$z = \alpha p^{\beta_1} y_a^{\beta_2} \tag{11}$$

其中，α 为政府提供公共服务的效率，将（10）式代入（11）式，居民公共服务的消费需求函数进一步可变为：

$$z = \alpha \ [\ (bm/b) \ uN^{\gamma-1}]^{\beta_1} ya^{\beta_2} \tag{12}$$

把（12）式代入（5）式得到：

$$Z = zN^{\gamma} = \alpha \ \left[\ (bm/b) \ uN^{\gamma-1} \right]^{\beta 1} ya^{\beta 2} N^{\gamma} \tag{13}$$

对公式（13）进一步变形，我们可以得到一个关于公共服务消费均等化提供的函数关系式，即：

$$\gamma = \frac{1}{(\alpha+\beta_1) \ \ln N} \left[\ln E - \ln\alpha + \ (1+\beta_1) \ (\ln N - \ln t - \ln u) \ -\beta_2 \ln y_a \right] \tag{14}$$

由（14）式可得：

$$\frac{\partial\gamma}{\partial N} > 0, \ \frac{\partial\gamma}{\partial t} < 0, \ \frac{\partial\gamma}{\partial u} < 0, \ \frac{\partial\gamma}{\partial\alpha} < 0, \ \frac{\partial\gamma}{\partial y_a} < 0 \tag{15}$$

（15）式表明，人口规模越大，公共服务均等化提供的难度越大，公共服务均等化指数也越大；税收份额越大，政府提供公共服务的能力越强，公共服务均等化提供的可能性越大，公共服务均等化指数就越小；政府提供公共服务的效率越高，公共服务均等化提供的可能性就越大，公共服务均等化指数就越小；城市化率越高，说明公共服务均等化提供的可能性越大，公共服务均等化提供指数也就越小；人均可支配收入越高，公共服务均等化提供的可能性就越大，公共服务均等化指数就越小。

检验假说：基本公共服务提供的均等化程度与地区人口规模和人口结构呈负相关关系、与地区税收份额、政府公共服务供给效率、城镇化水平、地区经济发展水平呈正相关关系。

主要推论：根据公共服务均等化指数与公共服务提供均等化程度的关系，进一步得到公共服务均等化指数与地区人口规模和人口结构呈正相关、与地区税收份额、政府公共服务供给效率、城镇化水平、地区经济发展水平呈负相关。

三 指数测度及变化趋势

（一）基本公共服务均等化指数构建

从国内外基本公共服务均等化的研究和实践来看，基本公共服务均等化是一个复杂的过程，涉及各个方面，影响的范围也较广。而实现基本公共服务均等化本身是一个循序渐进的过程，不同阶段侧重的点和需要解决的问题都有可能不同。基本公共服务均等化很难直接度量，通常用地区间财政支出均等化程度表示基本公共服务均等化程度。基本公共服务均等化更接近于政府财力均等化的概念，因为各个地区居民所享受的公共产品主要由两部分构成：一部分是由中央政府提供的全国性公共产品，从理论上讲地域差别不大；另一部分是各个地方政府提供的地方性公共产品，其供给水平由地方政府的财力决定。各地区政府财政能力的差异是导致不同地区基本公共服务水平不均等的重要原因之一。

基本公共服务均等化是指政府在不同时期按照同一标准为社会公众提供基本的、大致均等的基本公共服务。本文采用基本公共服务均等化指数来测度我国基本公共服务均等化供给水平，由公式（16）给出。测度所用原始数据来源于《中国统计年鉴》和《中国城市统计年鉴》。

$$Index_{i,j,t} = 1 - \left[\left(\frac{x_{i,j,t} - u_{i,t}}{\sigma_{i,t}} \right) \Big/ \max\left(\frac{x_{i,j,t} - u_{i,t}}{\sigma_{i,t}} \right) \right] \tag{16}$$

（16）式中，i，j，t分别代表指数类别、地区和时间，$x_{i,j,t}$代表不同时期和不同地区，第i类基本公共服务扣除价格因素后的实际值，$u_{i,t}$是第i类公共服务在时期t的平均值，$\sigma_{i,t}$是第i类公共服务在时期t的标准差。（16）式的数学含义是先对某一时期某类公共服务的实际值进行标准化后，除以该标准化值的最大数，得到j地区在t时期的第i类公共服务中的相对位置。由于标准化后的相对值存在负值，但其绝对数小于1。所以，用1减去标准化后的相对值，得到正的基本公共服务均等化供给指数。不难看出，该指数值越小，说明该地区基本公共服务供给的均等化程度越高，指数越大，说明该地区基本公共服务供给的均等化程度越低。$0 < Index_{i,j,t} < 1$，说明基本公共服务供给相对均等，$Index_{i,j,t} > 1$说明基本公共服务供给不均等。由经验可知，基本公共服务供给均等化程度越高的地区，基本公共服务供给的缺口也相应越小。因此，我们也可以用该指数来测度基本公共服务供给的相对缺口程度。

（二）基本公共服务均等化指数变化趋势

1. 人均教育支出均等化指数变化趋势

对31个省级行政区域同年的人均教育支出均等化指数取均值，可以得到如下 2005～2014 年的教育基本公共服务供给均等化指数变化趋势图。

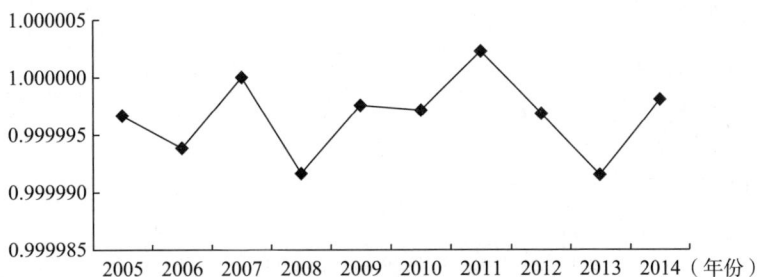

图1　人均教育支出均等化指数变化趋势

总体来看，我国义务教育均等化指数在区间（0，1］之间波动，从变化趋势来看，2005～2008 年的教育均等化指数值呈下降趋势，2008～2011年教育均等化指数值呈上升趋势，并达到峰值，2011～2013 年教育均等化指数值呈下降趋势，2013～2014 年教育均等化指数值又呈上升趋势，说明我国教育基本公共服务供给的均等化程度并不稳定，教育基本公共服务供给的均等化程度还不很高。

2. 人均医疗卫生支出均等化指数变化趋势

对 31 个省级行政区域同年人均医疗卫生支出均等化指数取均值，可以得到如下 2005～2014 年的医疗卫生基本公共服务供给均等化指数变化趋势图。

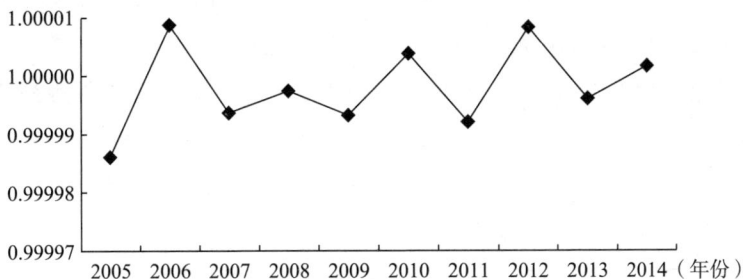

图2　人均医疗卫生支出均等化指数变化趋势

总体上看，地区医疗卫生基本公共服务均等化指数距离完全均等值 0 较远，多个年份的指数值超过 1，且下降趋势并不明显，这说明我国的医疗卫生基本公共服务供给的均等化程度并没有得到根本的改善。

3. 人均社会保障与就业支出均等化指数

对 31 个省级行政区域同年人均社会保障与就业支出均等化指数取均值，

可以得到如下 2005～2014 年的人均社会保障与就业支出指数变化趋势图。

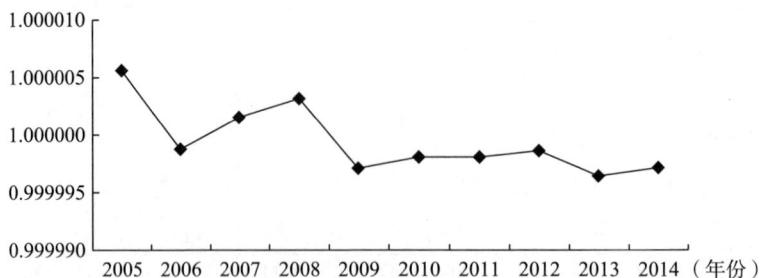

图3　人均社会保障与就业支出均等化指数变化趋势

总体来看，我国 2005～2014 年的人均社会保障与就业均等化指数大多数年份在 1 以下，波动幅度不大，且呈下降趋势，这说明了相对于教育、医疗卫生等基本公共服务，我国社会保障与就业基本公共服务供给的均等化程度相对较高，区域之间的差异也呈现缩小趋势。

四　基本公共服务均等化供给实现机制的实证检验

（一）变量选择与数据来源

由上文的数理模型推导可知，基本公共服务均等化供给的影响因素有很多，包括地区年末总人口（pyer）、地区税收份额（ts）、城镇化水平（urbn）、政府效率（gove）、人均可支配收入（pcdi）、城乡消费差距（urcr）等。将影响因素进一步表示为函数关系为：$index_{i,j,t} = f(urbn_{i,j,t}, pyer_{i,j,t}, ts_{i,j,t}, gove_{i,j,t}, pcdi_{i,j,t}, urcr_{i,j,t} \cdots)$。下文重点检验教育与医疗卫生等基本公共服务供给均等化实现的主要影响因素。

人口因素。人口规模与人口结构对基本公共服务均等化供给的影响主要表现在地区人口规模越大，抚养比越高对教育、医疗卫生等基本公共服务的需求越高，在政府财力约束下，基本公共服务均等化供给的难度增加。本文采取地区年末中小学在校人数（snce）作为解释变量来测度影响义务教育基本公共服务均等化供给的人口规模因素，以地区年末总人口数（pyer）和地区医院床位数（tnhb）分别作为解释变量和控制变量来测度影响医疗卫生基本公共服务均等化供给的人口规模因素，以总抚养比（gdrp）作为解释变量来测度影响基本功服务均等化供给的人口结构因素。

税收份额（ts）。税收份额指各地区的税收收入占全国税收总额的比重，该指标反映了税收收入的差异，也反映了地方政府财政购买基本公共服务能力的差异。在现有中央和地方政府财政分权体制下，地方政府财政购买能力决定了地区基本公共服务均等化提供能力。因此，我们把地区税收份额作为影响基本公共服务均等化提供程度的重要解释变量。

城镇化率（urbn）。发达国家的经验表明，城市化进程与基本公共服务提供的均等化程度呈正相关。西方学者用"用脚投票"模型解释城市化进程促进基本公共服务均等化供给的内在机制。如果人口能够自由流动，选民会迁移到基本公共服务供给比较完善的地方居住，政府官员为了获得更多的政治选票，必定会增加本地的基本公共服务供给，因此，基本公共服务均等化供给是政治场均衡的内在结果。随着中国户籍和城市管理制度改革进程的加快，选择城市生活和居住将是一个不会逆转的进程。探索符合中国国情的城市化模式和城镇化道路是进一步缩小城乡差距，实现全面小康的必然举措。因此，基本公共服务均等化供给也是中国城镇化进程的内在要求。国内学者用人口城镇化和土地城镇化来测度我国城镇化水平得出土地城镇化进程快于人口城镇化进程。国际学者通常用城市常住人口占年末总人口的比重作为测度城镇化率的指标，鉴于本文研究的需要，我们采用国际学者通常使用的测度指标。

政府效率（gove）。政府效率是指政府从事公共管理过程中以较低的成本、较少的资源实现政府最优产出，达到预定行政目标（如提供公共服务等）的水平和能力。如何将财政收入转化成有效的财政支出，为所有居民提供较为均等的公共服务，补齐短板，这是政府首要思考的问题。假定高效率的政府能在既定的财政收入约束下用公共财政支出提供相对均等化的基本公共服务。本文采用人均财政支出来衡量政府效率，包括地方政府的人均教育财政支出（pefe）、医疗卫生财政支出（pemh）和社会保障与就业财政支出（pese），作为一个重要解释变量来测度影响基本公共服务均等化供给程度。

人均可支配收入（pcdi）。人均可支配收入可以衡量一个地区居民的总体富裕程度。国际经验表明，地区富裕程度与地区基本公共服务均等化程度是显著正相关的，其内在的机制是人均可支配收入水平越高，说明其消费需求水平和服务消费能力也就越高，只有当基本公共服务的消费需求得到满足以后，才有可能去追求更高层次的服务消费需求。本文采用人均可支配收入作为一个解释变量来衡量其对公共服务均等化的影响。

城乡消费差距（urcr）。实现基本公共服务均等化提供是缩小城乡差距的内在要求。城乡差距主要表现在城乡基础设施等公共产品提供和基本公共服务消费的差距。如果政府实现了基本公共服务的均等化提供，或者城乡基础设施等公共产品和公共服务的均等化程度较高，那么城乡差距会进一步缩小，表现在消费领域就是城乡居民对基本公共服务和商品的消费差距就会进一步缩小。所以，城乡消费差距能够作为解释变量来测度基本公共服务均等化提供程度的重要指标。

地区属性（apdv）。公共服务的提供和改善需要大量的制度建设和人力、物力和财力的连续投入，一个地区公共服务的基础设施是多年投入积累的结果。由于地理条件和历史原因，地区间的公共服务基础条件存在很大差异，就某个节点而言，各省市推进公共服务均等化的起点并不在同一起跑线上，而且由于人口分布、自然地理等因素，各地区提供公共服务的单位成本也不一致。在我国全面推进基本公共服务均等化的过程中，地区属性是影响基本公共服务均等化供给的重要因素。按《中国统计年鉴》的行政区为划分，将我国分为东、西、中、东北4个地区，我们引入地区虚拟变量，用1、2、3、4分别代表东部地区、中部地区、西部地区与东北地区。

最后说明的是，上述凡是属于名义变量值，都用当年地区的价格指数和各类产品或服务的消费价格指数经过调整，消除了价格因素的影响。所有指标的原始数据均来自历年的《中国统计年鉴》。综上所述，本文涉及的所有解释变量和被解释变量用表1加以总结。

表1　主要变量及其含义

变量	描述
人均义务教育基本公共服务均等化供给指数（EIEEP）	被解释变量，测度教育基本公共服务均等化供给程度，指数值越小，表示均等化程度越高
人均医疗卫生基本公共服务均等化供给指数（EIMHE）	被解释变量，测度医疗与卫生基本公共服务均等化供给程度，指数值越小，表示均等化程度越高
人均社会保障与就业基本公共服务均等化供给指数（EISEE）	被解释变量，测度社会保障与就业基本公共服务均等化供给程度，指数值越小，表示均等化程度越高
城镇化率（urbn）	解释变量，影响基本公共服务均等化供给的发展因素

变量	描述
人均可支配收入（pcdi）	解释变量，影响基本公共服务均等化供给的收入因素
义务教育在校学生人数（snce）	解释变量，衡量影响教育公共服务供给的人口因素
税收份额（ts）	解释变量，表示为各省税收收入占全国税收总收入的百分比，衡量地区基本公共服务均等化供给能力
城乡消费差距（urcr）	解释变量 反映城乡发展差距与公共服务消费差距
人均教育财政支出（pefe）	解释变量，衡量教育公共服务支出的政府效率
人均医疗卫生财政支出（pemh） 人均社会保障与就业财政支出（pese）	解释变量，衡量医疗卫生公共服务支出的政府效率 解释变量，衡量社会保障与就业支出的政府效率
年末人口（pyer）	解释变量，衡量影响医疗卫生公共服务供给的人口因素
地区医院床位数（tnhb）	解释变量，衡量影响医疗卫生公共服务供给的条件因素
总抚养比（gdrp）	解释变量，衡量影响基本公共服务供给的地区人口结构

（二）变量的描述性统计

表 2　变量的描述性统计

变量	均值			标准差	最大值	最小值	观测值
EIEEP	0.972		所有	0.347	1.44	0	310
			组间	0.326	1.26	0.65	31
			组内	0.132	1.37	0.33	10
EIMHE	0.999		所有	0.299	1.34	0	310
			组间	0.292	1.25	0.03	31
			组内	0.083	1.51	0.66	10
EISEE	0.999		所有	0.313	1.53	0	310
			组间	0.292	1.3	0.264	31
			组内	0.123	1.49	0.355	10
urbn	50.31		所有	14.832	89.6	31.13	310
			组间	14.585	89.08	23.11	31
			组内	3.667	57.92	42.15	10
pcdi	18106.41		所有	7476.925	48841.4	7990.15	310
			组间	4699.694	31939.8	13829.43	31
			组内	5858.858	36800.25	4611.635	10

续表

变量	均值			标准差	最大值	最小值	观测值
snce	4956339		所有	3613443	78823	1.56E + 07	310
			组间	3628212	439553.7	1.50E + 07	31
			组内	525800	3278277	6654714	10
ts	3.226		所有	2.858	12.55	0.06	310
			组间	2.882	11.602	0.098	31
			组内	0.323	5.044	1.834	10
urcr	3.01		所有	0.656	5.9	1.5	310
			组间	0.549	4.15	2.1	31
			组内	0.371	4.81	1.66	10
pefe	1049.49		所有	693.902	4348.31	168.33	310
			组间	417.257	2163.25	673.038	31
			组内	558.988	3270.97	− 358.981	10
pemh	413.64		所有	282.6	1495.41	65.35	310
			组间	163.459	947.593	273.463	31
			组内	232.216	1074.525	− 171.671	10
pyer	4270.445		所有	2698.87	10724	277	310
			组间	2734.46	10003.7	296.1	31
			组内	156.31	4990.745	3460.75	10 −
tnhb	153082.6		所有	101723	500631	6750	310
			组间	93407.5	371428.5	8794.9	31
			组内	43321.5	308766	29228.13	10
gdrp	36.181		所有	6.985	57.58	19.27	310
			组间	6.553	50.82	23.83	31
			组内	2.666	45.23	30.31	10

资料来源：根据《中国统计年鉴》原始数据计算得到，由于部分变量 2016 年未统计，因此数据截至为 2015 年。

从表 2 可以看出，该数据为平衡面板数据，截面数为 31，跨期为 10，属于短面板。被解释变量中，人均教育支出均等化指数均值为 0.972，说明教育基本公共均等化供给程度相对不高，而人均教育支出均等化指数的组间标准差大于组内标准差，说明人均教育支出均等化程度地区间差距大于区域内 10 年变化的差距。人均医疗卫生和人均社会保障与就业均等化指数均值都为 0.999，接近于 1，说明医疗卫生和社会保障与就业基本公共服务均等化供给程度不高，且两者的均等化指数，都呈现出组间标准差大于组内标准差，说明人均医疗卫生支出和人均社会保障与就业支出均等化供给主要表现为地区差距。

主要的解释变量中，我国各省城镇化率均值为 50.31%，意味着我国城镇化率较高，但是区域间的城镇化水平差距较大。人均可支配收入组内标准差大于组间标准差，说明区域内人均可支配收入增长相对较快，而省际人均可支配收入差距相对缩小。城乡消费差距组间标准差大于组内标准差，说明省际的城乡消费差距加大。人均教育支出和人均医疗卫生支出的组内标准差均大于组间标准差，说明区域内人均教育支出和人均医疗支出增长相对较快，而省际人均教育支出和人均医疗支出相对缩小。

（三）计量模型设定与检验方法

考虑到本文是从义务教育、医疗卫生和社会保障与就业三个方面来分析我国基本公共服务未能实现均等化的原因，我们需要建立一般的面板计量模型

$$eieep = \partial_0 + \partial_1 \ln (urbn)_{it} + \partial_2 \ln (pcdi)_{it} + \partial_3 \ln (snce)_{it} + \partial_4 \ln (pefe)_{it}$$
$$+ \partial_5 urcr_{it} + \partial_6 ts_{it} + \partial_7 \ln (gdr)_{it} + \lambda_{it} \quad (1)$$

$$eisee = \beta_0 + \beta_1 \ln (urbn)_{it} + \beta_2 \ln (pcdi)_{it} + \beta_3 \ln (pese)_{it} + + \beta_4 urcr_{it}$$
$$+ \beta_5 ts_{it} + \beta_6 \ln (gdr)_{it} + \delta_{it} \quad (2)$$

$$eihme = \gamma_0 + \gamma_1 \ln (urbn)_{it} + \gamma_2 \ln (pcdi)_{it} + \gamma_3 \ln (pemh)_{it} + + \gamma_4 urcr_{it}$$
$$+ \gamma_5 ts_{it} + \gamma_6 \ln (gdr)_{it} + \gamma_7 \ln (thnb)_{it} + u_{it} \quad (3)$$

其中，∂_i、β_i 和 γ_i 为（1）（2）（3）三个模型中各解释变量的系数，三个模型分别以人均教育支出、人均医疗卫生与人均社会保障和就业支出的均等化指数作为被解释变量，城市化率、居民人均收入、义务教育在校学生数、人均义务教育、医疗卫生、社会保障和就业公共财政支出、城乡消费差距和总抚养比作为主要解释变量建立面板模型。

本文首先利用 Hausman 检验对模型进行了固定效应和随机效应的判断；然后由于模型存在多个变量，我们进行了单个变量逐个引进后回归分析；最后我们对模型进行了稳定性检验和内生性检验。

（四）回归结果与分析

在上述三个回归方程中，我们并不能排除误差项与解释变量之间的内生性问题。但如果这些我们无法观测到的因素不随时间变化，那么这个面板数据的固定效应将会是一致的。表3依次做了三个模型的固定效应和随机效应模型的六个回归分析，根据实证研究结果，进行 Hausman 检验，以确定是使用具有随机效应的面板模型还是固定效应的面板模型，经豪斯曼检验，强烈拒绝原假设，认为应该使用固定效应模型。

表3 基本公共服务均等化提供影响因素的回归结果

解释变量	EIEEP		EISEE		EIHME	
	（1）	（2）	（3）	（4）	（5）	（6）
	FE	RE	FE	RE	FE	RE
Ln（urbn）	0.156 （0.77）	0.155 （1.86）	0.341* （2.06）	−0.240** （−3.28）	−0.18 （−1.07）	0.00487 （0.07）
Ln（pcdi）	0.453*** （4.05）	0.337*** （3.66）	0.638*** （9.4）	0.781*** （17.44）	0.245*** （3.73）	0.322*** （4.96）
Ln（snce）	0.0895 （1.76）	0.281*** （14.12）				
Ln（pefe）	−0.297*** （−4.72）	−0.240*** （−5.00）				
Ln（pemh）					−0.145*** （−3.83）	−0.228*** （−8.07）
Ln（pese）			−0.499*** （−11.49）	−0.537*** （−19.66）		
urcr	0.0731** （2.73）	0.0182 （0.79）	0.0281 （1.26）	−0.000924 （−0.04）	0.0391* （2.00）	0.0319 （1.69）
ts	−4.385* （−2.43）	−6.820*** （−11.24）	−3.191* （−2.14）	−3.790*** （−6.40）	−3.495** （−2.93）	−4.968*** （−8.42）
Ln（gdr）	−0.119 （−0.96）	0.0176 （0.2）	−0.167 （−1.62）	0.0396 （0.48）	0.0683 （0.83）	0.207** （2.83）
Ln（thnb）					0.184 （1.76）	0.248*** （13.89）
常数值	−3.041* （−2.23）	−5.431*** （−8.04）	−2.686*** （−3.84）	−2.205*** （−3.87）	−2.240* （−2.22）	−4.398*** （−7.12）

	EIEEP		EISEE		EIHME	
	（1）	（2）	（3）	（4）	（5）	（6）
解释变量	FE	RE	FE	RE	FE	RE
Hausman test P	0		0		0	
N	310		310		310	
Within R^2	0.1706	0.2007	0.3723	0.3263	0.1201	0.1063

注：（1）表中各个系数下面的圆括号中的值是该系数的 t 统计量；（2）＊＊＊、＊＊、＊分别表示在 1%、5% 和 10% 的统计水平上显著。

从表 3 中回归（1）中我们可以发现对于人均义务教育基本公共服务均等化指数 EIEEP 回归分析中，变量城镇化 ln（urbn）的系数为正与前文假设不一致，同时并不显著；义务教育在校学生数 ln（snce）的系数为正，结果并不显著，总抚养比 ln（gdr）的系数为负，结果并不显著，但以上两个变量检验结果与假设一致，可能因为数据选择和处理上有所缺陷，导致结果并不显著。人均可支配收入的对数 ln（pcdi）在 1% 的显著性水平上显著，且人均收入变动 1%，教育均等化指数变化 0.453 个百分点，说明人均可支配收入对教育均等化指数是正向影响的，这与假设并不一致，可能原因是高的人均收入使得高收入家庭对教育需求和教育水平的要求更高，导致公共服务的供给水平要求更高；人均教育财政支出的对数 ln（pefe）的系数为负且在 1% 的水平上显著，这与假设结果是一致的；城乡消费差距 urcr 和税收份额 ts 的系数分别在 10% 和 5% 的水平上显著，且系数一正一负，这与前面的假设推论是一致的，整体来说，对于教育均等化指数 EIEEP 的几个影响因素除了人均收入水平外，都是符合理论预期的。

从表 3 中回归（2）我们可以发现对于人均社会保障与就业基本公共服务均等化指数 EISEE 回归分析中，变量城乡差距 urcr 系数为正，但并不显著，与结论一致，总抚养比 ln（gdr）的系数为负，但系数比较小，可能抚养比和人均社会保障与就业的关系程度不大；变量城镇化历年 ln（urbn）在 10% 的水平上显著，且系数为负，这与之前的假设推论一致。人均可支配收入 ln（pcdi）在 1% 的显著性水平上为正，与前面的假设推论相反。可能原因与上述一致；人均社会保障与就业财政支出 ln（pese）的系数在 1% 的显著性水平上为正，当财政支出变化 1 个百分点，基本公共服务均等化指数下降 0.499；税收 ts 的系数在 10% 的水平下显著，且系数为负，与假设推论一致。整体来说，对于人均社会保障与就业基本均等化指数 EIMHE 的几个影响因素除了人均收入水平外，都是符合理论预期的。

从表 3 中回归（3）我们可以发现对于医疗卫生基本公共服务均等化指数 EIMHE 回归分析中，变量城镇化 ln（urbn）的系数为正，与前文假设不一致，同期变量系数并不显著；变量总抚养比 ln（gdr）和地区医院床位数历年 ln（thnb）系数都为正，但并不显著；变量人均收入 ln（pcdi）的系数同样为正，且在 1% 的显著性水平下显著，与前面的假设结论相反，可能原因与上述分析一致；人均医疗财政支出历年 ln（pemh）在 1% 的水平上显著，且为负，城乡差距 urcr 在 10% 的显著性水平下显著，且其系数为正数，以及税收 ts 在 5% 的显著性水平系数为负，且其系数正负与之前的假设结论一致。整体来说，对于医疗卫生基本均等化指数 EIMHE 的几个影响因素除了人均收入水平外，都是符合理论预期的。

从上述三个模型的回归可以看出，前文的假设推论中大部分的影响因素对基本公共服务的指数影响都符合预期的，但明显人均可支配收入这一指标与预期相反，原因可能是个人收入的增加并不能直接影响居民享受公共服务的水平，但是个人收入增加，生活环境的改善会使得人们对公共服务水平的要求提高，正如我们在上述模型可以看出，关于教育和医疗卫生基本公共化指数与收入水平成正比；而福利保障而言，因为人们收入的增加会直接导致其购买更好的福利，例如保险一类，因此可以使得福利保障公共服务指数下降。

通过前面简单的回归分析，我们验证了大部分的指标变量都是符合要求的，但每个模型中还有一些变量并没有表现得很显著，因此，通过对三个模型中的变量进行逐个回归分析，来验证是否因为后续变量的引进而导致之前的变量从显著变得不显著，结果见表 4、表 5 和表 6。

表 4　模型 EIEEP 的多个解释变量的逐个回归

eieep	(1)	(2)	(3)	(4)	(5)	(6)	(7)
ln（urbn）	0.437*** (-4.78)	-0.32 (-1.57)	-0.28 (-1.38)	0.01 (0.05)	0.08 (0.42)	0.13 (0.65)	0.16 (0.77)
ln（pcdi）		-0.03 (-0.64)	-0.02 (-0.31)	0.457*** (4.18)	0.519*** (4.71)	0.457*** (4.09)	0.453*** (4.05)

续表

eieep	（1）	（2）	（3）	（4）	（5）	（6）	（7）
ln （snce）			0.116*	0.111*	0.102*	0.0906	0.0895
			（2.15）	（2.15）	（2.00）	（1.78）	（1.76）
ln （pefe）				0.303***	-0.314***	0.287***	0.297***
				（-4.86）	（-5.09）	（-4.62）	（-4.72）
urcr					0.0780**	0.0734**	0.0731**
					（2.90）	（2.75）	（2.73）
ts						-4.520*	-4.385*
						（-2.51）	（-2.43）
ln （gdr）							-0.119
							（-0.96）
省份固定效应	是	是	是	是	是	是	是
年份固定效应	是	是	是	是	是	是	是
样本量	310	310	310	310	310	310	310
R^2	0.0759	0.1285	0.0924	0.1642	0.1890	0.2073	0.2099

注：（1）表中各个系数下面的圆括号中的值是该系数的 t 统计量；（2）***、**、*分别表示在 1%、5% 和 10% 的统计水平上显著。

表 4 反映的是教育均等化模型中变量逐个回归，其中，城市化率的系数由最开始的在 1% 的水平上显著，随着变量的不断加入，而变得不再显著，只有在回归（2）和（3）中其系数为负值与前文假设一致；人均可支配收入系数最开始为负数，与前文假设一致，但随着变量的不断加入，系数正负性发生改变同时在 1% 的显著性水平上变得显著；义务教育在校学生人数最开始引入回归方程中时其系数为正，且在 10% 的水平上显著，但随着变量的不断引入，正负性未发生变化，但变得不再显著；教育财政收入引入后，其系数一直在 1% 的显著性水平上显著，符合预期假设；税收和城乡差距的系数正负性显然都符合理论预期，并分别在 10% 和 5% 的水平上显著；总抚养比由于是最后一个引入的变量，其系数为负值，与前文假设一致，但系数并不显著。

表 5　模型 EISEE 的多个解释变量的逐个回归

eisee	（1）	（2）	（3）	（4）	（5）	（6）
ln （urbn）	（0.05）	（0.24）	0.25	0.269	0.311	0.341*
	（-0.61）	（-1.19）	（1.51）	（1.63）	（1.89）	（2.06）

续表

eisee	（1）	（2）	（3）	（4）	（5）	（6）
ln（pcdi）		0.05	0.679***	0.688***	0.656***	0.638***
		（1.03）	（10.32）	（10.42）	（9.78）	（9.40）
ln（pese）			−0.514***	−0.506***	−0.489***	−0.499***
			（−12.09）	（−11.81）	（−11.34）	（−11.49）
urcr				0.0317	0.0298	0.0281
				（1.41）	（1.33）	（1.26）
ts					−3.363*	−3.191*
					（−2.26）	（−2.14）
ln（gdr）						−0.167
						（−1.62）
省份固定效应	是	是	是	是	是	是
年份固定效应	是	是	是	是	是	是
样本量	310	310	310	310	310	310
R^2	0.0013	0.0051	0.3497	0.3544	0.3662	0.3723

注：（1）表中各个系数下面的圆括号中的值是该系数的 t 统计量；（2） ***、**、*分别表示在 1%、5% 和 10% 的统计水平上显著。

表 5 反映的是社会保障与基本就业模型的逐个回归，其中，城镇化率变量系数从最开始的不显著到最后变得显著，但其系数一直为正，与预期假设不一致；人均收入的系数一直为正，从第（3）个回归开始，其系数在 1% 的显著性水平上显著，但正负性未发生改变；社会保障财政支出的引入，其变量系数一直为负符合预期假设，同时在 1% 的水平上显著；城乡消费差距的系数为正值，随着变量的引入未发生改变，与预期假设一致，但系数并不显著；总抚养比的系数符合前文的假设预期为负值；随着税收的引入，其系数为负，且在 10% 的水平上显著，与前文假设一致。

表 6　模型 EIEEP 的多个解释变量的逐个回归

eisee	（1）	（2）	（3）	（4）	（5）	（6）	（7）
ln（urbn）	−0.069	−0.314*	−0.0724	−0.0400	−0.0116	−0.0233	−0.180
	（−1.16）	（−2.38）	（−0.50）	（−0.28）	（−0.08）	（−0.16）	（−1.07）
ln（pcdi）		0.0697*	0.263***	0.286***	0.246***	0.263***	0.245***
		（2.08）	（4.31）	（4.56）	（3.89）	（4.05）	（3.73）

续表

eisee	（1）	（2）	（3）	（4）	（5）	（6）	（7）
ln（pemh）			− 0.127***	− 0.131***	− 0.114***	− 0.114***	− 0.145***
			（− 3.75）	（− 3.87）	（− 3.38）	（− 3.39）	（− 3.83）
urcr				0.0279	0.0238	0.0244	0.0391*
				（1.55）	（1.34）	（1.37）	（2.00）
ts					− 3.622**	− 3.685**	− 3.495**
					（− 3.04）	（− 3.09）	（− 2.93）
ln（gdr）						0.0931	0.0683
						（1.14）	（0.83）
ln（thnb）							0.184
							（1.76）
省份固定效应	是	是	是	是	是	是	是
年份固定效应	是	是	是	是	是	是	是
样本量	310	310	310	310	310	310	310
R^2	0.0048	0.0201	0.0676	0.0757	0.1059	0.1101	0.1201

注：（1）表中各个系数下面的圆括号中的值是该系数的 t 统计量；（2）*** 、** 、* 分别表示在 1%、5%和 10%的统计水平上显著。

表 6 反映的是医疗卫生基本公共服务的回归模型的变量逐个回归，其中，城镇化率除了回归（2）其系数在 10%的水平上显著，其他几个回归中其变量系数为负值，符合理论预期，但都不显著；人均收入变量的引入，在回归（2）中其系数在 10%的水平上显著，其他回归其系数在 1%的水平上显著，但与理论预期不符合；医疗卫生财政支出在几个回归中在 1%的显著性水平上都是显著的，且系数变化不大；城乡消费差距随着变量的加入最后在 10%的水平上显著，且系数为正，符合理论预期；随着税收的加入，其系数为负，在 5%的水平上显著，符合前文假设；总抚养比和地区医院床位数的引入，其回归系数都为正，符合理论预期，但并不显著。

通过上面上文回归结果以及 P 与 R^2 等各项检验指标值分析，可以看出该模型总体拟合效果较好。综上所述，可以得到以下基本判断，在模型（1）中，中国城镇化率在回归分析中对教育均等化指数的影响方向与前文假设是不一致的，人均可支配收入对教育的均等化有显著性影响，但影响方向与前文假设不一致，这可能由于对义务教育消费来说，随着收入水平的提高，之前的收入需求弹性为正，后收入达到一定程度开始变为负值，更多的中高收入家庭选择在义务教育阶段选择私立的更好的学校。教育财政收入和税收成为改善教育公共服务均等化供给的主要促进因素。在模型（2）中，社会保障财政支出与税收依然是促进社会保障公共服务均等化的主要因素。而城镇化率和人均可支配收入对社会保障的均等化率的影响是显著的，但方向与理论预期相反。在模型（3）中，城镇化率、医疗卫生财政支出、城乡消费差距以及税收都有效地促进了医疗卫生公共服务均等化供给，同样人均可支配收入虽然也显著影响医疗卫生均等化供给，但方向与假设相反。

（五）稳健性检验

通过前文理论与回归结果分析，有些解释变量的选取并未达到预期的效果，我们选择其中的一些变量来进行变量替换来检验其回归模型的稳定性。

在前面理论分析上说明，人口因素是影响一个地区教育基本公共服务均等化的一个重要解释变量，但我们上述所做的回归分析中，由于 snce 义务教育学生数对被解释变量的影响并不显著，为了再次确认人口因素是否是影响教育均等化的重要指标，我们选取一区的义务教育人数占一区年末人口数作为新的解释变量，再次进行回归分析，进一步确认估计结果的可靠程度。设定义务教育学生数占比为 rsnce，模型如下。

$$eieep = \partial_0 + \partial_1 \ln (urbn)_{it} + \partial_2 \ln (pcdi)_{it} + \partial_3 rsnce_{it} + \partial_4 \ln (pefe)_{it}$$
$$+ \partial_5 urcr_{it} + \partial_6 ts_{it} + \partial_7 \ln (gdr)_{it} + \lambda_{it} \tag{4}$$

在对于医疗卫生基本公共服务均等化中，地区医院床位数这一因素在回归结果中并未显示对被解释变量医疗卫生基本公共服务均等化具有显著影响，但从理论上说，当地的医疗设施条件的好坏直接决定了医疗卫生条件水平，因此我们尝试换一个指标重新进行检测，本文选择卫生人员数占当地年末人口的比值 rthhb 作为替代地区床位数 tnhb 的指标，重新对被解释变量进行回归分析，模型如下。

$$eihme = \gamma_0 + \gamma_1 \ln (urbn)_{it} + \gamma_2 \ln (pcdi)_{it} + \gamma_3 \ln (pemh)_{it} + + \gamma_4 urcr_{it}$$
$$+ \gamma_5 ts_{it} + \gamma_6 \ln (gdr)_{it} + \gamma_7 rthnb_{it} + u_{it} \tag{5}$$

回归结果通过表 7 显示，义务教育学生数占比对医疗卫生基本公共服务具有显著影响，且其系数为正，进一步验证了我们前面假设的准确性；同时，地区人数人员占比对医疗卫生基本公共服务均等化供给具有显著影响，同时符合前文假设推论，使模型变得更加准确，估计结果更加可靠。

表7　替换变量后重新进行回归分析

被解释变量	EIEEP	EIEEP	EIHME	EIHME
估计方法	FE	RE	FE	RE
ln（urbn）	0.168 (0.83)	−0.199* (−2.00)	0.0487 (0.33)	0.0119 (0.13)
ln（pcdi）	0.513*** (4.53)	1.119*** (11.16)	0.251*** (3.87)	0.683*** (8.48)
rsnce	2.822** (2.89)	3.031*** (3.44)		
ln（pefe）	−0.303*** (−4.85)	−0.674*** (−13.57)		
ln（pemh）			−0.0791* (−2.09)	−0.291*** (−6.49)
urcr	0.0661* (2.48)	−0.0134 (−0.44)	0.0179 (1.00)	−0.0191 (−0.76)
ts	−4.065* (−2.26)	−4.917*** (−6.76)	−3.527** (−2.97)	−2.911*** (−4.13)
ln（gdr）	−0.208 (−1.64)	−0.102 (−0.77)	0.104 (1.27)	0.286** (2.99)
rthnb			−0.00240* (−2.01)	−0.00444** (−3.02)
常数项	−2.289* (−2.16)	−4.394*** (−5.22)	−1.342 (−1.72)	−4.614*** (−5.83)
Hausman test p	0.000		0.000	
样本量	310	310	310	310
R^2	0.4725	0.7070	0.1483	0.5601

注：（1）表中各个系数下面的圆括号中的值是该系数的 t 统计量；（2）***、**、* 分别表示在1%、5%和10%的统计水平上显著。

（六）内生性检验

实际中，公共服务均等化受到的影响因素显然不限于本文所列举的几个变量从回归结果中的拟合优度 R^2 值比较低可以看出，我们无法在建模过程中把所有解释变量全部列出，因此三个模型不能排除因为遗漏变量而产生的内生性。

表 8　EIEEP 与 EIHME 的模型内生性检验

	EIEEP	EIHME
L1	− 0. 0903*** (− 6. 52)	0. 337*** (28. 34)
L2	− 0. 123*** (− 3. 82)	0. 252*** (26. 21)
ln（urbn）	− 0. 0726 (− 0. 18)	0. 0779 (0. 81)
ln（pcdi）	0. 363** (2. 70)	0. 194*** (7. 98)
rsnce	5. 583*** (5. 25)	
ln（pefe）	− 0. 194*** (− 8. 22)	
ln（pemh）		− 0. 117*** (− 9. 74)
ln（pese）		
urcr	0. 0289* (2. 55)	0. 0152* (2. 54)
ts	(4. 47) (− 1. 65)	
ln（gdr）	− 0. 278*** (− 3. 58)	
rtnhb		0. 0516*** (3. 55)
常数项	− 0. 349 (− 0. 48)	− 0. 732* (− 2. 16)
ar1	0. 0001	0. 0086
ar2	0. 4202	0. 1312
Sargan test p	0. 2871	0. 9191
N	217	217

注：通过两阶段 GMM 模型（1）表中各个系数下面的圆括号中的值是该系数的 t 统计量；（2）***、**、*分别表示在 1%、5% 和 10% 的统计水平上显著；（3）AR（1）和 AR（2）的零假设分别是差分后，残差存在一阶自相关和二阶自相关。Sargan test 的零假设是工具变量过度识别约束有效。

186

虽然固定效应能去除不随时间变化的个体效应，能够很大程度上消除内生性问题，但如果内生性来自其他暂时未发现的因素，因此回归结果的一致性就需要慎重考虑。本文假设被解释变量存在二阶自相关，建立如下的动态面板模型：

$$eieep = \partial_0 + \partial_1 eieep_{it-1} + \partial_2 eieep_{it-2} + \partial_j x + u_i + \lambda_t + \varepsilon_{it} \tag{6}$$

$$eisee = \chi_0 + \chi_1 eisee_{it-1} + \chi_2 eisee_{it-2} + \chi_j z + u_i + \lambda_t + \gamma_{it} \tag{7}$$

$$eihme = \beta_0 + \beta_1 eihme_{it-1} + \beta_2 eieep_{it-2} + \beta_j y + u_i + \lambda_t + \gamma_{it} \tag{8}$$

我们采用两阶段系统 GMM 方法进行估计，利用相关变量的一阶和二阶滞后项作为工具变量，旨在减轻内生性的影响，通过多种工具变量的选取，对三个模型进行了内生性检验，但未发现模型（2）存在内生性问题，因此选取了存在内生性问题的模型（1）和（3）的结果陈列在表8中，可以看出模型（1）和模型（3）的结果与前文差距不是很大，变量显著性相应增强了，较为稳健，且模型通过了 AR（2）和 Sargan 检验。

通过表8我们看出，通过尝试多种工具变量的引入，表8的回归结果的显著性与前文的回归基本一致，说明前文的回归结果是可信的，特别是针对教育基本公共服务均等化和医疗卫生基本公共服务均等化两个模型。

五　主要结论与政策建议

（一）主要结论

缩小基本公共服务供给缺口是经济新常态下供给侧结构性改革的重要内容，实现基本公共服务的均等化提供有利于缩小公共服务供给缺口。本文构建了基本公共服务均等化供给的实现机制模型与基本公共服务均等化供给指数，测度了我国 2005～2014 年教育、医疗卫生与社会保障领域基本公共服务的均等化供给程度，并用我国地区面板模型实证检验了实现基本公共服务均等化供给的影响因素，发现近 10 年我国基本公共服务均等化提供并没有得到显著改善，城镇化进程并没有有效改善基本公共服务供给的均等化程度，人口结构与城乡差距是影响基本公共服务均等化提供的主要阻碍性因素，地方政府的税收收入和财政效率能显著改善基本公共服务供给的均等化程度。

（二）政策建议

总体思路是推进供给侧结构性改革，增强基本公共服务有效供给程度。供给侧结构性改革的总体目标是减少无效供给，增强有效供给。减少无效供给就是要治理产能过剩行业，增强有效供给则是治理产能缺口行业。基本公共服务领域总体上存在供给缺口，所以基本公共服务领域的供给侧结构性改革关键是增强基本公共服务的有效供给程度。结合本文的实证检验结论，对如何增强基本公共服务领域的有效供给程度，提出以下政策建议。

（1）进一步优化现行财税体制，增强相对落后地区基本公共服务供给能力。地方政府财税收入是增强区域基本公共服务供给能力的基础。过去地方政府的收入很大程度上依靠土地财政。之所以能够依靠土地财政是由于地方政府把房地产行业作为地方的支柱产业加以重点扶持发展，以各种优惠政策吸引民间投资进入房地产行业，造成现在房地产产能严重过剩。要增加相对落后地方政府的财税能力，除了增加中央政府的财政转移支付以外，更重要的是要优化现行财税体制，合理划分中央政府与地方政府在教育、医疗、卫生、社会保障等基本公共服务领域供给的支付比例，提高中央政府在相对落后地区的支出比重。合理开征有利于经济社会可持续发展的新税种，作为地方政府的税收收入来源。

（2）进一步优化政府财政支出结构，提高政府公共服务财政支出效率。在地方政府财政收入约束下，增强地方基本公共服务有效供给能力，关键是要提高政府公共服务财政支出效率。要充分发挥政府公共服务财政支出的杠杆作用和撬动能力，充分吸引民间资本投入教育、医疗、卫生和社会保障等基本公共服务领域，积极探索基本公共服务供给的 PPP 模式以及民间资本在基本公共服务领域的盈利模式。政府公共服务财政支出应重点放在基础设施和共享平台的建设，利用共享经济新模式，充分利用教育、医疗、卫生、养老等基本公共服务领域的民间闲置提供能力，增强基本公共服务的有效供给。

（3）进一步提高我国城镇化质量，缩小城乡差距，促进基本公共服务均等化供给。改变过去过快的土地城镇化模式，严格控制产业新城建设的规模，合理规划大中小城市的人口规模，改革现有的户籍制度和土地制度，依靠现有的城乡布局，重点建设小城镇，增强中小城镇的基础设施建设，合理布局中小城镇的教育、医疗、卫生、养老等基本公共服务优质资源，有序引导农村人口向中小城镇流动，提高中小城镇的常住人口密度。

（4）进一步优化人口结构，稳定生育率水平、减少基本公共服务供给缺口的递增速度。人口老龄化加快会进一步增加养老、医疗与社会保障领域基本公共服务供给压力，过快的生育率则会导致婴幼儿和适龄儿童的教育与就业领域基本公共服务需求迅速增加，导致基本公共服务供给缺口增加。应该采用激励与约束并重的人口生育政策，严格控制高人口密度的城市生育率，合理引导新增就业人口向人口密度较低的中小城镇流动。

（5）鉴于长期以来，我国各级政府片面强调经济发展，而不注重社会职责的履行，政府必须尽快建立一套综合且科学的基本公共服务均等化绩效考核制度，健全政府公共服务均等化绩效管理和评估体系，强化各级政府的社会职责。这套体系需要明确各级政府间在提供义务教育、公共卫生和社会保障等基本公共服务方面的事权，健全财力与事权相匹配的财政体制。根据各类公共服务具有不同的性质和特点，各级政府承担的事权责任，也应有所区别，如何合理分配职权，充分高效地发挥政府的公共服务供给能力尤为重要。通过监督政府行为来促使政府重视对公共服务的供给，从而改善现有的公共服务供给不足的现状。

参考文献

［1］Paul A Samuelson. The pure theory of public expenditure review of economic and statis ［J］. The government investment cycle, 1996（2）: 3 - 10.

［2］Kraut Wicksell. A new principle of just taxation ［J］. Public finance, 1985（6）: 15 - 19.

［3］汉斯·范登、本·范·威尔瑟芬:《民主与福利经济学》，中国社会科学出版社，1999，第 56~57 页。

［4］江明融:《公共服务均等化论略》，《中南财经政法大学学报》2006 年第 3 期。

［5］常修泽:《中国现阶段基本公共服务均等化研究》，《中共天津市党委校学报》2007 年第 2 期。

［6］王谦:《城乡公共服务均等化的理论思考》，《中央财经大学学报》2008 年第 8 期。

［7］ Van De Walle, Steven. When is a service an essential public service? ［J］. Annals of Public and Cooperative Economics, 2009（12）: 521 - 545.

［8］ 胡祖才:《关于促进基本公共服务均等化的若干思考》,《宏观经济管理》2010 年第 8 期。

［9］ 王宏利:《构建城乡统筹的公共服务机制与推进公共服务均等化》,《农村经济》2011 年第 6 期。

［10］ 吕玮、王伟同:《发展失衡、公共服务与政府责任——基于政府偏好和政府效率视角的分析》,《中国社会科学》2008 年第 5 期。

［11］ Gebremeskel. Country-level determinants of local public services in Appalachia ［M］. Ann Reg Sci（2012）: 175 - 190.

［12］ 张国富:《论统筹城乡发展中基本公共服务均等化》,《西北大学学报》2011 年第 9 期。

［13］ 王谦:《改变城乡二元是实现城乡基本公共服务均等化的关键》,《经济论坛》2011 年第 7 期。

［14］ 张开云:《公共服务均等化:制度障碍与发展思路》,《浙江社会科学》2011 年第 6 期。

［15］ 刘成奎、王朝才:《城乡基本公共服务均等化衡量指标分析》,《财政研究》2011 年第 8 期。

［16］ 李平、陈萍:《城市化、财政支出与城乡公共服务差距》,《财经问题研究》2014 年第 9 期。

［17］ 赵宝延、付连捷:《城乡公共服务均等化过程中的政府行为研究》,《内蒙古社会科学》（汉文版）2014 年第 1 期。

［18］ 孔凡文、张小凡、刘娇:《我国城乡基本公共服务均等化水平评价分析》,《调研世界》2015 年第 7 期。

［19］ 乔艳华、郝建章、李翠:《河北省基本公共卫生服务均等化项目实施效果影响因素分析》,《经济研究参考》2015 年第 63 期。

［20］ S. O. Ayansina. Farmers' Participation in the Services of Public and Private Extension Organizations in Southwestern Nigeria ［J］. British Journal of Applied Science & Technology, 2015, Vol. 8（3）.

［21］ Daniela Argento, Francesca Culasso, Elisa Truant. Competing Logics in the Expansion of Public Service Corporations ［J］. Utilities Policy,（2016）

［22］ Tarlok Singh. Service sector and economic growth in India ［M］. Applied Economics. 2010, 3925 - 3941.

［23］ Yoshida, Masatoshi. Multiplier effects of public services in a two - sector model of monopolistic compition ［J］. Japannese Review，2011（7）：272 - 288.

［24］ Borcherding，Deacon. The demand for the services of non - federal goverments ［J］. American Economic Review，1972（62）：891 - 901.

［25］ Shi-hong Zeng, Jie-chang Xia. Why rapid urbanization process cannot improve employment absorption capacity of service industry in China—also on the interactive mode innovation between service industry development with urbanization under the background of transformation and upgrading ［J］. China Finance and Economic Review，2016（2）：4 - 14.

分享经济发展的理论、实践与政策建议

刘　奕　李勇坚[*]

摘　要　本文综合国外关于分享经济的已有研究，交易成本理论、协同消费理论和多边平台理论是三个常用的理论分析框架；分享经济的驱动因素、非营利性共享与营利性共享的区别和联系、分享经济的影响评估、共享服务与传统服务的异同、新兴业态的冲击与传统服务行业模式创新、分享经济企业商业模式分析是已有文献中集中关注的重要问题。为促进我国分享经济健康有序发展，政府应对分享经济抱宽容公允的态度，消除发展的政策风险；创新监管理念，坚持底线思维；制订相应的适用法规和基本服务标准，鼓励通过市场机制解决共享中的风险问题；促进共享平台服务信息与监管部门的共享；积极推进诚信体系建设，建立分享经济网上信用平台，形成有利于其发展的良好环境。

关键词　分享经济　交易成本　协同消费　平台经济

一　前言

党的十八届五中全会公报明确指出"发展分享经济"，这是第一次将分享经济写入党的全会决议中，标志着分享经济正式列入党和国家的战略规

---

* 刘奕，中国社会科学院财经战略研究院副研究员，主要研究方向为服务业地理与服务创新；李勇坚，中国社会科学院财经战略研究院研究员，主要研究方向为互联网经济与服务创新。

划。为贯彻落实五中全会精神，推动分享经济发展，我们在财经战略研究院创新工程应急项目的支持下，成立了"分享经济"课题组，对分享经济的理论渊源、研究框架、经验证据和政策措施进行初步的探索性研究。

过去的十几年间，基于互联网的平台经济迅速崛起，并取得了飞速发展；而最近五年，以 Airbnb 和 Uber 为代表的商业模式在全球范围内的成功和扩散无疑是该领域的最大亮点。它不仅拉开了一切物质和人力的、时间和空间的、有形和无形的、商业和非商业的资源进行分享的序幕，更是宣告了分享经济的崛起（Zervas et al, 2014）。2014 年被 Inc. 杂志称为"分享经济年"，Airbnb 更是荣获了"年度企业"称号。然而，在实践不断丰富和深入的同时，关于分享经济企业监管、税收及不正当竞争方面的争议也愈演愈烈，政策制定者和学术界对于这一新生事物尚缺乏准备，国内外相关理论研究远远落后于实例应用，解释这一重要经济社会现象的理论框架尚未建立。本研究报告在回顾国外分享经济前沿研究的前提下，总结解释分享经济现象主要适用的三个理论分析框架，并综合已有理论和实证研究，指出未来在分享经济研究领域需要重点关注的六个问题；在此基础上，结合分享经济在国内外的发展实践，分析我国发展分享经济的意义和困难，提出相应的政策建议。

二 理解分享经济的三个理论视角

（一）交易成本理论

分享经济现象最直观的解释来自交易成本理论（Coase，1937）。分享经济的价值在于在拥有某项资源（资产或技能）的消费者与需要这种资源的消费者之间，在某一时间以可接受的交易成本创建一个匹配（Dervojeda，2013）。正如 Airbnb 对于住宿供需双方、Uber 对于交通服务的提供方和购买方而言，数字化平台的存在帮助降低了交易成本，包括搜寻成本、联系成本和签约成本等；在共享平台产生之前，这些交易因为过高的交易成本而根本无法发生。以共享交通服务为例，在其出现之前，乘客在需要乘车时找到空驶车辆往往较为困难，同时为避免空驶，出租车司机则倾向于集中在酒店和机场这些需求量较高的地段；如此，出租车服务具有高的搜寻成本和低的有效供给，并将最终降低有效需求。Uber 的出现基本上消灭了搜寻成本，并极大降低了服务的不确定性，还可以为出租车司机进入和退出市场的时机给予合理化建议，从而创造了一个真正由供给和需求决定的有效市场（Rogers，2015）。此外，分享经济在消除信息不对称方面成效卓著，信息技术使得消费者能够非常容易查看到关于服务质量和价格的历史记录；而服务提供方也由于评价与其收入挂钩而产生了优质服务的激励（Golovin，2014）。一些研究试图综合相对交易成本和动机分析，将可共享的产品定义为容量冗余的产品，且这些产品中过剩的容量通过分享关系加以利用要优于在二手市场上进行交易（Benkler，2004）。由此，交易成本的存在使得私人住宿市场、私人用车市场和中介市场得以产生和发展起来，不仅造就了巨型的平台企业，而且形成了对原来市场的互补或者替代。两种产品及两种市场之间的互补性和替代性，是运用交易成本理论理解分享经济产生和发展的关键问题。

（二）协同消费理论

协同消费是分享经济的另一理论根源（Hamari et al, 2013）。协同消费的概念早在 1978 年就被提出，Felson & Spaeth（1978）将其定义为多人在共同参与活动中消费商品或服务的事件。分享这种现象古而有之，但协同消费和分享经济的现象则发端于互联网时代。分享经济的存在，使得所有权不再是消费者欲望的最终表达形式（Marx，2011），预示着我们可能已经进入了一个"后所有权时代"（Belk，2014），Rifkin（2014）则将其称作"零边际成本社会"。Botsman & Rogers（2010）更是在其著作《我的就是你的：协同消费如何改变世界》中，直接将协同消费定义为超越所有权获得产品和服务的活动，而通过部分所有权享受产品和服务，且免予永久所有权风险和麻烦的消费者则被称为变革的消费者 Transumers（Lawson，2010）。协同消费跨越价值链，在个体消费者和小的服务提供商之间实现了财富的重新分配，而不再依赖"中间人"（Schor et al, 2015）；故此，美国时代周刊 2011 年将协同消费选为改变世界的十大创意之一。

（三）多边平台理论

多边平台理论 MSP 其实是对 Rochet & Tirole（2006）双边市场概念的延

伸和补充。在 Hagiu & Wright（2011）的文章中，多边平台被描述成在不同消费群体间进行直接交易的平台。在分享经济的例子中，分享经济平台公司作为服务提供方和使用者之间直接交易的组织者，形成了最初的双边市场，帮助更有效地使用从前未被充分利用的资源、增加市场竞争，同时为消费者提供更多的选择（Golovin，2014）。随着第三方支付机构、广告商等其他利益相关者的加入，而逐渐形成多边市场平台。比如 Viewswagen 就在 Uber 和 Lyft 平台上搭建了自己基于 GPS 位置信息的商业模式，通过司机座位后背的屏幕投放广告等。同传统双边市场相似的是，分享经济商业模式同样具有网络外部性，即市场的每一方均受益于其他人的存在；与此同时，由于非专业服务提供商的加入，分享经济市场更易受到个体异常行为的影响（DellaVigna，2009），向价值链末端转移风险的能力也更强，因而更加趋于低效。Li et al（2015）在双边平台框架下建立了一个简约模型，对 Airbnb 代表的非专业服务提供者和传统酒店的定价行为进行了分析。通过对 Airbnb 挂牌酒店价格数据的搜集，在控制了资产和市场异质性后，文章首先发现在运营和财务表现方面，专业服务提供者的日盈利水平、入住率分别高于业余服务 16.9 个和 15.5 个百分点；业余住宿服务在半年间的市场退出比例达 49%，而同期仅有 13.6% 的专业服务退出市场；非专业住宿提供者较少因季节、节日和需求原因对价格进行动态调整，即分享经济平台存在定价低效问题。进一步的理论模型分析显示，为达至利润最大化，双边市场平台运营方应对非专业服务提供者收取低价格，或者帮助非专业服务提供者进行更科学的定价决策，比如 Uber 为司机提供的热度地图；而城市管理部门需对专业和非专业服务在规制和收费上则应一视同仁。

三 把握分享经济的几个核心问题

（一）分享经济的驱动因素

在分享经济增长的驱动力中，宏观经济因素占据了重要地位，而互联网的发展又是其关键。数字技术使得人们以点对点的方式连接，并在交易过程中产生交互（Stokes et al，2014），从而提升了服务的可及性，降低了共享的交易成本，使消费者具备了服务生产者的特征、使得闲置资产成为提供服务的工具，同时帮助克服了信任、声誉等一系列制约共享行为的障碍（Schor et al, 2015）。还有一些研究将分享经济归结为金融危机的结果。协同消费取得里程碑式进展，恰是源于全球金融危机后产生的大量失业和消费替代。欧洲经济和社会协会（2014）的报告显示，对于汽车、房间等资产的协同消费，反映了危机时期消费者对于低花费和新的收入机会的追求。消费者选择共享更多源于经济原因即省钱、便利及高质量服务，而并不十分考虑政治因素及环保等（Bardhi & Eckhardt, 2012）。对社群意识的认同和增加社会联系的渴望，是分享经济产生的另一个重要原因（Owyang, 2014）；但一些实证研究表明，消费者很难通过共享平台获得可持续的社会联系。Dubois et al.（2014）对于银行的案例分析表明，绝大多数消费者对于通过平台建立的社会联系感到失望。Fenton（2013）基于远程访问技术的研究更是指出，交易的双方通常再也不会碰面。

（二）非营利性共享与营利性共享

共享的初衷在于与陌生人交流和互相帮助所带来的新鲜体验（Gorenflo, 2013）。然而，随着协同消费行为日趋主流，一些研究认为，共享也因为商业化渗透而经历严峻挑战。在 Uber 的例子中，其将汽车合用（Car-pooling）这样的一种非营利性行为变成成功的组织化商业模式的同时，共享行为也更多转化成一种租用和买卖行为，其过程违背了共享的简单初衷（Griffith, 2013）。另外，正如 Belk（2014）对协同消费的定义中指出的，虽然以营利为目的的共享可能会带来坏的行为，但这些建立在技术进步基础上的营利性共享行为，却能在客观上成为将 P2P 便利化的有力工具，并将极大推动全社会在生产与消费商品和服务过程中，进行共享和合作的社会实践（Schor, 2014）。非营利性共享，其服务创新必然缺乏市场及资金的支持，即便存在保护使用者遭遇危险的良好愿望，其提供的服务也很难做到专业和有效；这也是营利性分享经济企业会在大多数情况下超过非营利性同行，取得成功的关键原因之一。杜绝坏的行为，并不在于盈利与否，关键在于平台的所有权和治理模式的有效性（Henten & Windekilde, 2015）。

（三）分享经济的影响评估

分享经济模式的兴起，改变了一些行业的竞争格局，也激发了政府和传统服务运营商对于公平竞争环境、服务提供者利益维护和消费者权益保护等问题的担忧。共享平台的成功究竟是源于基于网络的技术创新，还是因为钻了监管政策的漏洞，仍然有很多争议，是否应该对传统服务运营商及其从业者出台保护政策，对于欧洲及美国的政策制定者都是不小的挑战——欧盟、英国等地已开始与智库机构合作，全面评估分享经济带来的法律、社会、经济和环境影响（European Parliament，2015）。分享经济由于标准化程度不高，多数消费者在接受服务之前对服务提供方的情况缺乏了解，采取多种措施进行消费者权益保障就显得更为重要。故此，欧盟委员会近来发起了两项研究，分别针对欧盟传统出租车和共享交通，以及分享经济中的消费者问题进行全面深入的研究和调查（European Commission，2015）；除了法律手段之外，分享经济基于互联网的特性，将通过声誉反馈机制的作用极大解决消费者和服务提供者之间的信息不对称问题，消费者总能从在线服务评价和其他信息共享工具中找到更多更好的选择，从而避免形成柠檬市场（Thierer et al，2015）。然而，针对共享平台为促进信任而进行的一些市场设计，不少研究也指出，其将对老年人等不会使用互联网的群体产生选择性歧视，而 Edelman et al.（2016）对于不同种族人群在 Airbnb 预订行为的随机实验则进一步表明，公开买家和卖家真实姓名的市场设计将使得具有非洲裔美国人姓名特征的群体比拥有白色人种姓名的群体预订成功的比例降低 16% 左右，且这种种族歧视的结果不因房主的种族、性别、有无其他房客和房间的价格而有所变化，这样的歧视行为将导致房主成功找到房客的概率降低 65%。也就是说，信息在提升透明度、促进交易产生的同时，也为歧视创造了更加便利的条件。

Rogers（2015）将关注点置于信息技术影响下低收入工作中就业规则与分配公平之间的关系。文章从安全、隐私、歧视的角度对 Uber 的社会成本进行全面分析，并指出 Uber 对于就业规则的长期影响依然是不确定的，但在未来却可能使得越来越多工作被拉入低收入岗位行列。Rosenblat et al（2015）则关注到了分享经济中就业者，通过对 Uber 司机论坛的长期跟踪和对司机的访谈，探讨了共享平台企业基于数字和算法的灵活就业系统对于从业者的监视和控制，及其形成的信息不对称现象。Uber 的系统、算法、客户服务代表、乘客和半自动绩效评估和评级体系，都直接构成了对司机的管理和控制，而远程工作管理和责任分配则加剧了共享平台同受雇方的权利不对称。

Golovin（2014）则评估了分享经济对引入竞争、拉低传统出租车行业牌照价格的作用。由于许多城市都对出租车行业制定了严格的配额和准入政策，这不仅造成了服务提供者对消费者的剥夺、效率扭曲和经济损失（OECD，2015），而且人口的增长与牌照供应停滞之间的矛盾也引发了大城市牌照价格的暴涨，比如2013年纽约和芝加哥单一出租车牌照价格已经涨到了70万美元和100万美元，约是1970年的5倍以上，如果想成为出租车司机必须从退休的老司机处购买牌照；小型出租车队牌照上涨幅度更大（NYC Taxi& Limousine Commission，2014）。共享平台的进入，显著稀释了牌照作为一种资产的价值，使得执照的持有者利益受损。对此，都柏林的反应是解除对出租车市场的数量管制（价格维持调节），同时由爱尔兰政府成立"艰难基金"，支付高达15000欧元以缓解由资产贬值引发的损失。但普遍的认识是，政府没有义务赔偿出租车行业的损失。

（四）共享服务与传统服务的异同

既有行业提供的服务与以分享经济形式提供的服务，可以在多大程度上实现替代，也是相关文献讨论的热点话题。Henten & Windekilde（2015）的研究指出，传统服务与基于分享经济的新业态在价值层面很大程度上是相似的，但也有许多不同点。比如，传统酒店服务会以已知标准提供私密性较强的房间和住宿服务，而Airbnb提供的房间和住宿服务标准更加多元和不确定，但具有结交新朋友、体验另一种生活的机会。共享交通服务的使用者更多的是受过良好教育、无车的年轻人，他们对快捷、灵活和方便有着更高的要求；服务更多用于休闲或社交用途，而且通常比传统出租车拥有更短的行程和更高的车辆使用率（Rayle et al，2014）。此外，声誉与消费者评价也是窥见两者异同的一个角度。虽然羊群效应、在双边审查平台上消费者负面评价低估效应、自我选择效应和企业的战略性评论捏造等因素导致消费者评价存在一定偏差（Fradkin et al，2014），70%以上的消费者依然对已有评价抱有依赖和信任，并可为高评分的企业和平台带来可观的效益。Zervas et al（2015）用大数据方法，首先对消费者评价行为进行了前瞻性研究。文章通过Airbnb和TripAdvisor这两个平台，搜集了60万共享住宿和50万传统酒店行业的顾客评价，对比发现顾客对共享住宿的评分远高于传统酒店。由此推断，同传统酒店员工相比，共享平台会给予服务提供者更大的激励，促使其为消费者提供五星级体验的服务。

（五）新兴业态的冲击与传统服务行业模式创新

分享经济平台不但创造了新的服务需求模式，而且改变了作为供给方的传统服务行业，激发其与新业态或相互取代或错位竞争或融合发展或不断创新，但新的商业模式想要在未来完全取代旧的商业模式几乎是不可能的。Rogers（2015）分析了 Uber 的创造性破坏过程之于传统出租车行业的影响，指出为规避与就业相关的成本和税收，国外出租车行业通常存在租赁经营权、管理权和司机三方分离的纵向碎片化现象，类似于我国目前在专车行业出现的"四方协议"。共享交通平台通过直接与司机签订合同的形式减少了纵向碎片化，同时通过市场份额的扩张促进了行业的水平一体化。Rifkin（2014）解释了新商业模式何以通过较小的市场份额比如 10% 就迅速占领市场，因为一些服务行业的边际成本非常低，丢掉一点市场份额就会导致整个市场格局反转。一旦一个相对稳定的分工结构动摇了一个行业，就会扩散到周边产业并对其产生影响。然而，也有研究指出，除了替代，新的商业模式对旧有模式在供给和需求上的补充作用同样不容忽视，分享经济平台会使得之前一些完全不使用相关服务的消费者加入进来，一些已有的服务运营商也会选择在新的平台上提供服务。

在房屋共享案例中，Airbnb 采取了错位发展策略，由于没有将业务扩张到商务和豪华酒店服务领域，2015 年仅有 10% 的客户是商务旅客，因而 Airbnb 并未被传统酒店行业视作直接威胁。Fang et al（2015）通过搜集美国爱达荷州 Airbnb 的挂牌信息，从宏观层面分析了共享住宿对地方旅游业发展的影响。实证研究表明，分享经济降低了住宿成本、增加了游客需求，这将帮助当地产生更多的工作岗位；但随着对低端酒店替代效应的显现，边际效应呈现递减。从旅游业整体看，将 Airbnb 作为住宿选择的观光客旅行时间会更长，从而有利于整个旅游业规模和产值的提升（Airbnb，2014）。但从趋势上看，随着越来越多小酒店和豪华酒店加入平台，共享住宿与传统酒店行业的正面竞争已不可避免（表1）。为应对共享住宿行业的冲击，传统连锁酒店业应将分享经济理念纳入其商业模式，通过发展或购买自己的品牌市场平台延伸其品牌价值，使平台得到连锁酒店品牌、资源、专业知识的支持，使消费者得到更可靠、更稳定、更高质量的体验。

表 1　Airbnb 与各大酒店集团拥有房间数对比

企业名称	现有酒店数	拥有房间数	正在建设的房间数
洲际酒店集团	4840	710295	193772
希尔顿酒店集团	4278	708268	230000
万豪	4044	692801	240000
威德汉姆酒店集团	7645	660826	117000
Airbnb		1000000	

资料来源：The 2015 Big Brands Report（2015）.

对于 Uber，传统出租车行业则对与其在不同的安全、隐私和收费约束下进行同场竞技更为敏感，出台相关政策的呼声也日趋强烈。根据 Salomon（2013）的研究，如果可以让司机在服务于出租车队或分享经济企业两者之间自由选择，长期来看 Uber 将提升出租车司机的收入；市场竞争越激烈，对司机收入的提升效果则越显著。然而，分享经济对传统服务业在短期内的冲击将不可避免，并将改变传统出租车行业的就业和工资结构。有研究指出，为解决日益严峻的拥堵问题，对出租车行业和共享交通行业在政策上还是应该共同放松管制（Beyer，2015）。Golovin（2014）的实证研究表明，对出租车行业放松管制，使得爱尔兰都柏林的消费者获益良多——出租车数量大幅增加、等待时间减少到最低限度，服务质量也有了显著的改进。

（六）分享经济企业商业模式分析

在已有关于分享经济的文献中，对分享经济企业特别是 Airbnb 和 Uber 的商业模式分析占据了最大比例。比如，对于共享交通企业 Zipcar 的案例分析中，一些研究注意到了分享经济平台企业对于交易双方信息和活动的全面监控及管理，对于维持系统正常运转的重要性（Bardhi and Eckhardt，2012）；在这些例子中，消费者心甘情愿与平台企业合作并受到其监视，这也被称为协同监控（Pridmore，2013）。

在分享经济企业的定价策略相关研究中，一些文献关注到了 Airbnb 正在研发的独特的预测定价算法，即其综合考虑房屋类型、产权类型、评论数量、容量、位置、季节、陈设、与周边酒店和机场的相对位置，甚至包括目的地的气温变化情况，以给予房屋出租者科学的指导价（Henten and

Windekilde，2015）；还有一些研究关注到了 Uber 的任务导向定价结构，特别是针对周末晚上供需不平衡而制定浪涌定价策略（surge pricing）及其算法，以及该策略对刺激供给、控制需求所产生的效果（Gurley，2014）。

（七）小结

虽然分享经济在许多产品和服务领域仍处于发展的初级阶段，但其经济合理性、对技术基础设施充分利用的特性，及其蕴含的协作、权力下放、对等和赋权等理想主义色彩的文化显示出的越来越强的吸引力（Denaro，2015），都决定了其在未来十年将经历迅速增长（Gansky，2011）。趋势性规律与纷繁芜杂现实的彼此交叉，使得对分享经济的学术讨论显得格外复杂；监管部门也面临着如何平衡消费者和企业的利益、如何为分享经济发展创造有利市场环境、如何有效促进竞争等种种挑战。许多研究表明，共享行为是一种根植于文化的习惯（Belk，2007），分享经济所依赖的文化基础决定了其国别特性。共享平台的固有特征，特别是建立信任和管理资源的能力，使其深深植根于其所在的社会和环境中，也使得其在认知、制度和规范不同的地区难以顺利扩张；分享经济的四种商业模式，B2C、B2B、P2P 和 C2B，究竟哪种更适于在不同文化语境中复制，哪些要素、政策和行为规范会影响其扩张，现有文献对此问题鲜有关注（Grinevich & Huber，2014）。还应注意的是，中国传统观念与共享理念的冲突，加上我国市场经济的特殊情况，都使得在国外取得巨大成功的分享经济商业模式，在移植到我国土壤时会产生新的困难和问题。这也决定了未来我们在开展分享经济领域的理论研究时，无法直接套用国外的研究结论，需在大量的实证和案例分析的基础上做出具体分析。

四　分享经济的国内外实践

近年来，分享经济在国外大规模兴起，共享由虚拟资源领域切入到实体资源领域，并对现有的消费模式产生了深刻的影响。根据英国商务部的数据，目前全球分享经济的产值约为 146 亿美元，普华永道预测，2025 年全球分享经济产值可以达到 3733 亿美元；在住宿和拼车、租车等领域，分享经济能占据市场的半壁江山。英国商务部于 2014 年启动调查项目，为

"把英国打造成分享经济的全球中心"制定路线图，确保英国站在分享经济的前沿。美国是全球分享经济的翘楚，是分享经济最发达的国家。根据西京京、叶如诗（2016）的研究报告，美国分享经济企业数量超过400家，融资规模近200亿美元，旧金山和纽约是全球分享经济创业企业最多的城市，累积数量超过伦敦、北京和上海、巴黎之和，并在多个行业诞生了分享经济独角兽企业。美国行动论坛的研究认为，2014年Uber、Lyft和Sidecar带来了5.19亿美元的经济增长。截至2015年底，Airbnb已经在全球190多个国家和地区开展业务，覆盖34000多个城市，拥有200多万个房源，超过6000万房客从中受益，市场估值255亿美元。

目前，国外知名的分享经济平台主要包括（表2）：房屋短租平台Airbnb，该公司并不直接拥有一间房子，但其用户已遍布全球192个国家、3万个城市，数百万计的全球旅行者正绕开酒店业，通过Airbnb寻找到足够真实、个性的个人房源。叫车服务平台"Uber"，提供私人车辆共享服务。goCarShare，提供搭便车服务。Waze，通过让用户生成即时的路况地图，分享准确的实时路况服务。德国的"农民机械协会"，允许协作使用机械，可为有需求的农场、农民和林业工作者带来过剩的劳动生产力。通过"协作性生活方式"衍生出的交易行为，还包括花园分享（landshare.net）、TaskRabbit（社会化"跑腿"服务）、Zaarly（综合P2P集市）等。

表2 国外主要分享经济应用平台

行业	共享平台
房屋短租	Airbnb, HouseTrip, Wimdu, LuxuryRetreats
闲车短租	Uber, Getaround, Hallo, Lyft, Relaygldes, SideCar, Zipcar
车位短租	ParkingPanda, ParkatmyHouse
拼车	BlablaCar, Colnuto
名车飞机轮船	Qraft, Jumpseat, BlackJet, SurfAir, Arrow
自行车	SpinLister
宠物寄存	Rover, DogVacay
闲置物品短租	Fribi, Rentoid, SnapGoods, Grabio, EggDrop
餐桌分享	EatWith
办公场地短租	LiquidSpace, LooseCubes, PivotDesk, Breather

在国内，近年也出现了一些分享经济平台（表3）。如各类专车，通过智能平台，提供私车共享服务；丁丁停车，通过智能地锁切入分享经济；车托帮，以 UGC＋众包实现信息共享，为用户提供最好最准最实时的路况、导航、电子狗等信息服务；余额宝、网络贷款（P2P）、天使汇众筹等互联网金融产品也是分享经济在金融领域的体现。

表3　国内主要分享经济应用平台

应用平台	主要业务类型
滴滴打车	打车软件＋配驾专车
易到用车	配驾专车
PP 租车	P2P 租车
友友租车	P2P 租车
AA 拼车	拼车服务
途家	B2C，收取佣金
小猪短租	P2P，收取佣金
蚂蚁短租	类淘宝，收取佣金
爱日租	类淘宝，收取佣金
游天下	取消交易佣金，为短租房东提供服务
爱大厨	P2P，收取佣金，由专业厨师服务

五　加快发展分享经济意义重大

移动互联网技术的成熟、信息分享促使大家逐渐转变为全球公民、全新的资源能源形势下的开拓理念，都在形成适合分享经济成长并爆发的环境。加快发展分享经济有利于更加充分地利用资源，更好地解决城市交通拥堵等问题；有利于减少浪费，降低对环境破坏；有利于鼓励创新创业，形成良好的创新创业环境；有利于营造诚信的社会氛围；有利于建立良好的消费文化。

第一，有利于更加充分地利用资源。分享经济的本质在于，通过共享，让闲置的资源发挥作用，使资源得到更加充分的利用。例如，通过共享私家车，可将闲置的座位利用起来；通过共享房屋，可将闲置的房屋，通过共享消费品，可以避免消费品浪费。

第二，有利于减少浪费，降低对环境破坏。分享经济改变了传统产业的"大规模生产、排浪式消费、大规模浪费、大规模扔掉"的供给模式，形成了一种新的供给模式和交易关系。通过对闲置个人物品的最大化利用，也可以产生最大的经济效益和社会效益，节约资源的同时还能提高生活质量，有助于解决交通拥堵、生态资源紧张、劳资矛盾、收入分配不公、邻里冷漠是制约多数城市发展的普遍难题。加州大学伯克利分校的专家 Susan Shaheen 发现，汽车分享者的车辆行驶里程减少了 44%（解决了交通拥堵）；欧洲相关调查也显示，分享经济使得二氧化碳排放量减少了 50%。

第三，有利于形成良好的创新创业环境。从国内外创新模式看，以技术发展为导向、科研人员为主体、实验室为载体的科技创新活动面临着挑战，以用户为中心、社会为舞台的面向知识社会、以人为本的下一代创新模式，即创新 2.0 模式正逐步显现其生命力和潜在价值。这个创新模式，需要大量的知识、信息、模式共享。在全球方兴未艾的"创客"运动中，在开源社区中分享设计成果、开展合作已经成为一种文化规范。

第四，有利于创造全合约型的就业模式。从就业模式上讲，分享经济还能将经济生产中的诸多生产要素重新组合、分类、加工、购买和销售，提供了一种新型的就业方式。分享经济改变了企业的雇用模式和劳动力的全职就业模式，给那些富有创造力的个人提供一种全新的在家谋生方式。从而使社会成员成为自由职业者和兼职人员的混合体，使全社会成为一个全合约型社会。MBO Partners 发布的一份报告显示，去年约有 1770 万美国人作为独立承担人利用自己超过一半的时间从事临时性工作。

第五，有利于形成良好的消费文化。我国开始进入商品丰富社会的同时，伴随着商品经济的形成。在西方消费文化的影响下，以商品为核心的消费生活兴起，整个社会注重符号消费，导致崇拜物品的异化消费关系，并使商品与文化混同，使消费品从满足人的需要的客体变成人的主宰。随着分享经济理念的深入，商品满足感不断消减，会使人们对西方消费文化深入反思，吸收极简主义、后物质主义（post‐materialism）等思想的精华，形成有中国特色的消费文化。

第六，有利于形成诚实守信、团结协作的社会氛围。分享经济的特点是，在陌生的个体之间通过第三方网络平台进行物品交换。因此，除了网络这一基础条件外，信任是实现分享经济的另一个基本条件。通过分享经济平台的大数据收集行为，再加上国家与社会的外部强制力量，将为分享经济群体的个体建立了相互有效的、值得信任的关系。分享经济在很多方面许多各方共同协作才能完成，通过发展分享经济，还将有助于形成良好的团结协作平台。

六 政策启示与建议

1. 对分享经济抱宽容态度，消除发展的政策风险

对于分享经济这个全新的商业模式，政府主管部门要积极研究、主动接触，对业者所做的业务深入调研，对其发展抱宽容态度，重视正当的市场需求和权益诉求，争取将其归入现有的监管框架之内，而不是一味予以封杀。对于各类私车共享平台来说，可能涉及运营许可、社会安全、冲击现有的出租车业务等诸多问题；对这些问题要深入研究，出台相应的政策加以解决，而非一禁了之。分享经济平台涉及面广，发展初期难免发生问题；应努力消除分享经济发展的政策风险，尽最大可能避免有关部门动辄叫停、一纸文件就使巨额投资打水漂的现象。比如经营个人间租车业务的RelayRides 就曾因为被纽约州监管当局判定所提供的保险"非法且数额不足"，停止了在该州的运营；而加州的监管当局则改变了发布"停止令"的做法，为使得拼车合法化，要求拼车司机必须遵守与出租公司相似的安全法规之外，还应考取一种特殊驾驶证（阿普里尔丹博斯基等，2013）。

2. 创新监管理念，坚持底线思维

在如何制定新的监管制度区别对待传统和共享商业模式方面，政府会面对极大的挑战和压力。传统经济时代监管的三大法宝——设机构、筑门槛和立法，但对于分享经济不一定适用。在制定相关政策时，政府应积极从使用者和销售者处收集意见，找准障碍因素，界定那些过时的、需要改进以符合新商业模式的规则。比如加州公共事业委员会规定，对于提供拼车服务的驾驶者，除了基本检查外，还要附加 16 项车辆检验；为了跨越私家车无法购买商业保险的障碍，要求共享交通企业为搜寻乘客中的司机、服务进行中的司机和乘客分别提供 20 万美元和 100 万美元的私人保险。对于饱受诟病的逃税问题，Airbnb 也已与加州政府达成和解，替政府代为收取

相关税费（主要包括资产占用税、观光税、酒店税等种类的地方税以及增值税等）。反面的例子是，法国规定 Uber 司机必须等待 15 分钟才能进行一次服务，这个规定后来被取消了，取而代之的是一个禁止 Uber 司机分享 GPS 位置的规定，从而在减少竞争的同时剥夺了消费者的选择权。在政策制定时应坚持底线思维，一旦共享的事物涉及安全隐患、个人隐私、价格排斥和市场垄断，应着力于如何解决信息泄露、歧视和不公的问题，而不是否定相关的商业模式。比如，华盛顿特区正考虑推行阻止乘客使用指定目的地的出租车服务的规则。在监管中也应具体问题具体分析，比如对于短期工作或小零工平台企业如 TaskRabbit，世界各地政府更多将其提供的服务视作一种降低失业率的举措，因而很少涉及监管问题。

3. 制定相应的适用法规和基本服务标准，鼓励通过市场机制解决共享中的风险问题

目前，各国的法律体系中均没有适用分享经济的法规条款，比如欧盟的二级立法体系中就未囊括共享交通的内容，法律在支持分享经济发展方面较为滞后；但现实中遇到的问题正在改变这样的情况，比如巴塞罗那一名法官已经要求欧盟法院对将 Uber 是归为运输服务公司还是网络平台提供商（网络科技公司）做出初步裁定。故此，应以地方法规的形式切入，在民法、商法、合同法等有关法律条款中增加对有针对性的内容，对分享经济提供方的资质、P2P 交易模式带来的共享物品征税问题、共享物品及服务的基本质量做出相应规定，规范分享经济过程中供需双方的行为。鉴于分享经济的产品或服务，大部分都是非专业人士提供的，服务质量水平肯定参差不齐；政府有必要根据各类产品与服务的特征，制订基本的标准，包括强制性的安全标准与推荐性的产品标准或服务标准，使分享经济更好更快地发展。例如针对住宿分享，监管需要跟上规模扩张的速度，对房东提供的设施和服务设置最低的健康和安全标准；对于共享交通而言，为了与出租车行业明确划清界限，需要通过技术手段，明确共享行为并非以运营和盈利为主要目的；对于二手物品分享，应在所有权归属、质量责任划分、税费等方面建立政策体系。此外，对于涉及的消费者权益保护问题，更应鼓励通过市场机制和模式创新解决，如鼓励保险公司开发各类与共享相关的保险产品等。比如 EATWITH 就与第三方机构合作，提供 100 万美元的保险，免去旅客对于食物中毒等问题的忧虑；Airbnb 在出现房屋被洗劫一空的

现象后，也开始向房东提供免费最高达 100 万美元的财产保险等。

4. 积极推进诚信体系建设，建立分享经济网上信用平台

对于分享经济平台而言，评级系统和互信机制非常重要。政府在对分享经济平台在信用数据积累、共享、使用等方面做出规定的同时，更应建立和分享支撑分享经济发展的各类公共信息平台，同时积极发挥行业协会的信息平台功能。特别是，各大互联网公司在这些年的发展中，某种程度上已经在线上建立了一套用户信用体系，政府应督促现有企业通过第三方信用评价服务或与政府共享信用记录信息等形式，将大数据变为活数据，从而在开展分享经济实践时降低信用成本。比如为了降低共享企业在前期资质核查中遇到的高门槛、耗时长、高费用问题，英国政府已着手采用 GOV. UK Verify 等认证系统，并开放电子化犯罪记录检查。其次，还应大力培育专业的第三方信用服务企业，通过搜集网络中散落的用户点评及共享双方对于服务评价的记录，用以提供专业的交易信用评级服务。例如，TrusCloud 这样的专业的信用服务公司，就是通过跟踪用户在 Facebook、LinkedIn 等社交网站及 TripAdvisor 等点评网站的数据记录，为分享经济平台提供第三方客户信用评级服务的。此外，还应积极推进分享经济行业自律。按照国际惯例，分享经济平台应自觉对发生的所有交易、支付行为和通信互动进行监控，并依靠客户反馈和举报对服务提供者可能发生的错误行为进行提前预防、劝诫及纠正。

5. 加大对分享经济创新的支持力度，形成有利于其发展的良好环境

在加大扶持力度方面，首要的是创造一切条件，支持政府和分享经济业界之间的沟通和相互借鉴。比如，促进公共资源的开放共享，推动中央政府及地方政府出台更有效地利用资源及推进地方合作的相关政策。比如规定城市规划部门对共享设施建设申请应优先受理，对于社区或企业共建的全民共享性基础设施应给予财政补贴。其次，应形成全社会倡导资源节约、激励共享的政策环境，在民众中培育分享的文化。如借鉴国外经验，建立鼓励私人汽车共享的正向与负向双重激励机制，包括建立"共享汽车专用道"、专用停靠点；对高峰时段空驶汽车加征税费，如加收 10% 的空座费等；支持建立创意分享与知识分享的各类非营利性基金；树立互惠互利、节约绿色的消费观念，在全社会形成有利于分享经济发展的氛围等。最后，应依据分享经济的特点，更新政府采购架构并给予适当倾斜。此外，还应

在简化税制的基础上相应制定分享经济纳税的指导意见，立足分享经济的互惠特性及可持续发展的价值，通过提高起征点、低税率设计及先征后退等形式，对分享经济实施适度税收优惠。

参考文献

[1] Agency, S. F. (2014), "Taxis and accessible services division: status of taxi industry", San Francisco Municipal Transportation Agency Report Board Meeting Working Paper, Sep. 16.

[2] Airbnb. (2014), "Airbnb Economic Impact", Airbnb Research.

[3] Bardhi, F. & G. M. Eckhardt (2012), "Access-based consumption: the case of car sharing", *Journal of Consumer Research* 29: 881 - 898.

[4] Belk, R. (2007), "Why not share rather than own", *The Annuals of the American Academy of Political and Social Science* 611: 126 - 140.

[5] Belk, R. (2010), "Sharing", *Journal of Consumer Research* 2: 715 - 734.

[6] Belk, R. (2014), "You are what you can access: sharing and collaborative consumption online", *Journal of Business Research* 67: 1595 - 1600.

[7] Benkler, Y. (2004), "Sharing nicely: on shareable goods and the emergence of sharing as a modality of economic production", *The Yale Law Journal* 114: 273 - 358.

[8] Beyer, S. (2015), "How to solve the Uber vs taxi conflict?" Forbes, May 8.

[9] Botsman, R. & R. Rogers (2010), *What's Mine Is Yours: How Collaborative Consumption Is Changing The Way We Live*, New York: Harper Collins.

[10] Coase, R. (1973), "The nature of the firm", *Economica* 4 (16): 386 - 405.

[11] DellaVigna, S. (2009), "Psychology and economics: evidence from the field", *Journal of Economic Literature* 47 (2): 315 - 372.

[12] Denaro, E. (2015), "Extended abstract: fifty shades of sharing", London School of Economics Working Paper.

[13] Dervojeda, K. et al (2013), "The sharing economy, accessibility based business models for peer-to-peer markets", Business Innovation Observatory, European Union Working Paper.

[14] Dubois, E., J. Schor & L. Carfagna (2014), "New cultures of connection in a Boston time bank", in: Schor J. and C. J. Thompson, *Practicing Plenitude*,

New Haven: Yale University Press.

[15] Edelman B. , M. Luca & D. Svirsky (2016), "Racial discrimination in the sharing economy: evidence from a field experiment", Harvard Business School Working Paper 16 - 069.

[16] Ert E. , A. Fleischer & N. Magen (2016), "Trust and reputation in the sharing economy: the role of personal photos on Airbnb", *Tourism Management* 55: 62 - 73.

[17] EU. (2014), "EU advisory body calls for more collaborative consumption", Euractiv, Jan. 23.

[18] European Commission. (2015), "EP question to the commission, E - 010930/ 2015", Answer provided on 17 September.

[19] European Parliament. (2015), "Social, economic and legal consequences of Uber and similar transportation network companies", European Parliament Think Tank, Oct. 15.

[20] Fang B. , Q. Ye & R. Law (2015), "Effect of sharing economy on tourism industry", *Annals of Tourism Research*, forthcoming.

[21] Felson, M. & J. Spaeth (1978), "Communitive structure and collaborative consumption", *American Behavioral Scientist* 21 (4): 614 - 624.

[22] Fenton, M. (2013), "Making markets personal: exploring market construction at the micro level in the car-sharing and time bank markets", Unpublished manuscript, Harvard University.

[23] Fradkin, S. & A. Sundararajan (2015), "Peer-to-Peer rental markets in the sharing economy", New York University Working Paper, March 6.

[24] Gansky, L. (2011), "Do more, own less: a grand theory of the sharing economy", *The Atlantic* Aug. 25.

[25] Golovin, S. (2014), "The economics of Uber", Bruegel Organization Working Paper, Sep. 30.

[26] Gorenflo, N. (2013), "Collaborative consumption is dead, long live the real sharing economy", Pando Research Paper, March 19.

[27] Griffith, E. (2013), "Does money taint the sharing economy?" Pando Research Paper, March 14.

[28] Grinevich, V. & F. Huber (2014), "Upscaling in the sharing economy: insights from UK", Research Proposal funded by the University of Southampton Strategic Research Fund.

［29］ Gurley, B. (2014), "A deeper look at Uber's dynamic pricing model", Uber Research Paper, March 11.

［30］ Hamari, J., M. Sjöklint & A. Ukkonen (2013), "The sharing economy: why people participate in collaborative consumption", *Journal of the Association for Information Science and Technology* Forthcoming.

［31］ Hagiu, A. & J. Wright (2011), "Multi-sided platforms", Harvard Business School Working Paper.

［32］ Hamari, J., M. Sjöklint & A. Ukkonen (2015), "The sharing economy: why people participate in collaborative consumption", *Journal of the Association for Information Science and Technology*, in press.

［33］ Henten, A. & I. Windekilde (2015), "Transaction costs and the sharing economy", RESER 2015 Working Paper.

［34］ Lawson, S. J. (2010), "Transumers: motivations of non-ownership consumption", in: Campbell M. (eds.), *NA-Advances in Consumer Research* Vol. 37, Duluth MN: Association for Consumer Research.

［35］ Li, J., A. Morenno & D. Zhang (2015), "Agent behavior in the sharing economy: evidence from Airbnb", Ross School of Business Working Paper Series No. 1298.

［36］ Martin, E., S. Shaheen & J. Lidicker (2010), "Impact of carsharing on household vehicle holdings", *Journal of the Transportation Research Board* 2143 (1): 150 - 158.

［37］ Martin, E. & S. A. Shaheen (2010), "Greenhouse gas impacts of car sharing in North America", Mineta Transportation Institute Report 09 - 11.

［38］ Marx, P. (2011), "The borrowers", *New Yorker* 1 (31): 34 - 38.

［39］ OECD (2015), "Taxi services: competition and regulation", OECD Competition Policy Roundtables, p. 7.

［40］ Owyang, J. (2014), "People are sharing in the collaborative economy for convenience and price", Web-Strategist Blog, March 24.

［41］ NYC Taxi & Limousine Commission (2014), "Taxicab factbook 2014", New York City Taxi & Limousine Commission Report.

［42］ Pridmore, J. (2013), "Collaborative surveillance: configuring contemporary marketing practice", Academia Working Paper, No. 426158.

［43］ PWC (2015), "The sharing economy", PWC Consumer Intelligence Series.

［44］ Rayle L., S. Shaheen, N. Chan, D. Dai & R. Cervero (2014), "App-based, on-demand ride services: comparing taxi and ridesourcing trips and user character-istics in San Francisco", University of California Transportation Center Working Paper, UCTC-FR - 2014 - 08.

[45] Rifkin, J. (2014), "The zero marginal cost society: the internet of things, the collaborative commons, and the eclipse of capitalism", Palgrave Macmillan.

[46] Rochet, J. & J. Tirole (2006), "Two-sided markets: a progress report", *The Rand Journal of Economics* 37 (2): 645 - 667.

[47] Rogers, B. (2015), "The social costs of Uber", *The University of Chicago Law Review Dialogue*, Forthcoming.

[48] Rosenblat A. & L. Stark (2015), "Uber's drivers: information asymmetries and control in dynamic work", Workshop paper for the winter school "Labor in the on-demand economy" at the Centre for European Policy Studies in Brussels, Belgium November 23 - 25.

[49] Schor, J., & C. Fitzmaurice (2015), "Collaborating and connecting: the emer-gence of the sharing economy", In J. F. Schor, *Handbook on Research on Sustain-able Consumption*, Cheltenham-Edward Elgar, UK.

[50] Stokes, K., E. Clarence, L. Anderson & A. Rinne (2014), "Making sense of the UK collaborative economy", Nesta Report, September.

[51] Thierer, A., C. Koopman, A. Hobson & C. Kuiper (2015), "How the Inter-net, the sharing economy, and reputational feedback mechanisms solve the lemon problem", SSRN Working paper May 26.

[52] Uber (2014), "DUI rates decline in Uber cities", Uber Newsroom, May 5.

[53] Uber (2015), "Economic benefits of peer-to-peer transport services", *Copenhagen Economics* 8.

[54] Zervas, G., D. Proserpio & J. Byers (2015), "A first look at online reputation on Airbnb, where every stay is above average", Boston University School of Man-agement Research Paper Series, April 12.

[55] 阿普里尔丹博斯基、蒂姆布拉德肖:《"分享经济"时代来临》,英国《金融时报》2013 年 9 月 22 日。

[56] 西京京、叶如诗:《美国分享经济考察调研报告》,《互联网天地》2016 年第10 期。

创新设计：迈向制造强国的助推器[*]

王晓红^{**}

摘　要　本文站在全球新产业革命和制造业变革以及创新驱动发展战略推动我国制造业转型升级的高度，全面系统地分析了我国制造业创新设计面临的国际国内环境重大变化，研究了我国创新设计取得的主要成就及发展面临的主要问题和制约因素，提出了未来我国制造业创新设计的发展原则、发展目标和主要任务，以及创新设计的重点发展领域和优化区域总体布局的思路，同时从完善创新设计公共服务体系建设、完善相关财税融资政策、加快探索设计人才体制机制创新、优化创新设计发展环境、推动设计服务业交流合作与对外开放等方面，提出了相关保障措施和政策建议。

关键词　创新设计　工业设计　制造强国　开放融合

设计是人类具有创意的集成创新活动，是产业链、创新链和价值链的源头，是将信息、知识、技术和创意转化为产品、工艺、装备和经营服务的先导。它决定着制造和服务的品质及价值，也是实现原始创新、融合创

---

*　本文是工信部、中国工程院课题"制造业创新设计发展行动纲要研究"的总报告。在研究写作中，课题组组长、全国人大常委会原副委员长路甬祥同志在总体思路和具体细节上都给予了许多精心指导并提出了宝贵意见，研究还得到了中国国际经济交流中心副理事长张大卫、常务副理事长张晓强、咨询委员会主任王春正同志的具体指导意见，以及课题组成员和有关专家的支持帮助。作者在此一并表示衷心感谢。

**　王晓红，中国国际经济交流中心信息部副部长、教授。

新、颠覆性创新的重要路径。创新设计是工业设计由工业化时代进入网络信息时代的发展，它以知识网络时代为背景，以产业为主要服务对象，以用户需求驱动设计创新，具有绿色低碳、网络智能、开放融合、共创分享等主要特征，为产品和产业提供系统性服务，通过集成各种新技术、新材料、新工艺、新业态，不断推动产品创新、产业创新和服务模式创新，实现科技成果转化，创造新的市场需求。创新设计涵盖了产品设计、流程设计、工程设计、环境设计、服务设计等领域。当前，新一轮科技革命和产业革命正在蓬勃发展，市场多样化、消费个性化的物质文化需求日益增长，人类应对资源环境压力、气候变化、网络安全等重大挑战不断增多，为创新设计发展提供了难得历史机遇。"十三五"是我国实施创新驱动发展战略推动产业结构调整和转型升级的关键时期，创新设计能力薄弱已经成为制约我国制造业发展和国际竞争力的重要瓶颈。大力发展创新设计是实现我国制造业从跟踪模仿到引领跨越，从全球价值链中低端迈向中高端水平的重要突破口，对于深化制造业供给侧结构性改革，提高制造业自主创新能力、产品出口竞争力和可持续发展能力，构建智能化、绿色化、服务化的新型制造体系，切实推动"中国制造向中国创造转变，中国速度向中国质量转变，中国产品向中国品牌转变"，实现迈向制造强国的宏伟目标具有重大战略意义。

一　我国制造业创新设计的发展环境

当前，我国制造业面临的国际国内环境已经发生重大变化，既蕴含机遇又面临严峻挑战，凸显了发展创新设计的紧迫性。

（一）创新设计发展面临的国际环境

1. 新一轮科技革命和产业革命正在推动全球制造业变革。金融危机之后，世界经济结构深度调整、产业竞争格局正在重塑，新技术、新产业、新业态不断孕育，成为推动未来经济增长的新动能。制造业正在成为新一轮全球产业竞争的焦点。美日欧等发达国家及地区纷纷实施"再工业化"战略，通过研发设计创新继续占领全球制造业制高点，重构全球制造业布局，重塑竞争新优势。美国第三次工业革命通过推动可再生能源、分布式能源生产和配置、氢能存储、新能源汽车等技术创新，引发了世界能源革命；德国工业 4.0 通过推动大数据、人工智能、机器人、数字制造等应用，改变了未来全球制造范式。全生命周期管理、供应链管理、服务外包、电子商务等新兴业态正在重塑全球价值链体系、重构产业组织形态，以机器人、可穿戴智能产品、智能家电、智能汽车等为主的智能终端产品正在引导未来生产和消费需求，智能装备、智能工厂等正在引领制造方式变革，互联网、物联网、数据网、服务网将代替传统封闭性的制造系统成为未来工业发展的基础，智能制造、网络协同制造、定制化制造、绿色制造等将成为主要业态。

2. 创新设计成为引领支撑制造业变革和可持续发展的主要驱动力。随着互联网、物联网、移动互联网、大数据、云计算等信息技术广泛应用，以及人工智能、3D 打印、加强虚拟现实/增强现实/混合现实（VR/AR/MR）、生物工程、新能源、新材料等新技术的蓬勃发展，引发了设计创新理念、范式、工具及设计实施者、设计内容等的变革。设计与互联网、产业、新技术的深度融合，正成为推动传统制造向服务型制造纵深发展、不断引发新的业态革命和产业革命的重要引擎。大规模个性化定制设计及众创、众包、众筹等新的设计模式，有力地促进了制造商、消费者、营销商、服务提供商之间的紧密融合与协同创新，成为推动全球制造业创新方式、组织方式、生产方式变革的重要路径。随着全球应对气候变化、资源环境的挑战日益加剧，推动绿色低碳的发展方式、消费方式、生活方式已经成为各国关注的焦点，通过创新设计建立智能高效、安全节能、循环经济的制造体系，正在成为提高能源资源综合利用效率，实现制造业可持续发展的重要路径。

3. 创新设计成为企业在新产业革命中竞争成败的决定性因素。实践证明，由于苹果、微软、英特尔、谷歌、罗尔斯·罗伊斯等一批世界跨国企业牢牢把握住新一轮科技革命和产业革命的有利机遇，依靠源源不断的创新设计成果占据了全球价值链高端，引领全球产业创新发展潮流。苹果公司移动智能终端的创新设计，不仅引领了全球移动互联网产业发展，而且创造了基于 iOS（苹果公司开发的移动操作系统）的共创分享平台，推动了互联网金融、网络物流、网络零售等新兴业态创新。与之相比，爱立信、摩托罗拉、诺基亚等企业虽然不乏优秀的工业设计成果，但因未能抓住网络智能终端这一创新设计的发展契机而导致衰落。

4. 创新设计已经成为发达国家创新战略体系的重要组成部分。以设计推动企业创新、产业创新、社会创新和城市创新是发达国家实施的重要创新战略。自工业化时期以来，美日欧等发达国家及地区始终高度重视设计对产业创新的重要作用，把设计竞争力作为提升产业竞争力和国家竞争力的重要手段，并将设计纳入国家和区域创新政策体系之中，制定明确的顶层设计、组织规划、促进政策和实施路线图，不断完善创新设计促进政策。长期以来，发达国家通过不断提高创新设计能力推动传统产业升级和新兴产业成长，强化设计与科技、经济、社会、教育、文化的相互融合，并在设计基础研究、设计成果转化应用等方面进行大量投入。

（二）创新设计发展面临的国内环境

1. 发展创新设计是我国制造业应对国际国内严峻形势挑战的迫切要求。"十三五"时期我国制造业结构正在加速调整，面临新旧动能转换、新旧产业交替的阵痛，以及经济增速放缓、要素成本全面上升、资源环境约束加大、贸易增速下行等不利因素的挑战。同时，我们也面临全球经济复苏缓慢、治理结构变革重构、投资贸易规则加速调整及政局不稳、金融动荡、不确定因素增多等来自国际社会的挑战。随着发达国家实施再工业化战略，以及我国要素成本上升所引致的跨国公司加工制造业向其他发展中国家转移，我国将面临发达国家振兴高端制造和发展中国家低成本制造竞争的双重挑战。这迫切要求我们通过创新设计引领、提升自主创新能力，把握发展的主导权和话语权，重塑制造业新的国际竞争优势。

2. 发展创新设计是实现迈向制造业强国之路的必然要求。目前，我国虽然是世界制造业大国，但大而不强，全球产业分工处于中低端的基本格局还没有改变。多数企业自主创新能力不足，缺乏关键核心技术和自主品牌，关键零部件主要依赖进口，产品附加值低、高端产品供给不足等问题十分突出，"高投入、高消耗、高污染、低效益"的发展方式依然严重，"三去一降一补"的任务艰巨。这种依靠要素投入、规模扩张的粗放型发展方式已经走到了尽头，迫切需要我们通过强化创新设计实现调结构、转方式、补短板，从终端治理转向源头治理，走出一条创新驱动、绿色低碳、可持续发展的新型工业化道路。

3. 制造业大国地位和互联网新经济蓬勃发展为创新设计奠定了坚实基础。我国制造业规模已跃居世界第一位，且制造体系完整、自主创新能力和国际竞争力不断增强，成为国民经济发展的重要支柱和全球制造业增长的主要动力，为迈向世界制造强国和设计强国提供了基础条件与发展空间。我国互联网、物联网、无线宽带、移动终端、超级计算等技术和基础设施水平已位居世界前列。"互联网＋制造"的快速发展正在重构制造业的创新链、价值链和供应链体系。通过设计与制造、设计与服务深度融合将有效带动信息化与工业化深度融合，促进传统制造业创新变革，实现由规模增长向提质增效转变，由传统制造向服务型制造转变。

二 我国制造业创新设计的发展成就与面临的主要问题

（一）创新设计的主要发展成就

1. 制造业创新设计竞争力显著提高。"十二五"以来，我国在轨道交通、航空航天、海洋探测、高端装备、能源电力、新材料、消费电子、通信等重点行业的创新设计能力已经取得重大突破。涌现出北斗导航、神舟系列飞船、嫦娥探月工程、长征运载火箭、蛟龙号载人潜海器、天河超级计算机等具有世界先进水平的创新设计成果。我国专利申请量和授权量多年位居世界前列。2015 年我国专利申请总量 2289346 件，其中发明专利 955342 件、实用新型专利 859925 件、外观设计专利 474079 件，占比分别达到 42%、37%、21%。2016 年我国三种专利申请量达到 346.5 万件，同比增长 23.8%，其中发明专利申请受理量为 133.9 万件，同比增长 21.5%；PCT 国际专利申请受理量超过 4 万件；每万人发明专利拥有量达到 8 件。截至 2016 年底，我国共有国家级工业设计中心 64 家、国家工程技术研究中心 377 家、国家级企业技术中心 1276 家。

2. 企业创新设计能力不断增强。一是企业创新设计投入不断增长。2015 年我国 R&D 经费支出 14220 亿元，占 GDP 的 2.10%，其中 77% 的来自企业，70% 左右的工业设计活动在制造企业内部进行。制造企业的数字化研发设计工具普及率从 2013 年的 52% 上升为 58% 以上。二是企业专利数量和自主知识产权增长较快。规模以上制造业每亿元主营业务收入有效发明专利数从 2013 年的 0.36 件上升到 2015 年的 0.44 件。2015 年专利密集型产业增加值占国内生产总值（GDP）的比重达到 12.4%，专利质押融资额达 436 亿元，知识产权贯标企业达到 1.8 万家，各类重点产业知识产权运营基金首期募集资金 42.8 亿元，涌现出一大批知识产权示范企业和优势企业。世界知识产权组织发布报告显示，2015 年我国提交专利申请约 2.98 万件，列世界第三位，增速居第一位。三是新产品市场占有率不断提高。麦肯锡报告表明，在高铁、风力发电机、电信三大基础工程行业中，我国供应商占全球营收比例分别为 41%、21% 和 18%。工信部对国内 3 万家企业调查表明，2014 年我国制造企业新产品占销售总额比重为 24.1%。四是自主品牌快速成长。涌现出华为、中兴、联想、海尔、格力、小米、上汽、三一重工、徐工、中国商飞、中核集团、大疆等一批设计创新型品牌企业。五是配置全球设计资源的能力逐步增强。一批有条件的大型制造企业到海外设立研发设计中心，充分利用海外设计人才、资源、网络，面向当地或全球市场不断进行设计创新。

3. 设计服务业蓬勃发展。我国设计服务集聚化、专业化、组织化、融合化水平日益提高。一是创新设计区域和园区已经形成明显的集聚效应。深圳、上海、北京相继被联合国教科文组织命名为"设计之都"，这三大城市集聚了 2 万家以上的设计企业和全国 80% 以上的设计人才。全国还出现了设计特色小镇等设计与产业、城市密切融合的新模式，如广东顺德北滘设计城等。一些设计园区示范带动效应逐步显现，园区内有利于设计人才交流、设计成果交易、设计企业发展的创新平台和环境日臻完善。二是设计服务外包推动专业设计服务企业加速成长。截至 2015 年，有 15 家工业设计公司成为国家级工业设计中心。一批专业设计公司逐步承接国际高端综合设计业务，为制造企业提供全流程、全产业链设计服务，与制造企业形成了良好的共生关系，在手机、电子产品、汽车等领域已经出现了具有国际影响力的设计公司。三是新的设计范式快速推广应用，设计与制造、服务更加紧密融合。计算机辅助技术、3D 打印、虚拟现实、VR/AR/MR、过程集成与优化设计工具（PIDO）、超级计算等新的技术手段在设计领域已经大量推广应用；个性化定制、数字制造、网络智能制造、软硬件融合等新的设计制造范式正在兴起；众创、众包、众筹等平台服务模式设计正在广泛应用。四是全国各类设计行业组织竞相发展。以中国创新设计产业联盟为龙头的行业组织蓬勃发展，在创新设计推广、设计产业化推动示范等方面发挥了重要作用；各地工业设计协会不断健全，有力促进了区域创新设计发展。五是设计大奖的标杆作用已经显现。"中国优秀工业设计奖""中国好设计""红星奖""广东省长杯""光华龙腾设计奖"等国家设计大奖、地方设计奖和民间设计奖已经成为好设计的风向标，对于提升中国设计的全球影响力具有重要作用。

4. 国家创新设计促进政策体系不断完善。"十二五"以来，国家相继出台了一系列创新设计促进政策，包括《关于促进工业设计发展的若干指导意见》《关于推进文化创意和设计服务与相关产业融合发展的若干意见》等，《中国制造 2025》已经明确指出提高制造业创新设计能力，《国民经济和社会发展第十三个五年规划纲要》明确提出实施制造业创新中心建设工程，《"十三五"国家科技创新规划》明确提出"提升我国重点产业的创新设计能力"。这些都从国家战略层面为促进创新设计快速发展创造了有利政策环境。

5. 设计人才规模位居世界前列。截至 2015 年，我国有 228 所高等院校设立了工业设计专业，设立产品设计专业的院校 333 所，设立机械设计专业的院校 393 所。2015 年全国高等院校应届设计专业毕业生规模达 10 万人以上，成为全国毕业生人数最多的十大专业之一。目前，我国设计师队伍达1700 万人左右，居全球首位，占全球设计师总量的 19%，占亚洲设计师总量的 45%；其中，工业设计从业人员超过 50 万人。

（二）创新设计发展存在的主要问题

目前，我国创新设计仍面临着一些主要问题。一是关键领域创新设计能力不足，设计与产业的融合度不高。在世界知识产权组织划分的 35 个技术领域中，我国在光学、发动机、半导体、基础通信程序、音像技术、医学技术及医药、生物科技等领域的设计国际竞争力较差，与发达国家存在明显差距。在设计软件、3D 打印、材料、模具、工艺等方面自主创新能力较弱。二是企业创新设计竞争力有待增强。企业重制造、轻设计研发的传统思想依然严重，多数企业缺乏原创设计，满足于从国外进口设计和技术。设计服务企业竞争力较弱，还没有形成具有世界品牌影响力的专业设计服务企业，设计服务企业与制造企业的融合能力不够，多数设计服务企业局限于传统经营模式，缺乏价值链高端综合业务拓展能力。三是创新设计服务体系仍不完善。设计服务平台、公共数据库不完善，设计资源分割、难以共享。设计成果转化和交易的体制机制尚存在较多障碍，缺乏国家级设计成果交易平台，设计成果定价与评估机制不完善。四是设计教育体制改革滞后，学科知识融合不够，高端设计人才缺乏。五是知识产权保护有待加强。专利申请效率低、侵权行为惩治处罚力度小、维权成本高等是其重要制约因素。全社会尊重设计创新的环境还没有形成。

三　我国制造业创新设计的发展原则和发展目标

我国制造业创新设计发展应牢固树立"创新、协调、绿色、开放、共享"的理念，紧紧抓住数字网络经济和新产业革命机遇，按照创新驱动发展战略和实施制造强国战略的总体部署，以"中国制造2025"为统领，以供给侧结构性改革为动力，促进制造业转型升级和提质增效，实现设计制造服务的全产业链创新发展，引领企业走向自主创新、自主品牌和服务增值之路，全面提升制造业价值创造能力、国际市场竞争力和可持续发展能力，为实现中华民族伟大复兴的中国梦提供强大的物质基础和创新动力。

（一）发展原则

1. 创新驱动，支撑引领。强化设计在制造业创新链中的核心地位，以及对于推动制造业转型升级和新产业革命发展的支撑和引领作用，全面提升企业自主创新和可持续发展能力。通过设计集成创新，力争突破基础和关键核心技术瓶颈，提升新产品开发能力和系统集成能力，提升产品、系统、工艺、装备、经营管理和服务等创新能力，不断推动新技术、新材料、新工艺的广泛应用和新业态、新商业模式不断发展，力争抢占世界科技前沿和战略性新兴产业的制高点，由模仿跟踪者成为全球创新引领者。通过创新设计探索绿色低碳、智能高效的新型工业化发展道路。通过深化体制改革和机制创新，不断完善创新设计政策环境，激发企业和社会创新活力，推动"大众创业、万众创新"蓬勃发展。

2. 着力高端，重点突破。以推动制造业价值链迈向中高端水平为着力点，促进创新设计在制造业重点领域取得突破和跨越。推动制造业在全面提升产品绿色化、智能化和标准化水平的同时，引导企业针对消费者多样化、个性化、绿色化、高端化等消费结构升级的新趋势，由大规模量产逐步向个性化定制、体验式设计等新范式转变。推动新一代信息技术在设计领域广泛应用，促进制造业走向智能化、网络化、数字化、绿色化和服务化。推动工业设计由外观造型向高端综合设计发展，由产品设计向工艺流程设计、系统解决方案设计、品牌设计和服务模式设计拓展。重点突破设计软件、共性技术及高端智能装备等关键领域的自主设计开发能力。

3. 开放融合，共创分享。通过广泛汇集全球设计知识、人才、技术等创新资源要素，构建开放协同、跨界融合的全球创新设计网络体系，促进国际国内的设计理念融合、知识融合、人才融合、方法融合和产业融合。促进国内创新设计跨产业、跨学科、跨地区融合发展，构建面向产业、和谐包容、协同发展的创新设计生态系统，充分提高公共设计资源开放共享水平。通过构建开源软件平台及众包、众创、众筹等共创共享平台，促进社会创新发展。促进设计与制造业深度融合、设计与互联网深度融合，以及设计与物流、金融等服务业深度融合，加快提升制造业信息化水平和设计服务能力。

4. 以人为本，永续发展。坚持以用户需求为导向驱动创新设计发展，引导设计注重资源高效利用和生态环境，通过创新设计引导绿色低碳的生活方式和消费方式。通过创新设计有效实施"三品战略"，丰富市场多样性，满足消费者个性化的物质文化需求，提高大众生活质量，提高公共服务和安全保障能力。把人才作为提高创新设计竞争力，建设世界设计强国的第一要务，完善设计人才激励机制、评价机制、培养机制。形成有利于"大众创业、万众创新"的人才环境。

5. 示范带动，全面推进。按照以点带面、以线带片的原则，选择重点企业、重点产业、重点城市、重点区域开展创新设计示范工作，不断探索体制机制改革与政策创新路径，通过不同层次的试点和示范，为完善国家创新设计政策提供经验。在传统制造业、战略性新兴产业、现代服务业的重点领域实施创新设计示范工程。

（二）发展目标

应紧紧围绕建设制造强国和设计强国的战略目标，实现我国制造业创新设计跨越发展，有效推动制造业自主创新能力跃升。

到 2025 年创新设计能力全面增强。在传统制造业、战略性新兴产业和现代服务业，全面推广应用创新设计理念以及绿色、智能、协同的先进设计技术，促进设计与产业加速融合，新产品、新业态、新产业将持续涌现。设计专业化、市场化和国际化水平大幅提升，企业设计竞争力显著增强，逐步形成龙头企业带动，中小企业充满创新活力，政、产、学、研、媒、用、金密切合作的协同创新生态。逐步完善创新设计服务体系和公共服务平台建设。加快形成以服务产业为导向，知识融合、开放创新的设计教育体系和多层次、复合型的设计人才体系。逐步形成具有中国特色的创新设计文化环境。重点建设若干创新设计示范城市、创新设计示范区、创新设计产业集群以及若干家国家级工业设计中心、创新设计示范企业等。

到 2035 年创新设计竞争力大幅跃升。创新设计成为引领制造业创新和经济社会可持续发展的重要动力。中小企业成为设计创新主体，形成一批设计创新型跨国企业和具有国际影响力的设计服务企业，形成一批国际知名的自主品牌，形成若干具有国际影响力的创新设计产业集群，形成若干设计明星城市，进入世界设计一流国家行列。

到 2050 年创新设计强国地位巩固，对全球设计创新将发挥引领作用。优势领域创新设计能力将达到国际领先水平。建成全球领先的设计创新体系。

四　我国制造业创新设计发展的主要任务

（一）全面提升产业创新设计能力

通过创新设计加快形成绿色制造、智能制造和服务型制造等新的生产方式，推动制造业与互联网新兴业态融合，加快提升产业转型升级能力和国际竞争力。一是着力提升先进制造业和战略性新兴产业创新设计能力。应重点提升电子信息、高端装备、新能源、新材料、航空航天、轨道交通、节能环保等领域的关键技术创新和系统集成创新能力，形成具有自主知识产权的新产品、新材料、新工艺和新装备，加速形成其国际竞争优势。二是着力提升传统产业创新设计能力。利用创新设计推动传统产业升级，有效支撑制造业质量战略和品牌战略，加速传统产业与新技术、新业态融合，信息化与工业化融合，推动传统产业的融合创新、集成创新、迭代创新和服务创新。重点提升冶金、能源、机械、汽车、家电、服装、日用消费品等领域的转型升级能力，实现从产量规模到技术质量领先向自主品牌跨越，从产品出口向输出系统、服务和标准转变。三是着力提升现代服务业创新设计能力。提高软件、芯片、集成电路、网络信息服务、电子商务、文化创意、供应链管理等领域的设计研发能力，为制造业发展提供核心动力和高端服务。通过服务业态持续创新，创造崭新的市场需求。

（二）提高企业创新设计竞争力

强化企业在创新设计中的主体地位，引导企业增加设计投入，支持大中型企业设立创新设计部门，形成研发设计双轮驱动的创新模式。增强企业设计国际竞争力，努力培育一批设计能力强、掌握关键核心技术、拥有自主品牌的世界级制造企业，支持有能力的制造企业通过收购国际设计团队、设立海外研发设计中心等方式整合全球设计创新资源。引导中小企业向"专精特优"发展，通过掌握和拥有核心设计、技术和专利形成全球产业链，造就单项冠军。促进产、学、研、用紧密合作，构建"设计＋研发＋用户体验"的创新生态系统，提高设计成果转化效率。支持企业与高校、科研机构共同组织开展共性关键设计技术联合攻关，提升基础性、原创性设计能力。增强设计企业面向产业服务的能力，提高专业化和国际化水平。推动设计服务外包发展，促进设计服务企业嵌入制造产业链，与制造企业形成长期合作共生关系，共同开拓国际国内市场。

（三）发挥创新设计在产业链中的引领作用

以创新设计低碳产品及工艺流程、实现全生命周期与整体系统的绿色化为目标，以促进产品链、产业链、供应链高效融合和价值链全面提升为导向，构建以设计为主导的创新链。一是提升产品设计创新能力，有效支撑"三品战略"。重点强化产品功能结构、外观造型和品牌等设计，丰富品种、提高质量，提升自主品牌影响力。通过集成新技术、新材料和新工艺形成具有自主知识产权的新产品，充分运用互联网、物联网、大数据、云计算、虚拟仿真、智能控制、3D 打印、人工智能等新技术，推广个性化定制设计、智能化设计、网络协同设计等新模式。实现数字化、智能化、网络化制造，提高制造效率。二是提升工艺流程和装备设计创新能力，推动制造业向绿色低碳、网络智能转型。鼓励企业、产业园区使用循环经济设计、优化工艺流程设计，形成低碳节能的生产方式。提高供应链管理信息化设计和服务设计水平，构建网络化、平台化的高效供应链管理系统，提高整合社会物流、信息流、资金流等要素资源的能力，有效降低企业流通成本和要素成本。三是提升服务模式设计创新能力。重点提升整体方案解决设计能力，推动产品全生命周期设计，实现从产品研发设计、制造到用户的无缝连接，从生产到服务的全产业链价值提升。强化互联网新兴业态和新商业模式设计，以鼓励制造企业使用互联网零售、用户体验等商业模式为消费者提供个性化、便利化服务，拓展利润增值空间。四是通过推动设计与制造深度融合促进制造企业由加工生产型向服务型制造升级。服务型制造已经成为全球制造业发展的主流趋势，这一趋势将扩大制造企业的设计服务需求，同时也将使越来越多的设计服务企业嵌入制造产业链，应积极引导大中型制造企业通过使用设计向服务型制造转型。

（四）实施创新设计人才战略

把培育和造就创新型人才放在首位。按照世界设计强国目标实施创新设计人才工程和计划，优化设计人才结构，加快推动设计教育模式创新和设计人才体制创新，形成有利于创意创造和创新创业的环境。鼓励设计师领衔和依托设计成果创业，积极推广"创新设计工作室""创客空间"及设计创业群等众创模式。将培养设计领军人才和高端人才纳入国家人才战略。树立设计从娃娃抓起的理念，鼓励青少年开展创新设计活动，设立国家创新设计奖学金、青少年创新设计基金等用于专门资助青少年的优秀创新设计，支持大学生、研究生以设计成果创业，建立学生设计成果交易平台等载体促进其设计成果产业化。构建跨界融合的设计教育体系，形成立足中国特色、融汇国际标准、对接市场需求的课程体系。努力建设国际一流设计学院和若干特色设计学院。提高设计人才国际化水平，建立多渠道、多形式的海外设计人才引进和交流机制，鼓励海外设计领军人才到国内创业、从事设计专业及管理工作。

（五）加强创新设计基础研究和共性技术平台建设

一是加强创新设计基础体系建设。逐步构建具有中国特色的创新设计理论体系，建设数字化、网络化、绿色化和智能化的设计技术体系，建立国家、区域、行业创新设计工程中心体系，尤其要形成一批带动力强、特色突出的区域创新设计中心，提高服务区域产业转型升级能力。二是加强设计共性关键技术研发。加大力度开发具有自主知识产权的关键设计工具软件，支持面向市场和企业的设计基础工具及软件研发。发展智能化设计、与过程集成的设计、复杂过程和系统设计等共性技术。自主研发用于智能产品、智能制造、智能管理、大数据挖掘等领域的设计工具，以及云计算、虚拟仿真、智能控制和嵌入式操作系统等软件设计。加快构建设计通用技术平台。三是加强设计大数据平台建设。重点围绕设计知识数据库、材料科学数据库、商业大数据、专利大数据等行业基础平台。推动产品设计的全数字化模拟试点。推动工业技术模型数据库应用与交易平台建设，建立开源工业模型数据库和众筹交易平台。四是加强共创平台基础建设。发挥互联网、大数据、云计算、VR/AR/MR 等对网络协同设计、智能设计等技术环境和平台的支撑作用，建设覆盖全国的世界级宽带网络和应用系统，形成基于开源创新的"创客"网络分享平台。

五 我国制造业创新设计发展的重点领域

（一）优先发展的领域

战略性新兴产业是我国与发达国家争夺新产业革命和新技术革命制高点的关键行业，也是我国具有赶超优势的行业，应作为创新设计的优先发展领域，重点发展以下领域。

1. 高档数控机床和机器人设计。重点加强高档数控机床和机器人关键零部件的设计研发，逐步实现系统开发平台、高档数控机床加工控制软件、工业机器人控制软件的国产化。加强精密测量和控制方式设计、结构材料和运动结构设计，强化数控机床软硬件综合设计能力，提升加工精度、效率和可靠性。加强多功能工业机器人及服务机器人、特种机器人设计，提高产业化和规模化水平，大力推广其在生产和消费领域的广泛应用。发展数字化工厂布局设计，推动形成网络智能协同制造和新的服务模式。

2. 轨道交通装备设计。重点发展列车转向架、高速列车车轴、列车牵引传动及制动系统、列车控制及辅助驾驶系统等一系列关键软硬件设计。通过优化车体材料、结构、内部布局、辅助装备和设施等方面的创新，降低运输能耗及对环境的影响。适应城市发展需要，设计先进地铁（城轨）、快速有轨电车、中低速磁悬浮、跨座式单轨、市郊通勤动车组等新型轨道交通工具。

3. 航空航天装备设计。加大航空航天复杂系统集成设计研发软件平台投入，大力发展数字化、网络化的设计支撑平台，提高仿真模拟技术在设计研发中的应用。加大设计软件、设计工具和设计系统的自主开发力度，实现研发设计制造装备平台一体化。突破航空发动机、大推力运载火箭等系统关键设计。发展卫星应用设计，重点拓展卫星定位、通信、对地观察和全球区域经济运行监测、环境污染监测、交通等领域的应用功能。

4. 海洋工程装备和高端船舶设计。重点发展海上钻井平台装备设计，提升耐久性和机动性。提高远海油气生产保障装备体系设计能力。发展极地破冰船、深海潜航器、深海空间站、水下机器人等海洋科考专用船舶及装备设计。加强远洋渔业装备及军民两用运输船舶设计，发展大容量多功能运输船舶、民用运输船舶准军事化设计，增强海上救援和海洋权益保障能力。

5. 电子信息产品设计。提高电子信息产品的系统集成解决方案能力，发展自然交互技术，鼓励引领未来产业方向的产品原型开发，重点在室内、移动和穿戴三大类产品的原型设计上突破。发展集成电路设计，促进计算和存储芯片领域的基础材料、工艺、软硬件集成协同创新，逐步实现进口替代。提高大型计算设备设计水平，提升超级计算机、服务器集群同时服务于多客户端的能力。顺应消费个性化需求，提升个人计算机及智能终端设计水平。加强新一代互联网、物联网及传感设备和移动通信基础设施设计。加强 VR \ AR \ MR 设备的研发设计，根据工业研发测试需要设计仿真模拟系统平台，在立体显示、渲染特效等方面追赶世界先进水平。

6. 节能环保设计。发展石油化工、钢铁冶炼、有色金属、建材、造纸等行业节能环保设计，提高材料废弃物回收利用率。加快发展各类节能环保装备设计。围绕能源利用发展各类余热回收装备设计，重点发展空气和水资源净化、垃圾分类回收及加工处理、智能化节水、太阳能利用装置等设备设计，发展储能、户用节能环保、农业废弃物加工转化等设备设计。加强产业园区循环经济设计，提高社区、建筑群等节能环保设计水平。加强能源智慧管理等服务模式设计。

（二）优化提升的领域

针对我国传统制造业转型升级的制约瓶颈和障碍，通过创新设计的优化提升推动传统产业升级，重点发展以下领域。

1. 汽车设计。重点提高自主品牌汽车设计能力，逐步提升汽车智能化设计水平。加快建立汽车设计大数据和共性技术平台，重点攻克关键零部件研发设计，推行自主制定的零部件标准及适配体系、节能环保标准体系。大力发展新能源汽车设计，加大动力发生及充电系统、动力回收利用系统等关键环节设计研发投入与材料和外观造型、结构设计。发展大型乘用车、冷链物流车、农用车等专用汽车设计。探索太阳能动力车、互联网汽车等新型汽车设计。

2. 工程、农业及动力机械设计。重点发展机械智能化设计，提升程序化控制、自动化运行能力和危险环境无人化、少人化作业水平。提高建筑、矿井、交通隧道、农业等领域专用设备的安全可靠性、耐用性和环境友好性。加快发动机、大马力柴油机、工业燃气轮机等动力机械设计。创新服务模式设计，支持企业从生产销售产品为主向工程总承包、远程运营维护和经营管理服务商转型，积极推广设备租赁、全生命周期管理及产品回收和再制造服务等新模式。

3. 纺织服装设计。推动数字设计工具应用，实现服装设计模板的数字化、标准化和规范化。促进逆向工程、立体摄影、3D打印等技术手段在样衣设计和展示中的应用。推行面料设计绿色化，加快金属和碳纤维、特种合成材料、纳米化处理等新材料技术在特种服装领域的运用。发展人体工学设计，依托个性化服装定制建立数字化档案，形成国民体型数据库。发展智能服装和功能性纺织品设计，依托大数据和互联网优势加快个性化、定制式服装营销服务模式的设计创新。

4. 家电产品设计。推动家电产业从大规模制造向大规模个性化定制转变，由同质化低价竞争向塑造品牌核心价值转变。推动设计原型技术平台、大规模定制产品平台及产品设计标准体系建设。发展新材料在家电产品中的设计应用，把绿色材料、能耗、可循环性作为家电产品设计评价的关键性指标，推动家电产品的绿色化设计，发展智能家电生态产业链设计。

5. 家居产品设计。以绿色健康为导向和价值取向，推动新材料、新技术在家居产品的应用。通过产品的模块化和标准化设计建立新的家居产品定制设计平台，引导企业建立服务品牌。重点发展智能家居产品研发设计，突破可循环设计技术瓶颈。推动家居产品的安全、绿色、健康设计标准认证。

6. 消费品设计。以"三品战略"为主线推动绿色、健康、智能消费品设计，着力增强高端消费品供给能力。提高 3D 打印、数字化、智能化、新材料的应用水平，推动建立绿色产品设计体系。发展消费品设计的中间层次设计技术，建立公共设计服务平台和检验认证平台，突破大规模定制平台的技术瓶颈，建立适合用户需求模块化定制的产品标准。提升品牌创意和服务设计水平。

（三）积极培育的领域

着力瞄准未来市场需求前景广阔、设计创新潜力大的高新技术行业进行培育，通过强化创新设计使其做大做强，重点发展以下领域。

1. 医疗健康设计。以高端和普惠医疗设备为重点，发展医疗器械核心零部件设计，实现大型基础医疗器械核心零部件国产化。发展核医学诊断和治疗设备、基因诊断设备等设计，运用 3D 打印等新技术发展人体植入材料和义肢设计，发展智慧医疗设计，加强远程诊疗系统和人工智能软件设计开发。发展可穿戴医疗设备和医疗机器人设计。

2. 新能源设计。重点发展海上风力和太阳能发电机组设计及大规模新能源装备、分布式能源系统装备设计，提高风力发电站、太阳能发电站机组容量，延长设备寿命，降低运行维护成本。加强小微型新能源产生、储存装置及智能管理设计。发展氢能等先进清洁能源和智能电网设计。

3. 新材料设计。重点发展新型结构材料、信息材料、生物医用材料、能源与环境材料、碳材料及其复合材料、超常环境材料等设计。发展高强度、超轻异型结构设计及可变形柔性结构设计、量子点可控、原子组装、分子设计、仿生设计等，采用材料高通量计算方法，高通量制备与表征技术，面向材料基因组工程的材料大数据技术、超精密微成型技术、外延生长技术、改性及修复技术、三维空间构象技术、低温烧结技术、扩链聚合技术、差异化混编技术等，实现先进基础材料的升级换代，以及关键材料的创新研发、测试，表征设备和规模化生产装备的设计，支撑制造业的转型升级。

4. 微纳设计。重点发展纳米发电机、超导纳米线单光子探测器、量子芯片、量子计算机、分子机器药物传输系统、微靶向性药物、微创医用血管支架、可生物降解金属植入物、微流控检测芯片、单分子传感器等设计。发展微机电系统（MEMS）、低成本传感器网络、实时信息系统、新型柔性无机光电器件、基于石墨烯复合薄膜的等离激元传感器和柔性储能器件等微纳系统、微纳器件的设计。发展进行微纳系统及微纳器件制造、检测的装备设计，大行程纳米级精度宏微操作机器人、隧道扫描显微镜、细胞成像系统、光刻机等超精密制造检测装备设计。

5. 数字创意装备设计。把握 VR/AR/MR 技术发展机遇，重点发展个人移动端及家用设备、教育设备、文化娱乐设备、应用装备系统等领域的数字创意设备设计研发。发掘个人或家庭消费群体在 VR＼AR＼MR 网络游戏、可穿戴智能设备等方面的巨大市场需求，不断完善数字创意设备或支持工具的"双创"服务体系。支持设计研发创新具有自主知识产权的软硬件产品与内容制作平台、材料和软件系统。加快推进虚拟现实技术与电影、电视、游戏、设计等产业融合。推动自主标准、打造文创数码装备品牌。在 VR 设备中，加强 3D 扫描仪等建模设备和 3D 展示系统、大型投影系统、头戴式立体显示器等三维视觉显示设备及三维声音设备等设计；发展包括位置追踪仪、数据手套、3D 输入设备、动作捕捉设备、眼动仪、力反馈及其他交互设备的设计；发展 VR 数字展厅、投影系统、电子沙盘体系、全息立体印象等展示类设备及 VR 影院、VR 游戏等相关设备的设计。加强智能手机、平板电脑、个人计算机（PC）、智能眼镜或头盔等 AR 设备的设计。发展 3D 打印设备及相关材料研发设计，重点用于制造业小规模制造、高端定制化产品及专业教育、个人及家庭生活和艺术设计创作等。

六　优化我国制造业创新设计区域布局

应根据我国区域设计资源优势和产业特色的比较优势，实现创新设计科学合理布局，促进设计资源要素跨区域、跨产业流动，实现优化配置。

（一）区域创新设计发展现状与比较优势

1. 我国东部地区创新设计优势明显。东部沿海城市产业体系发达、开放程度较高，设计服务市场广阔、设计资源丰富，与中西部地区相比，服务于产业的能力较强。目前，我国已经形成以北京、上海和深圳三大"设计之都"为核心的环渤海、长三角、珠三角三大创新设计区域，构建了较完整的设计服务产业链、生态链和创新链体系。环渤海地区基本形成以北京为核心、辐射天津、联通山东、带动河北的区域联动、设计资源共享机制、产业垂直分工体系及设计技术应用协作与共享平台，制造业、战略性新兴产业、现代服务业基础雄厚，设计共性关键技术研发、设计产业化等方面具有显著优势。长三角城市群设计产业体系发展较为成熟，市场化、国际化程度高，并以上海为核心向杭州、宁波、无锡、苏州、义乌等城市延伸，形成若干设计服务业集群，有较强的辐射带动周边区域发展能力。珠三角地区加工制造业规模庞大，设计资源聚集度和市场成熟度较高，设计创新活跃、服务模式多样化明显，已经形成了以深圳为核心，连接广州、顺德、东莞的设计走廊，并加速与香港互动融合，逐步形成粤港澳泛珠大湾区创新设计产业带，长期以来为珠三角制造业转型升级提供创新动力，并以珠三角为腹地集聚发展。

2. 我国中西部和东北老工业基地各具比较优势。中部地区工业基础雄厚，制造业创新设计已经具备了一定特色和规模，且西安、武汉、成都等城市设计科教资源雄厚。西部地区创新设计能力不断增强，逐步形成网络化、生态型、特色化、产业关联性强的设计服务业。东北老工业基地传统制造业、资源型产业密集，转型升级任务更加艰巨，对于设计服务需求急迫且市场广阔。大企业创新设计能力突出，有效发挥了龙头带动作用，汽车、高端装备、航空航天等领域创新设计具有较强优势。

（二）优化创新设计区域布局

应坚持以"一带一路"建设、京津冀协同发展、长江经济带发展等国家战略为主线，促进环渤海、长三角、珠三角、中西部、东北老工业基地等区域创新设计协同发展，着力构建特色突出、优势互补、资源共享、产业融合的创新设计发展空间格局。

1. 发挥东部沿海城市的引领辐射作用。推动东部地区创新设计向产业化、高端化和国际化发展，加快形成国际竞争优势。充分利用雄厚的产业优势、设计先发优势和资源优势，利用国内外两个市场和两种资源实现"跨越引领"，辐射带动全国创新设计发展。

环渤海地区：以北京为龙头，天津为支点，山东、河北为腹地，构建京津冀及环渤海区域创新设计体系。发挥北京设计创新资源集聚和天津先进制造业基地等优势，推动区域产业分工协作，提高京津冀协同创新能力，推动河北制造业转型升级，加快设计构建一体化交通网络体系，推动绿色低碳设计、节能减排设计等示范项目，有效解决生态环境、空气污染、交通拥堵等难题。为该区域经济绿色、协调、共享和可持续发展提供创新动力。

长三角地区：以上海为龙头，江苏、浙江为两翼，长三角城市群为基础，促进设计资源共享和有序流动，着力打造具有国际竞争力的设计产业集群。重点发挥上海国际化大都市长期形成的开放优势以及设计文化、教育、人才资源丰富等优势，广泛集聚全球设计资源；同时，发挥杭州、宁波、义乌、苏州等城市产业优势突出、设计资源集聚能力强等优势，辐射带动长江经济带发展，提高长江经济带沿线地区制造业转型升级和经济协调发展水平。

珠三角地区：以深圳、广州、香港为支点，连接澳门，同时发挥佛山、东莞、顺德、中山等地设计制造资源优势，构建粤港澳大湾区创新设计圈。发挥深圳、广州作为国内创新设计高地的核心作用，融汇香港国际设计资源，重点加速深港设计创新要素资源对接融合，着力打造若干特色设计产业集群，有力支撑珠三角地区制造业创新发展，实现由加工贸易向自主品牌跨越。逐步形成面向全球的设计交易中心。

2. 加快实现中西部地区创新设计能力跃升。发挥中西部城市设计智力资源密集、要素成本低、产业特色鲜明的优势，通过加快发展创新设计，带动传统产业升级和战略性新兴产业发展，促进中西部地区快速崛起。以西安、成都、重庆、武汉为重点，发挥四大中心城市基础设施完善，新产业、新业态综合优势明显等特色，提高设计资源集聚能力，发挥对周边地区辐射带动效应。

3. 提升东北老工业基地创新设计水平。发挥东北老工业基地制造业体系完整、产业基础雄厚、设计科教资源密集，尤其是传统工业存量巨大、转型升级任务迫切所产生的设计服务市场强大需求等优势，以大企业为龙头，带动提高区域创新设计能力，完善设计公共服务和共性关键技术平台建设，构建区域创新设计服务体系。以沈阳、大连、长春、哈尔滨为重点向周边和其他城市辐射，充分利用这四个区域中心城市交通通信基础设施完善、制造业基础扎实、设计创新资源密集、区域辐射能力强等优势，带动区域经济发展和创新设计能力提升，形成装备制造、航空航天、能源、软件信息技术等特色设计产业集群，为重振老工业基地雄风、促进资源型城市转型提供动力。

4. 加快"一带一路"建设中的创新设计战略布局。切实发挥创新设计对于"一带一路"建设的推动作用，以基础设施互联互通、产能合作和装备合作为契机，推动设计服务"走出去"。鼓励设计服务企业、行业组织为沿线国家和地区提供优质设计服务，开展设计培训等，拓展设计国际市场空间。应加快研究沿线国家和地区的经济、社会、法律、人文等环境，建立相关数据库和信息平台。重点提升沿线国家基础设施工程设计、产品设计、产业园区设计、智慧社区设计、网络智能交通设计等领域的水平，鼓励国内制造企业在沿线国家投资生产中，使用自主设计的产品、工艺和装备为沿线国家提供优质产品和服务，推动我国产品、装备、标准、服务和品牌"走出去"。

七　促进我国创新设计发展的保障措施与政策建议

（一）完善创新设计公共服务体系建设

1. 提高创新设计资源共享水平。通过强化国家工业设计中心、国家工业设计研究院建设，加快建设区域创新设计中心等载体，构建国家、区域创新设计资源共享体系。建立设计示范园区、示范平台、示范企业、示范城市的数据及信息共享机制。鼓励高校、科研机构和大型企业的研发设计中心向公共服务平台发展，面向社会开放创新设计资源，相关仪器设备以优惠价格为设计企业提供服务。鼓励互联网、云计算、超级计算等平台企业为设计企业提供优惠服务，降低网络服务、云服务等费用。鼓励大企业建立设计孵化器，打造创业服务与创业投资相结合的服务平台。

2. 加强产业园区创新设计平台建设。支持各类产业园区、科技园区建设开放共享的设计服务平台。完善设计创意园区的网站、数据库、云计算、检验检测、设计标准、质量认证、设计交易、电子商务等平台建设，提高信息服务、技术服务、咨询服务、质量管理等功能，为设计服务企业提供一站式服务，支持园区购买基础软件、3D打印、精密模具、高端机床、专用计算机、测试仪器等相关设备。创新平台建设运营模式，鼓励集群龙头企业、高校科研院所、协会、民营机构等各方投资主体参与平台建设，探索平台所有权与经营权分离的运营模式。

3. 完善设计成果转化和交易平台。鼓励设计成果股权化和资产化，通过直接转让、知识产权入股、质押融资、联合研发等多种形式支持设计成果转化和交易，鼓励设计服务企业与制造企业建立战略联盟，加快设计成果转化。培育一批创新设计成果转化的中介服务机构。建立线上线下联动的设计资源交易平台。力争将北京、上海、深圳三大"设计之都"建成全球设计服务交易中心。

4. 构建设计信息共享平台。重点加强设计、材料、技术以及产业、商业、知识产权、信用体系等相关信息平台建设，逐步建立世界各国的宏观经济、重点产业及文化习俗、法律规范、行业标准、贸易规则等信息服务平台，为设计服务企业开拓国际国内市场提供准确的信息支持。

5. 发展设计服务平台企业。大力扶持设计供应链管理企业、设计综合服务企业等新的企业模式，为中小微设计公司提供全方位、综合性、一体化服务。鼓励龙头设计服务企业、园区运营商、行业协会、金融机构等共同出资组成设计服务平台企业，为设计公司提供市场对接、成果交易、人才需求、融资服务、设备采购、技术服务、专业咨询、出口贸易等全方位服务。

（二）完善相关财税融资政策

1. 创新金融产品和融资模式。鼓励金融机构针对中小微、轻资产、高科技、智力密集等设计企业的共性特征为其提供个性化金融服务。大力发展股权融资、知识产权质押融资、融资租赁、信用融资、"PPP"融资等服务模式。建立设计企业贷款风险补偿机制，支持有条件的设计企业上市融资。鼓励各类风险投资进入创新设计领域。引导规范"众筹""P2P"等互联网金融为设计企业提供服务。鼓励开发面向创新设计的保险产品。

2. 设立创新设计产业基金。引导社会资本参与基金建设，搭建创新设计母基金平台，设立重点领域子基金，利用基金收益实现循环投入和持续发展。基金重点用于支持中小企业开展自主设计研发，引导企业使用设计开发新产品、新工艺和新的商业模式，支持重大创新设计成果产业化，用于奖励创新设计人才、支持设计教育培训、促进设计国际交流等。

3. 发挥财税政策引导作用。在国家相关专项计划、科技重大专项中增加创新设计资金，重点支持设计共性关键技术和基础软件研发、设计基础研究、设计教育及设计大数据、公共服务平台建设等，支持重大自主创新设计示范工程建设。鼓励政府采购企业设计创新成果。建立创新设计首台套、首批次应用的风险补偿和资助机制，加大对于绿色低碳设计、智能设计项目的税收优惠和财政补贴力度。地方政府可探索试点"创新设计券"等方式奖励企业设计成果。

（三）加快探索设计人才体制机制创新

1. 形成开放融合、面向产业的设计创新型人才培养模式。鼓励高等院校、职业院校按照专业化、特色化、市场化、国际化的理念进行设计课程体系改革，鼓励知识多学科交叉融合，着力培养学生动手能力和面向企业解决问题的能力，构建适应市场需求的设计教育体系。

2. 完善产学研相结合的教育模式。增强在校学生与企业、产业的紧密融合度，鼓励大学教授创办设计工作室，带领学生研究用户需求，不断创新设计理论和方法。支持高校与企业、设计机构合作建立创新设计实训基地，鼓励企业接纳学生实习、设立孵化器推动学生创业，促进学生设计成果转化。通过举办论坛、研讨会和工作坊等活动促进交流互鉴。

3. 建立常态化、网络化的设计师培训机制。鼓励有条件的企业聘用国际设计大师、专家学者讲学交流，组织设计师出国培训，掌握国际前沿知识、国际规范和国际标准等。鼓励社会培训机构发展，利用互联网远程教育建立社会培训网络。

4. 建立设计人才创新创业机制和激励机制。完善设计师职称资格体系，鼓励以设计师品牌、设计换股权等形式创业，鼓励设计服务企业与制造企业进行多种形式的资本与技术合作，以知识、技术、专利成果、设计管理和服务等要素参与利益分配。完善设计人才数据库建设，加快发展人才服务中介机构。

（四） 优化创新设计发展环境

1. 加强设计知识产权保护法制环境建设。构建与国际接轨的知识产权保护体系，综合运用专利、版权、商标等手段有效保护设计创新成果。缩短专利申请周期、切实提高服务效率，简化知识产权侵权救济程序，严惩严判设计侵权行为。提高企业知识产权保护意识和运用能力，支持企业联合建立专利池。发挥国家知识产权运营平台作用，发挥行业协会的自律作用，有效抵制和约束设计侵权行为。

2. 加强创新设计文化环境建设。把建设中国特色创新设计文化作为提升设计品质和设计能力持续发展的重要基石。以弘扬大国工匠精神为引领，逐步形成"质量第一，用户至上"，尊重创新创造、追求精益求精、恪守诚信合作、崇尚共创共赢的企业设计文化，形成全社会尊重和激励创新设计的良好氛围。加强设计相关博物馆、展览馆等公共服务设施建设，免费向公众开放，向社会普及创新设计理念和意识教育。

3. 加强创新设计推广宣传工作。继续发挥各类国家设计奖和地方设计奖项的标杆作用，引导消费者认识和购买好设计，引导企业创造和使用好设计。鼓励中国创新设计产业联盟、工业设计协会、设计基金会等行业组织从事各类设计推广活动，鼓励地方举办"国际设计博览会""设计周""创新设计论坛"等宣传活动，鼓励媒体开辟专业频道、栏目宣传推广创新设计。

（五） 推动设计服务业交流合作与对外开放

1. 加强与欧、美、日、韩等发达国家或地区的设计合作交流。美国是世界工业设计最为发达的国家。欧洲德国、英国、意大利、法国、芬兰、瑞典等国家工业设计历史悠久、底蕴丰厚、特色鲜明，设计能力居于世界领先水平，设计教育位于世界前列。日本、韩国自工业化以来始终注重国家工业设计能力建设，已经进入世界设计强国之列。应广泛建立与设计发达国家的设计人才交流、设计教育交流、设计文化交流、智库交流和企业交流机制，建立重大项目联合研发设计战略合作机制。

2. 加强与"一带一路"沿线国家的设计交流合作。沿线国家大多处于工业化发展阶段，制造业水平和设计能力比较落后，应积极针对沿线国家经济社会发展需要、文化民俗特点等提供各类优质设计服务，提高设计本土化水平。与此同时，注重加强设计文化教育等方面的合作，切实帮助提高沿线发展中国家的设计人才培养能力和设计服务水平。

3. 完善我国大陆与港澳台地区设计交流合作机制。与大陆相比，台湾、香港设计服务业具有明显的先发优势和国际化优势，应建立稳定的设计服务贸易投资合作体制机制，吸引港台设计资源进入大陆内地。重点探索大陆与港澳台地区的设计青年共同创新创业机制。设计服务业是青年群体创业就业最广泛的行业之一，通过实现常态化的合作交流机制，促进我国香港、澳门和台湾地区的青年加深对大陆了解，与大陆融为一体，有利于促进香港和澳门的繁荣稳定，也有利于增进两岸民间情感促进祖国统一。可在上海、深圳、广州、珠海、厦门、福州的自贸区试验区内设立港澳台青年设计创意创业园区，广泛吸纳港澳台设计青年到大陆创业和就业。

4. 提高设计服务业开放水平。要注重发挥全球自贸区网络优势，推动与相关国家的设计服务贸易和投资机制建设。优化营商环境，积极吸引国外设计服务企业。推动国际设计服务外包发展，引导鼓励国内设计服务企业承接国际业务，提高设计服务国际化水平。开展国际创新设计论坛等相关交流活动，搭建全球设计创新交流平台。

（六）加强顶层规划和组织协调

把创新设计作为国家创新驱动战略的重要组成部分进行顶层规划设计。成立国家创新设计领导小组。国务院建立创新设计部际协调联系机制，由工信部牵头协调各相关部委，统筹协调全国创新设计发展。完善国家创新设计规划体系、评价体系、质量体系、标准体系和统计体系。加快构建以企业为主体，政府引导、市场主导、政产学研媒用金相互协同的创新设计生态系统。围绕提升国家设计竞争力的总体目标制订设计引领行动计划、提升设计基础能力与持续可发展行动计划、绿色设计行动计划等一系列专项行动计划。

参考文献

［1］路甬祥：《设计的进化与面向未来的中国创新设计》，《全球化》2014 年第 6 期。

［2］路甬祥：《创新设计与中国创造》，《全球化》2015 年第 4 期。

［3］王晓红：《推动创新设计实现新产业革命下跨越发展》，《全球化》2016 年第 9 期。

［4］课题组：《制造业创新设计行动纲要研究》，2016 年 12 月。

休闲旅游篇

中国省域旅游空间网络结构研究

——基于社会网络分析方法

王　俊　徐金海[*]

摘　要　文章基于 2000～2015 年中国省域旅游经济发展数据，结合修正的万有引力模型和社会网络分析方法（SNA），实证分析了中国省际旅游经济发展的空间关联网络结构特征及其效应。结果表明：在样本考察期内，中国旅游经济发展空间网络结构特征明显，省际关联关系数总体在波动中呈上升趋势；中国省域旅游经济关联网络等级度较高，整体网络优化空间大；北京、天津、上海、浙江、广东、江苏等经济发达地区在网络中的中心度更强，作用更大；经济发展水平越高的地区旅游经济发展水平越高，接受来自其他地区的旅游经济溢出越多，马太效应越明显；从整体网络指标回归看，网络密度的提高、网络等级度的降低、网络效率的降低能显著缩小省际旅游经济发展的相对差异，有效提升整体旅游产业专业化水平；从个体关联网络指标回归结果看，个体点度中心度、中介中心度和接近中心度的提高能有效提升各省（市）旅游产业专业化水平。据此，文章提出了未来省域旅游产业发展的相关建议。

---

[*] 王俊，中国社会科学院研究生院博士研究生，主要从事旅游与现代服务业研究；徐金海，国家开放大学讲师，主要从事旅游与现代服务业研究。

关键词 旅游经济发展　空间关联结构　社会网络分析　旅游产业专业化

一　引言

自 1999 年实行黄金周假期起，中国旅游业迅速发展。尤其是 2004 年之后，随着人们收入水平的提高以及闲暇时间的增多，中国旅游业迎来了高速发展的黄金十年。从 2004 年到 2014 年，国内旅游人次从 7.44 亿人次增长到 36.11 亿人次，年均复合增长率 11.87%；国内旅游收入由 3716 亿元增长到 3 万亿元，年均复合增长率 18%。2015 年中国国内旅游人数更是突破 40 亿人次，国内旅游收入超 3.42 万亿元；入境旅游人次 1.34 亿人次，实现国际旅游收入 1136.5 亿美元；旅游总收入达 4.13 万亿元，同比增长 11%[①]。据世界旅游业理事会测算，中国旅游产业对 GDP 综合贡献已达 10.1%[②]，由此可见，旅游业对中国国民经济发展的促进作用巨大。

然而，在高速发展背后，中国不同地区的旅游经济发展却具有明显的不平衡性特征。以 2015 年为例，广东省旅游总收入达到 11478.95 亿元，位居全国第一，而宁夏回族自治区则只有 161.3 亿元，仅相当于广东省旅游总收入的 1.55%；人均旅游收入最高的内蒙古达到 2651.79 元，最低的重庆为 574.79 元，最低与最高之间相差高达 2077 元；即使排名前两位的内蒙古和北京，两者之间的差额都达到了 946.21 元，不同省份间旅游发展的不平衡可见一斑[③]。造成这种差异的原因是多方面的：一是区位、资源禀赋、经济背景和政策等基础条件使得区域旅游吸引力、旅游市场发育程度和旅游发展理念截然不同，导致旅游发展存在显著差异[④]；二是区域旅游产业结构

---

① 资料来源：中国产业信息网 http://www.chyxx.com/industry/201512/367391.html，中国国家旅游局 2015 年中国旅游业统计公报 http://www.cnta.gov.cn/zwgk/lysj/201610/t20161018_786774.shtml。

② 资料来源：环球旅讯 http://www.traveldaily.cn/article/98310，2015 中国旅游对 GDP 综合贡献超 10%，2016 年 1 月 8 日。

③ 资料来源：旅游总收入来源于各省发布的 2015 年国民经济与社会发展统计公报，人均旅游收入由各省 2015 年旅游总收入分别除以各省 2015 年旅游接待人次数计算得出。

④ 罗浩、颜钰荛、杨旸：《中国各省的旅游增长方式"因地制宜"吗？——中国省际旅游增长要素贡献与旅游资源比较优势研究》，《旅游学刊》2016 年第 3 期。

不同，使得区域旅游经济的发展呈现出不同的发展水平[①]；三是伴随着旅游经济的发展，区域间旅游互动关系持续演变，旅游经济发展呈现出复杂的空间关联结构[②]，这对区域间旅游经济差异存在较大的影响，使得区域间旅游发展速度和发展效率有领先滞后之分。

近年来，国内外学者们也正是从旅游经济的空间结构演进、空间差异分析及其影响因素等方面来研究旅游经济空间关联结构问题。国外早期研究大多以地理学的区位理论[③]与核心—边缘理论[④]模型为主，研究的内容主要侧重旅游经济发展的地区差异[⑤]、空间分异特征及其外部效应[⑥]。国内学界对于该论题的研究也大多以地理学者为主，如楚义芳[⑦]等，此后逐渐转向运用经济学方法或多学科方法融合对此进行研究，国内研究成果主要集中在三个方面：一是旅游经济空间结构的动态演变。如齐邦锋等运用加权变异系数、基尼系数、泰尔指数等方法研究发现山东省旅游经济发展空间差异较大[⑧]。郭永锐等综合运用 ESDA、LISA 时间路径和时空跃迁等方法，研究发现中国入境旅游经济的局部区域结构和空间自相关性非常稳定，具有一定的路径依赖或锁定特征[⑨]。陈刚强和李映辉运用 ESDA 空间分析技术研

---

① 生延超：《旅游产业结构优化对区域旅游经济发展贡献的演变》，《旅游学刊》2012 年第 10 期；刘春济、冯学钢、高静：《中国旅游产业结构变迁对旅游经济发展的影响》，《旅游学刊》2014 年第 8 期。

② 钱磊、汪宇明、吴文佳：《中国旅游业发展的省区差异及变化》，《旅游学刊》2012 年第 1 期。

③ Christaller W. Some considerations of tourism location in Europe: the peripheral region underdeveloped countries – recreation areas [J]. *Paper and Proceedings of Regional Science Association*, 1964, 12: 95 – 105.

④ Weaver D B. Peripheries of the periphery: Tourism in Tobago and Barbuda [J]. *Annals of Tourism Research*, 1998, 25 (2): 292 – 313.

⑤ Roberto C, Tiziana C. The Economic Resilience of Tourism Industry in Italy: What the "Great – Recession" Data Show [J]. *Tourism Management Perspectives*, 2015, 16 (10): 346 – 356.

⑥ Alexandre, S G, Isabel M J. Spatial Patterns of Cultural Tourism in Portugal [J]. *Tourism Management Perspectives*, 2015, 16 (10): 107 – 115. Sarrión – Gavilán M D, Benítez – Márquez M D, Mora – Rangel E O. Spatial Distribution of Tourism Supply in Andalusia [J]. *Tourism Management Perspectives*, 2015, 15 (7): 29 – 45.

⑦ 楚义芳：《旅游的空间组织研究》，南开大学，1989。

⑧ 齐邦锋、江冲、刘兆德：《山东省旅游经济差异及旅游空间结构构建》，《地理与地理信息科学》2010 年第 5 期。

⑨ 郭永锐、张捷、卢韶婧等：《中国入境旅游经济空间格局的时空动态性》，《地理科学》2014 年第 11 期。

究发现中国旅游规模的空间分布总体上具有较强的正空间集聚性，且存在不断增强的趋势①。薛领和翁瑾基于经济学演绎模型与自主体的计算实验相结合的研究路径分析了沿海地区与内地两大区域的旅游空间结构变动的动态过程和微观机制②。沈惊宏等利用 GIS 技术模拟安徽省旅游空间结构五阶段模式的动态演变过程，发现安徽省区域旅游发展不平衡③。黄雪莹等研究旅游空间结构极化态势演变，指出旅游空间极化状态短期内难以改变④。吴玉鸣运用空间面板计量经济学模型对 2001～2009 年旅游经济发展数据分析指出，中国省域旅游经济空间依赖性和集群趋势不断加强，邻近省域的经济增长及旅游资本投入的空间溢出效应明显⑤。孙盼盼和戴学锋综合运用 ArcGIS 技术和空间统计分析方法，以人均旅游收入数据为研究对象，得出中国省域旅游经济差异在不断演变中呈现出新的空间格局⑥。二是旅游经济发展的时空差异及其影响因素。陆林和余凤龙利用旅游外汇收入数据分别计算了旅游经济发展的绝对差异和相对差异，揭示了区域旅游经济水平与旅游产业地位的分异规律，阐释了影响旅游经济空间差异的主要因素⑦。苏建军运用区域经济学差异分析方法，分析了山西省各地市旅游经济非均衡发展的总体水平及其时空特征⑧。宋慧林和马运来运用莫兰指数分析方法得出我国旅游经济发展水平相似的地区在空间上呈现出聚集分布的特征，省域旅游经济空间差异典型存在⑨。方叶林等综合运用主成分分析及探索性空间分析相结合的方法，研究认为中国 31 个省份旅游经济发展呈现出一种持

---

① 陈刚强、李映辉：《中国区域旅游规模的空间结构与变化》，《旅游学刊》2011 年第 11 期。

② 薛领、翁瑾：《我国区域旅游空间结构演化的微观机理与动态模拟研究》，《旅游学刊》2010 年第 8 期。

③ 沈惊宏、余兆旺、沈宏婷：《区域旅游空间结构演化模式研究——以安徽省为例》，《经济地理》2015 年第 1 期。

④ 黄雪莹、张辉、厉新建：《长三角地区旅游空间结构演进研究：2001-2012》，《华东经济管理》2014 年第 1 期。

⑤ 吴玉鸣：《旅游经济发展及其溢出效应的空间面板计量经济分析》，《旅游学刊》2014 年第 2 期。

⑥ 孙盼盼、戴学锋：《中国区域旅游经济差异的空间统计分析》，《旅游科学》2014 年第 2 期。

⑦ 陆林、余凤龙：《中国旅游经济差异的空间特征分析》，《经济地理》2005 年第 3 期。

⑧ 苏建军：《区域旅游经济发展水平非均衡演变的时空差异研究——以山西省为例》，《技术经济》2009 年第 7 期。

⑨ 宋慧林、马运来：《基于空间分析的中国省域旅游经济差异》，《经济管理》2010 年第 10 期。

续的非均衡态势①。汪德根和陈田利用二阶段嵌套泰尔系数分解方法，分国内和入境两大块，研究揭示了中国区域旅游经济发展的省内、省间和地带差异及其对全国总体差异的贡献②。赵磊运用区域经济发展差异分析方法，全面解构了中国旅游经济发展的时空差异结构③。三是旅游经济发展的空间网络结构形态及其优化。张洪和夏明基于旅游空间结构相关理论，运用因子分析法与引力模型，测度了安徽省 17 个地市旅游中心度，实证研究了其对旅游经济联系度与旅游经济联系量的影响④。彭红松等以泸沽湖为研究对象，借助社会网络理论与方法，构建跨界旅游区空间网络结构模型及评价指标体系，探讨并佐证了泸沽湖旅游空间格局存在明显的核心——边缘结构⑤。王永明等综合运用社会网络分析技术及 GIS 空间分析与数理统计等方法，分析了中国 12 个重点城市入境旅游空间网络的节点结构特征和整体结构特征，并提出了旅游空间网络结构优化相关策略⑥。周慧玲和许春晓以湖南省为研究对象，借用社会网络方法，研究得出湖南省旅游经济空间网络结构松散、区域旅游一体化基础好及省会中心性明显等特征⑦。

很显然，区域旅游经济发展的空间关联结构对整体旅游经济发展的提升具有很大的影响力，但现有文献更多的是关注区域间的差异程度，鲜有对旅游经济空间关联结构形态对整体旅游经济发展效应的研究。对上述文献进一步分析可以发现，旅游经济空间关联结构的研究有两大问题值得深入讨论：一是在旅游经济发展的时间序列中，各省在整体旅游经济空间网络关联结构中的地位和作用如何，正在发生怎样的变化？二是旅游空间关

① 方叶林、黄震方、王坤等：《基于 PCA – ESDA 的中国省域旅游经济时空差异分析》，《经济地理》2012 年第 8 期。

② 汪德根、陈田：《中国旅游经济区域差异的空间分析》，《地理科学》2011 年第 5 期。

③ 赵磊：《中国旅游经济发展时空差异演变》，《旅游论坛》2014 年第 2 期。

④ 张洪、夏明：《安徽省旅游空间结构研究——基于旅游中心度与旅游经济联系的视角》，《经济地理》2011 年第 12 期。

⑤ 彭红松、陆林、路幸福等：《基于旅游客流的跨界旅游区空间网络结构优化——以泸沽湖为例》，《地理科学进展》2014 年第 3 期。

⑥ 王永明、马耀峰、王美霞：《中国入境游客多城市旅游空间网络结构》，《地理科学进展》2012 年第 4 期；王永明、马耀峰、王美霞：《中国重点城市入境旅游空间关联网络特征及优化》，《人文地理》2013 年第 3 期。

⑦ 周慧玲、许春晓：《湖南旅游经济空间网络结构特征研究》，《财经理论与实践》2015 年第 6 期。

联网络结构本身对中国整体旅游经济发展及各省旅游经济发展的影响程度多大，如何优化？

就研究方法而言，上述文献要么采用纯地理学方法描述，要么采用 ES-DA 空间分析技术方法，前者只能简单计算和描述区域旅游经济空间结构属性，后者只能刻画旅游经济"量"的影响程度，而事实上，区域旅游经济发展的空间关联结构的研究应该更多地考虑关系数据而不是属性数据。尽管关注关联数据的社会网络分析方法在旅游研究中已初现端倪，但研究的重心仍然集中在旅游空间结构的描述性特征和差异方面，旅游空间关联结构对旅游经济发展的效应并没有引起足够的重视。此外，在研究区域上，大多数研究只考虑邻近地区或单个省份，缺乏对中国整体旅游经济空间结构关系的实证分析。

基于此，本文重点关注中国整体旅游经济空间结构形态及其效应。首先，运用修正的万有引力模型对中国 31 个省份旅游经济发展的空间网络关联关系进行分析，构建整体网络空间关联关系矩阵，以期弥补此前研究大多只关注属性数据和邻近地区的缺陷；其次，运用社会网络分析方法实证分析了中国区域旅游经济发展的空间网络结构，并利用 Ucinet 软件对其进行可视化处理，明确各省份在整体旅游经济关联网络中的地位，拓展旅游经济空间网络关联结构研究的内容；最后，考虑到区域旅游经济发展空间网络关联结构对旅游经济发展的效用，利用面板数据回归测度了旅游经济空间网络结构指标对省域旅游经济发展水平差异及旅游产业专业化水平（旅游收入占 GDP 比重）的影响程度。

二　空间关联结构研究方法和数据来源

（一）中国省际旅游经济发展关联关系测定

旅游经济发展的空间关联网络囊括了省际旅游经济发展的所有关系，各省份是该关联网络中的"节点"，各省份之间在旅游经济发展之间的空间关联关系是网络中的"线"。这些"节点"和"线"的集合便构成了省域旅游经济发展的空间关联网络。测定省域旅游经济发展空间关联网络的关键是找出区域旅游经济发展网络中的"线"，即关联关系。现有文献显示，空间关联关系的确定一般采用引力模型，莫兰指数分析方法和 VAR 格兰杰因果关系检验方法。基于研究目的考虑，本研究选择引力模型来测度省份间空间关联关系，原因有三：其一，该方法在确定空间关联网络关系的研究中已有成功案例[①]；其二，该方法能够分年度测量各省份间旅游经济发展的空间关联关系，有利于研究旅游经济发展空间关联网络结构随时间的动态演变；其三，该方法更加适合用于对省域旅游收入等总量数据的考察，且可以综合考虑经济地理距离对整体网络结构的影响，有利于测度结果的准确性和科学性。

基于上述考虑，考察两区域的关联关系时先引入引力模型，并结合本研究的需要对其做出相应的修正，公式如下：

$$Y_{ij} = K_{ij} \frac{\sqrt[3]{P_i T_i G_i} \sqrt[3]{P_j T_j G_j}}{\frac{D_{ij}}{g_i - g_j}}, \ 其中，K_{ij} = \frac{R_i}{R_i + R_j} \tag{1}$$

K_{ij} 为引力系数，Y_{ij} 为两省之间旅游引力，P_i，P_j 为两不同省份当年旅游人次数，T_i，T_j 为两不同省份当年旅游收入，G_i，G_j 为两个不同省份当年 GDP 总额，R_i，R_j 为两个不同省份当年的 4A 级与 5A 级旅游景区总数，D_{ij} 为两不同省份省会城市之间的距离，g_i，g_j 为两不同省份人均 GDP（$g_i \sim g_j$ 代表不同省份的经济距离）。

依据公式（1）的计算结果将属性数据转化为关系矩阵，具体做法如下：先计算各省两两之间的旅游经济发展引力值矩阵，再取引力值矩阵的各行平均值为衡量基准，同一行中引力值高于该衡量基准值的赋值为 1，表示该行省份旅游经济发展与该列省份旅游经济发展具有关联关系，若引力低于该基准值则赋值为 0，表示该行省份旅游经济发展与该列省份旅游经济发展不存在关联关系。

（二）省际旅游经济发展网络特征指标

1. 整体网络特征指标

本文运用社会网络分析方法，通过计算网络密度、网络关联度、网络

---

① 周慧玲、许春晓：《湖南旅游经济空间网络结构特征研究》，《财经理论与实践》2015 年第 6 期；刘华军、刘传明、孙亚男：《中国能源消费的空间关联网络结构特征及其效应研究》，《中国工业经济》2015 年第 5 期。

等级度和网络效率的值来刻画中国省际旅游经济发展的整体空间关联网络特征。

网络密度（Density）为实际拥有的关系数与整个网络最大可能关系数之比，其值大小反映的是省域间旅游经济关联关系的密疏，其计算公式为：

$$D = \frac{L}{N \times (N-1)} \tag{2}$$

其中，D 为网络密度，L 为实际拥有的关系数，N 为区域个数。

网络关联度（Connectedness）反映的是旅游经济发展空间关联网络自身的稳健性和脆弱性，如果省际旅游经济发展空间关联网络中的很多线都通过某一个点（省份），那么该网络具有较小的关联度，网络稳健性越弱，反之，如果该空间关联网络线不是围绕着一个点展开的，那么该网络将具有较大的关联度，网络越稳健，其计算公式为：

$$C = 1 - \frac{V}{N \times (N-1)/2} \tag{3}$$

其中，C 为关联度，V 为网络中不可达点的对数，N 为区域个数。

网络等级度（Hierarchy）测度的是网络中省际在多大程度上非对称地可达。网络等级度越高，网络等级越森严，越多的省份在旅游经济发展空间关联网络中处于从属和边缘地位，其计算公式为：

$$H = 1 - \frac{K}{\mathrm{Max}\,(K)} \tag{4}$$

其中，H 为等级度，K 为网络中对称可达的点的对数，$\mathrm{Max}\,(K)$ 为网络中最大可能的可达点的对数。

网络效率（Efficiency）反映的是旅游经济发展空间关联网络中各省域之间的连接效率。网络效率越低，则说明省份之间存在更多的连线，各省旅游经济发展的联系更加紧密，旅游经济发展的空间关联网络就越稳定，也越容易通过旅游经济发展空间关联网络促进旅游经济发展。其计算公式为：

$$E = 1 - \frac{M}{\mathrm{Max}\,(M)} \tag{5}$$

其中，E 为网络效率，M 为网络中多余线的数量，Max（M）为最大可能多余线的数量。

2. 个体网络结构特征指标

个体网络结构特征主要测度点度中心度、中介中心度和接近中心度等网络中心性指标。其中，点度中心度（Degree Centrality）反映的是个体省份在整体关联网络中的中心位置情况，点度中心度越高，说明该省份在旅游经济发展空间关联网络中与其他省份之间的联系越多，该省份也更加处于网络的中心地位。其计算公式为：

$$De = \frac{n}{N-1} \tag{6}$$

其中，De 代表点度中心度，n 代表与该省域直接相关联的省域数目，N 代表最大可能的相连接省份的数目。

接近中心度（Closeness Centrality）反映的是个体省份在整体网络中"不受其他省份控制"的程度。接近中心度越高，个体省份旅游经济发展与其他省份之间存在更多的直接关联，在网络中该省份就是中心行动者。其计算公式为：

$$C_{APi}^{-1} = \sum_{i=1}^{n} d_{ij} \tag{7}$$

其中 C_{APi}^{-1} 代表接近中心度，d_{ij} 表示点 i 和 j 之间的捷径距离。

中介中心度（Betweenness Centrality）反映了个体省份控制其他省份之间关联关系的程度，中介中心度越高，该个体省份控制其他省份之间旅游经济发展关系的能力越强，该省份也就更加处于网络的中心。其计算公式为：

$$Cb_i = \frac{2 \sum_{j}^{n} \sum_{k}^{n} b_{jk}(i)}{N^2 - 3N + 2} \tag{8}$$

其中 $j \neq i \neq k$，并且 $j < k$，Cb_i 为中介中心度，$b_{jk}(i)$ 为第三个区域 i 控制 j 和 k 关联的能力。

（三）块模型分析

块模型（blockmodels）分析最早由怀特、波曼和布瑞格（White, Boorman and Breiger）于 1976 年提出①，它是一种对网络节点群的位置特性进行解析的研究方法，用于对各个位置的角色进行分析。由于各个节点（区域）集之间系统的内在结构要比在大量孤立节点之间的具体关系更加明晰，要想找出区域旅游经济发展整体网络的模式，就必须要根据各节点（区域）的结构对等性将各个节点（区域）集中到更大点集（区域系统）之中，即根据"结构对等性"对行动者进行分类，从而更有利于对旅游经济发展整体网络的结构进行分析②。

根据瓦瑟曼和福斯特（Wasserman & Faust）等人的研究，在考察关系的时候，可以用一个位置的总关系的期望比例 $gk(gk-1)/gk(g-1) = (gk-1)/(g-1)$ 来评价位置内部关系趋势，其中 gk 为某个板块的成员数，g 为整个网络的成员数根据该指标，基于内部及位置之间的关系可以得出四种位置（板块）类型③，如表 1 所示。

表 1　块模型中的旅游经济发展板块分类

位置（块）内部的关系比例 Internal ratio of block	位置（块）接收到的关系比例 The ratio of receiving relations	
	≈0	>0
≥ $(gk-1)/(g-1)$	双向溢出板块	主受益板块
≤ $(gk-1)/(g-1)$	净溢出板块	经纪人板块

（四）数据来源

研究样本时间跨度为 2000～2015 年，各省旅游人次数、旅游收入、4A级及 5A 级旅游景区数量数据来自各省相应年份的国民经济与社会发展统计公报，旅游统计年鉴、国家及各省旅游局网站；各省 GDP 总额数据来自《中国统计年鉴》，人均 GDP 则根据各省当年 GDP 总额除以各省当年年末常住人口总数得来，2000～2014 年各省年末常住人口总数来自国家统计局网

---

①　White，H C，Boorman，S A，Breiger，R L．"Social Structure from Multiple Networks：Blockmodels of Roles and Positions"［J］．*American Journal of Sociology*，1976，81：730－779．

②　刘军：《整体网分析讲义——UCINET 软件实用指南》，格致出版社，2009，第 143～144 页。

③　苏建军：《区域旅游经济发展水平非均衡演变的时空差异研究——以山西省为例》，《技术经济》2009 年第 7 期。

站分省年度数据库，2015 年的年末各省常住人口总数来自各省 2015 年国民经济与社会发展统计公报。

三 旅游经济发展的空间关联网络结构分析

（一）整体空间关联网络结构指标分析

根据修正的引力模型，文章构建了中国省际旅游经济发展的空间关联关系矩阵，并在此基础上利用 Ucinet 软件的可视化工具 Netdraw 分别绘制了 2000 年（关系数 136），2005 年（关系数为 158），2010 年（关系数为 198）及 2015 年（关系数为 211）的网络关联结构图（图 1）。根据图 1，可以发现中国旅游经济发展关联网络结构形态明显，空间严密，所有省份不可或缺。

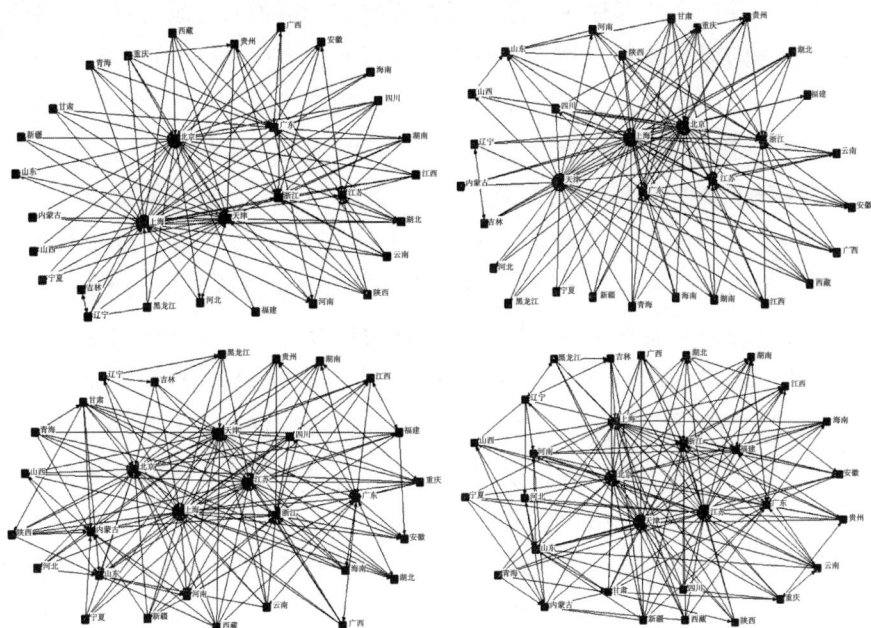

图 1 2000 年、2005 年、2010 年及 2015 年旅游经济发展整体网络关联结构

1. 网络密度

图 2 直观反映了样本考察期内各省份旅游经济发展空间关联各指标的变化情况。总体看来，样本考察期内省际旅游经济发展空间关联关系数呈现

上升态势，2000 年为 136，2010 年达到 198，2015 年上升到 211，但相关年度呈现出一定的波动，如 2013 年为 211，2014 年回落到 209。与之相对应，整体网络密度也呈现出同样的变化趋势，从 2000 年的 0.1462 上升至 2015 年的 0.2269，16 年间上升了 8 个百分点。网络密度的变化一方面说明中国省际旅游经济发展的联系愈加紧密且复杂，另一方面也说明具有一定的波动性特征，并没有形成绝对稳定的年度增长趋势，各省之间旅游经济发展长效的合作关系还有待进一步稳固和加强。从数值上来看，关联关系数和网络密度均不是很高，这说明省际旅游经济发展的联系与合作具有很大发展空间。

2. 网络关联度、网络等级度及网络效率

网络关联度的计算结果显示 2000~2015 年网络关联度均为 1，这表明中国省域间旅游经济发展联系紧密，具有十分明显的空间关联关系和溢出效应，所有省份之间都存在直接或间接的旅游经济关联关系。网络等级度及网络效率的变化趋势见图 2，网络等级度计算结果显示 2000~2015 年总体呈现出下降趋势，但下降幅度不大，2000 年为 0.6617，到 2015 年为 0.5545，这充分说明随着旅游经济的发展，交通基础设施的改善及大众参与旅游的程度不断提升，以往旅游经济发展集中在发达省份和地区的情况正在逐渐改善，省域间旅游经济发展的联系正在逐步增强。但从数值上看，网络等级度维持在 0.5 以上的水平，说明旅游经济发展的等级度高，省域间旅游经济发展联系程度呈现出较强的层级特征，网络结构还有待进一步优化。网络效率总体呈现下降趋势，个别年份稍有波动，2000 年为 0.7720，2015 年为 0.6107，说明省际旅游经济发展的连线在逐渐增多，网络的稳定性逐渐增强，参与旅游经济发展协调与合作的省份总体呈增加趋势。综上所述，本文认为，随着旅游业的深入发展，人们生活水平的不断提高以及各地发展旅游的积极性提高，一定程度上降低了以往等级森严的旅游经济空间关联结构。此外，随着大众旅游时代的来临，旅游已成为人们生活中的标配，游客旅游需求的多元化、旅游产品供给的多样化使得省际旅游合作得到加强，大中尺度的旅游线路增多，旅游经济发展的溢出效应也随之显现，旅游经济发展的空间关联关系愈加明显，关联网络更趋稳定。

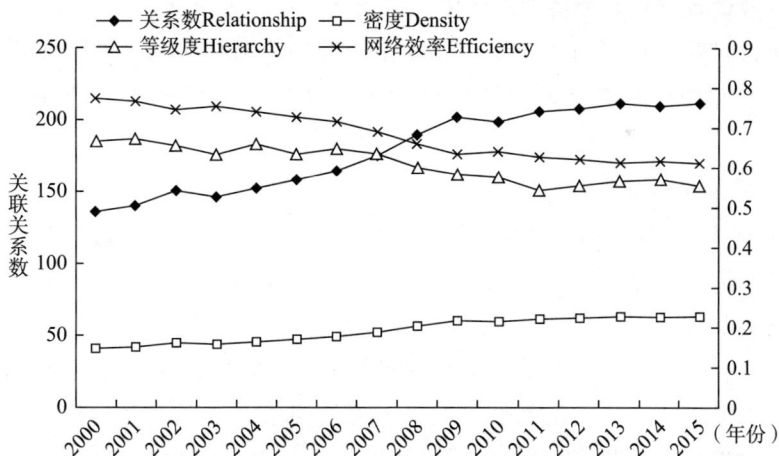

图2　2000～2015年中国旅游经济发展关联网络结构指标汇总

（二）各省中心性分析

为使研究的结果更接近实际，本研究选择在考察期内网络关联关系数最多的2013年作为中心性分析的代表，测度2013年各省点度中心度、中介中心度及接近中心度等指标，结果如表2所示。

1. 点度中心度

表2的计算结果显示，全国31个省的点度中心度均值为35.484，高于该平均值的省份为11个，分别是上海、北京、天津、江苏、广东、浙江、福建、山东、河南、内蒙古、辽宁。所有省份均来自东中部地区，旅游业的发展水平相对较高。从点度中心度的数值分布来看，超过80的省份为上海、北京、江苏和天津，说明这四个省份在全国旅游经济发展空间关联网络中的地位很高。总体看来，区域旅游发展水平较高的东中部地区省份在旅游空间关联网络中影响力也更大，地位更高。从点入度情况来看，点入度大于10的省份分别为北京、上海、天津、江苏、浙江、广东和河南，其中北京、江苏、上海、天津的点入度超过20。原因在于，这些省份大多为经济发达地区且旅游资源丰富、旅游吸引力更强，旅游接待人次数更多，相对其他省份而言旅游发展更好，旅游经济发展受益更多，旅游经济的马太效应明显。从点出度情况看，点出度最大为广东和福建值为11，最小为安徽值为3，所有省份对外均有旅游经济溢出且大多数省份的点出度保持在

6～8，说明各省旅游经济发展的溢出效应并不仅仅停留在相邻省份，旅游经济溢出已经跨越时空相邻的制约，在全国范围内形成了极为广泛的关联关系，当然，这有赖于交通便捷性的加强以及信息技术在旅游业中的广泛运用。

2. 接近中心度

从表 2 中我们可以看出，全国 31 个省份的接近中心度最低值为 53.571，最高值为 88.235，均值为 61.653，整体较为均衡，这说明全国 31 个省份在旅游经济发展的空间网络中均能够较快地与其他省份产生关联，原因在于：一是旅游经济是人流动带来的经济，随着大众旅游的深入发展，各省旅游经济的互动不断增强，关联关系也越多；二是各省旅游资源赋存不同，使得各省在旅游经济发展的过程中能够充分利用自身的比较优势，寻求与其他省份的差异化合作以满足多元化的旅游市场需求，实现旅游经济协同发展。此外，接近中心度高于均值的省份有上海、北京、天津、江苏、浙江、广东、福建和甘肃。除甘肃外，这些省份多集中在长三角、珠三角及环渤海地区，而甘肃所处区位是游客前往西北地区旅游最主要的集散中心，这一方面说明经济发达省份在旅游资源配置和市场营销方面做得更好，与其他省份旅游经济合作的程度更高，旅游经济发展的效率也更优，在旅游经济发展空间网络中中心行动者的地位也越明显；另一方面也说明，作为区域旅游集散中心的省份其在旅游经济发展空间关联网络中的中心行动者的地位同样明显。

3. 中介中心度

表 2 中中介中心度的计算结果显示，全国 31 个省份的中介中心度总值为 69.654，排名前十位的省份依次为上海、北京、天津、江苏、浙江、广东、甘肃、山东、内蒙古和辽宁，总和为 62.813，占总值的 90.178%，除甘肃外，这些省份均为东中部旅游经济发达省份，在网络结构中的掌控能力更强，整个网络中大多数旅游经济的关联关系通过这些省份来完成发挥着强有力的中介和桥梁作用。排名后十位的省份依次为湖南、江西、重庆、安徽、广西、河北、宁夏、青海、黑龙江和吉林，总和为 1.656，占总值的 2.377%，这些省份主要集中在中西部，经济发达程度不高或地理位置较偏远，使得其在旅游经济发展过程中难以起支配作用。

表 2　2013 年中国省域旅游经济发展空间关联网络中心性分析

省份 Province	点度中心度 Degree Centrality				接近中心度 Closeness centrality		中介中心度 Betweenness centrality	
	点入度 In – degree	点出度 Out – degree	中心度 Centrality	排序 Rank	中心度 Centrality	排序 Rank	中心度 Centrality	排序 Rank
北京	24	5	80.000	2	83.333	2	12.469	2
天津	24	6	80.000	2	83.333	2	12.469	2
河北	5	4	20.000	25	53.571	31	0.195	27
山西	5	6	23.333	21	56.604	21	0.251	19
内蒙古	7	7	36.667	9	60.000	12	1.348	9
辽宁	6	8	36.667	9	61.224	9	1.247	10
吉林	2	6	20.000	25	55.556	25	0.077	30
黑龙江	3	6	20.000	25	55.556	25	0.077	30
上海	25	7	86.667	1	88.235	1	13.800	1
江苏	24	4	80.000	2	81.081	2	11.663	4
浙江	16	6	53.333	5	66.667	5	3.849	5
安徽	6	3	20.000	25	54.545	30	0.209	25
福建	3	11	40.000	7	62.500	7	1.088	12
江西	6	8	26.667	13	57.692	13	0.225	20
山东	8	8	36.667	9	61.224	9	1.387	8
河南	11	6	36.667	9	61.224	9	1.144	11
湖北	6	5	26.667	13	57.692	13	0.225	20
湖南	4	7	23.333	21	56.604	21	0.225	20
广东	10	11	46.667	6	63.830	6	2.901	6
广西	1	6	20.000	25	55.556	25	0.196	26
海南	1	7	23.333	21	56.604	21	0.225	20
重庆	3	8	26.667	13	57.692	13	0.214	24
四川	2	8	26.667	13	57.692	13	0.377	14
贵州	3	7	26.667	13	57.692	13	0.328	17
云南	2	8	26.667	13	57.692	13	0.377	14
西藏	0	8	26.667	13	57.692	13	0.574	13
陕西	2	7	26.667	13	57.692	13	0.257	18
甘肃	2	10	33.333	13	62.500	7	1.680	7

省份 Province	点度中心度 Degree Centrality				接近中心度 Closeness centrality		中介中心度 Betweenness centrality	
	点入度 In – degree	点出度 Out – degree	中心度 Centrality	排序 Rank	中心度 Centrality	排序 Rank	中心度 Centrality	排序 Rank
青海	0	6	20.000	25	55.556	25	0.119	28
宁夏	0	6	20.000	25	55.556	25	0.119	28
新疆	0	7	23.333	21	56.604	21	0.339	16
均值	6.806	6.806	35.484		61.653		2.247	

资料来源：本研究计算得出。

（三）块模型分析

本文根据 2013 年中国旅游经济发展的空间关联关系，运用 Ucinet 软件，采取迭代分析方法，即 CONCOR（Convergent Correlations）分析法，选择最大分割度为 2，收敛标准为 0.2，将中国 31 个省份划分为四板块（见表 3）。2013 年旅游经济发展空间网络关联关系总数为 211 个，四个板块内部关系数为 35 个，板块之间的关系数为 176 个，说明四个板块之间具有明显的旅游经济溢出关系。板块一包括 4 省份，为北京、山东、天津和内蒙古，板块一发出关系数为 25 个，内部关系为 4 个，期望内部关系比例为 10.0%，实际内部关系比例为 16.0%，属于主受益板块，这是由于这些省（市）围绕在北京周边，加上旅游资源等级高，旅游吸引力强，旅游接待人次数多，旅游经济发展受益也多；板块二包括 4 省份，为上海、广东、江苏和浙江，板块二发出关系数为 28 个，内部关系数为 4 个，期望内部关系比例为 10.0%，实际内部关系比例为 14.28%，板块二属于双向溢出板块，这是由于这些省份地处经济发达地区的长三角和珠三角地区，区域旅游合作发展程度较高，与其他省份旅游合作多；板块三包括 14 省份，为安徽、江西、重庆、福建、甘肃、湖北、广西、贵州、海南、河南、四川、云南、湖南和西藏，板块三发出关系数为 102 个，内部关系数为 16 个，期望内部关系比例为 43.23%，实际内部关系比例为 15.68%，属于净溢出板块，这是由于这些省份地处中西部省份，尽管旅游资源赋存不错，旅游吸引力较强，但在整体网络中向东部省份其他省份输出客源较多，整体来看溢出更多；板块四包括 9 省份，为河北、山西、辽宁、吉林、黑龙江、陕西、青海、宁夏和新疆，板块四发出关系数为69个，内部关系数为14个，期望内部关系比例为26.67%，实际内部关系比例为19.64%，属于经纪人板块，这是由于这些省份地理位置较为偏远，以西北和东北地区为主，旅游经济发达程度不高，其内部相互之间互为中转，形成了区域特色的协作特征，各省份对区域内其他省份而言，具有典型的"经纪人"性质。

表3 各板块之间的溢出效应

板块 Blocks	接收关系数 Receiving relations		发出关系数 Send out relations		期望内部关系 比例（%） Expected ratio	实际内部关系 比例（%） Actual ratio	板块特征 Characteristics of blocks
	板块内 inside	板块外 outside	板块内 inside	板块外 outside			
板块一	4	51	4	21	10.00	16.00	主受益板块
板块二	4	69	4	24	10.00	14.28	双向溢出板块
板块三	16	32	16	86	43.23	15.68	净溢出板块
板块四	11	18	11	45	26.67	19.64	经纪人板块

为了考察板块之间旅游经济发展的关联关系并反映旅游经济溢出在各板块的分布情况，依据@密度准则，先计算出各板块之间的密度，再将板块间密度值大于2013年的整体网络密度值的情形赋值为1，小于整体网络密度值的情形赋值为0，分别得到板块间密度矩阵和像矩阵（如表4所示）。表4的计算结果反映了四大板块之间的关联关系，板块一的旅游经济溢出效应主要体现在板块一与板块四之间，板块内部旅游经济溢出效应不明显；板块二的旅游经济溢出效应主要体现在板块二与板块三之间；板块三旅游经济的溢出效应主要体现在板块一、板块二以及板块三内部；板块四旅游经济的溢出效应主要体现在板块一和板块二，板块四内部。

表4 各板块的密度矩阵和像矩阵

	密度矩阵 Density matrix				像矩阵 Image matrix			
	板块一	板块二	板块三	板块四	板块一	板块二	板块三	板块四
板块一	0.072	0.026	0.120	0.419	0	0	0	1
板块二	0.000	0.053	0.480	0.000	0	0	1	0

续表

	密度矩阵 Density matrix				像矩阵 Image matrix			
	板块一	板块二	板块三	板块四	板块一	板块二	板块三	板块四
板块三	0.509	0.680	0.320	0.225	1	1	1	0
板块四	0.418	0.240	0.080	0.355	1	1	0	1

　　块模型分析结果基本验证了目前中国旅游经济发展的基本格局，东部地区经济越发达，旅游发展越好的地区接收来自其他地区的旅游经济溢出大于其向外旅游经济溢出，经济欠发达地区省份旅游经济对外溢出效应多于其接收到的溢出，边远地区（如西北和东北地区）区域内部互为"经纪人"内部旅游经济溢出效应明显，这些板块从经济发达地区板块获得的经济溢出并不多。整体而言，中国省域旅游经济发展马太效应明显。

四　中国旅游经济发展空间关联网络效应分析

　　刻画中国省际旅游经济空间关联关系及其结构特征是研究的基础，更为重要的是考量旅游经济发展空间关联网络结构对省际旅游经济发展的差异作用及其对中国整体旅游经济发展的结构效应。基于此，本文以整体网络结构指标和个体中心度指标为解释变量，分别测度中国省际旅游经济空间关联网络结构对省域间旅游经济发展水平差异及旅游产业专业化水平（旅游收入占 GDP 比重）的影响。

（一）　整体网络结构效应

1. 回归方法说明

　　本文参照苏建军[①]的做法，首先计算各省旅游经济发展水平综合指数，在此基础上计算考察期内各年各省旅游产业发展水平综合指数的变异系数，计算公式如下：

$$Z_i = \sqrt{P_i \times Q_i} \tag{9}$$

---

① 苏建军：《区域旅游经济发展水平非均衡演变的时空差异研究——以山西省为例》，《技术经济》2009 年第 7 期。

其中，$P_i = \sqrt{m_i / \sum m_i \times n_i / \sum n_i}$，$Q_i = \sqrt{a_i \times n_i / \sum n_i}$，$Z_i$ 为旅游经济发展水平综合指数，P_i 为旅游产业规模指数，Q_i 为旅游产业素质指数，m_i、n_i、a_i 分别为 i 省旅游总收入、旅游接待人次数和旅游收入占 GDP 比重。

而后将计算所得的省际旅游经济发展水平综合指数的差异系数和全国旅游产业专业化水平（各省旅游总收入加总额除以各省旅游 GDP 加总额）分别作为被解释变量，对整体网络结构指标中的网络密度、网络等级度和网络效率进行简单的 OLS 回归，为了消除量纲的影响，所有数值均取自然对数处理。回归结果见表 5。

2. 整体网络结构指标对省际旅游经济发展差异的效应

根据表 5 的回归结果，网络密度、网络等级度及网络效率的回归系数分别为 -0.605、1.266、1.106，且都通过了 1% 的显著性水平检验，R^2 较高。回归结果表明，旅游经济发展的空间网络关联结构对省域间旅游经济发展水平的相对差异具有显著影响，网络密度的提高、网络等级度和网络效率的降低能显著降低省际旅游经济发展水平的相对差异。究其原因在于：一是网络密度的提升说明省域间关联关系数的增加，促进了省域间旅游经济发展的资源配置与市场互通，强化了省域间的旅游经济合作，从而有效提升省域间旅游经济的发展水平并进一步缩小省域间旅游经济发展水平的相对差异；二是网络等级度的降低使得各省份参与旅游经济活动的主动性增强，以往处于从属和边缘地位的省域旅游经济体能从越发平等的旅游经济发展网络中获益；三是网络效率的降低意味着网络中有效连线的增多，省域间旅游经济发展的联系也就更加广泛和紧密，从而促进旅游市场配置资源的有效性，形成优势互补，缩小省域间旅游经济发展的相对差异。

3. 整体网络结构指标对旅游专业化水平的影响效应

表 5 的回归结果表明，网络密度、网络等级度和网络效率的回归系数分别为 0.999、-2.117、-1.877，且均通过了 1% 的显著性水平检验，R^2 值较高，这说明网络密度的提升、网络等级度的降低和网络效率的降低能够有效地提升旅游专业化水平并增加旅游对 GDP 的贡献。原因在于，一是网络密度的提升显著增加了整体网络中省域之间的旅游经济联系，促使整体旅游产业专业化水平的提升；二是网络等级度的降低使得原本经济发展水

平高、旅游资源等级高及可进入性强的省份主导的旅游经济发展已经开始向全域旅游经济协调发展转变，庞大的国内旅游市场、旅游投资的进一步合理化，使得以往等级森严的旅游经济发展网络体系正在被打破，省域间旅游经济的交流得以加强，促进了整体旅游产业专业化水平；三是网络效率的降低有助于网络结构的稳定，使得在旅游经济发展的进程中各省能稳步推进，从中获益，进而提升整体旅游专业化水平。

表5　整体网络结构效应回归结果

被解释变量 Explained variables	差异系数 Difference index			旅游产业专业化 Professionalization of tourism industry		
模型 Models	（1）	（2）	（3）	（4）	（5）	（6）
网络密度 Density	- 0.605*** （0.0473）			0.999*** （0.181）		
网络等级度 Hierarchy		1.266*** （0.155）			- 2.117*** （0.433）	
网络效率 Efficiency			1.106*** （0.087）			- 1.877*** （0.311）
常数项 Cons	- 1.509*** （0.079）	0.132* （0.078）	- 0.071** （0.034）	- 0.626** （0.302）	- 3.349*** （0.218）	- 3.018*** （0.123）
R^2	0.915	0.813	0.913	0.685	0.630	0.722

资料来源：本研究计算得出。表中 *、**、*** 分别代表10%、5%、1%的显著性水平，括号内为标准差。

综上所述，为增强整体网络的关联关系数、实现省域间旅游协调发展、促进旅游专业化水平提升，政府部门应从政策和发展战略两个方面予以支持、指导。政策上，应结合旅游供给侧改革的大背景，从宏观层面创造条件，给予跨区域旅游合作更多的支持，以增加省域间旅游经济发展空间关联关系；战略上，应结合"一带一路"倡议等国家战略以及全域旅游发展大背景，着力跨区域旅游经济带、旅游经济圈建设，培育区域旅游经济协调发展的土壤，让更多的省份从中获益。

（二）个体网络结构效应

1. 指标说明及模型构建

区域旅游经济发展水平、旅游资源禀赋、旅游接待能力、区位可进入性、旅游人力资源储备、政策因素等因素是影响区域旅游产业专业化的主要因素[①]。然而，由于点度中心度、接近中心度以及中介中心度的计算已经使用了 GDP、旅游人次数、高等级旅游景区数量等反映区域旅游经济发展水平、旅游资源禀赋的数据。为了消除变量之间相关性带来的影响，本文最终选取个体网络指标（点度中心度、接近中心度、中介中心度）、旅游接待能力、旅游人力资源、区位可进入性六个解释变量来反映其对旅游产业专业化水平的效应。个体网络指标数据由本文计算而得；旅游接待能力（Capacity）用各省星级饭店数量表征，数据来源于考察期内《中国旅游统计年鉴》；旅游人力资源（H_Resource）用各省旅游院校在校生人数表征，数据同样来自考察期内各年《中国旅游统计年鉴》；区位可进入性（Reachability）用考察期内各省铁路、公路里程密度表征，数据来自中国国家统计局网站分地区年度数据库以及各省历年国民经济与社会发展统计公报。

据此，本文构建如下面板计量模型：

$$\ln Y_{it} = \ln X_{it} + \ln C_{it} + \ln H\_R_{it} + R_{it} + \varepsilon_t \tag{10}$$

Y_{it} 表示 i 省 t 年旅游产业专业化，X_{it} 表示 i 省 t 年的点度中心度、接近中心度和中介中心度；C_{it} 表示 i 省 t 年旅游接待能力；H_R_{it} 表示 i 省 t 年旅游人力资源；R_{it} 表示 i 省 t 年区位可进入性。

2. 回归结果分析

根据 Hausman 检验结果，以 5% 的显著性作为模型选择基准，模型（1）和模型（3）采用随机效用模型，模型（2）采用固定效用模型，表 6 报告了 Hausman 检验及回归结果。

表 6 的回归结果表明，点度中心度的回归系数为 0.334 且通过了 1% 的显著性水平检验，说明点度中心度每提高 1 个百分点，个体省份旅游产业专业化水平将提升 0.334 个百分点，进一步说明各省份在整体旅游经济发展空间网络中与其他省份之间的关联程度越高，其越能从整体旅游经济发展中

---

① 陈刚强、李映辉：《中国区域旅游规模的空间结构与变化》，《旅游学刊》2011 年第 11 期；沈惊宏、余兆旺、沈宏婷：《区域旅游空间结构演化模式研究——以安徽省为例》，《经济地理》2015 年第 1 期；孙盼盼、戴学锋：《中国区域旅游经济差异的空间统计分析》，《旅游科学》2014 年第 2 期；陆林、余凤龙：《中国旅游经济差异的空间特征分析》，《经济地理》2005 年第 3 期。

受益，从而提升其旅游产业专业化水平。接近中心度的回归系数为 1.274 且通过了 1% 的显著性水平检验，说明接近中心度每提高 1 个百分点，个体省份旅游产业专业化水平就上升 1.274 个百分点，接近中心度的上升使得各省在整体旅游经济发展网络中的联系越密切，旅游合作的程度也越高，资源配置的成本和旅游营销成本得到大幅降低，有利于提高个体省份旅游对 GDP 的贡献度。中介中心度的回归系数为 0.095 且通过了 1% 的显著性水平检验，说明个体省份中介中心度每提升 1 个百分点，旅游产业专业化水平将上升 0.095 个百分点，这意味着个体省份中介中心度的提高能够在整体网络中充分发挥自身较优势，有效地引导旅游流，使得庞大的旅游市场更趋有序和合理，有效提升了旅游对 GDP 的贡献度，提高旅游产业专业化水平。

表 6 个体网络效应回归结果

模型 Models	（1）	（2）	（3）
点度中心度 Degree centrality	0.334*** （0.0464）		
接近中心度 Closeness centrality		1.274*** （0.322）	
中介中心度 Betweenness centrality			0.095*** （0.0129）
旅游接待能力 Capacity	0.0965** （0.0401）	0.168*** （0.042）	0.101** （0.0398）
旅游人力资源 Human resources	0.090*** （0.0221）	0.111*** （0.0233）	0.089*** （0.0220）
区位可进入性 Reachability	0.501*** （0.0816）	0.556*** （0.0851）	0.550*** （0.0795）
常数项 Cons	−5.073*** （0.218）	−9.838*** （1.250）	−3.921*** （0.2362）
R^2	0.4469	0.4171	0.4527
Hausman 统计量	8.55*	12.54**	9.17*
FE/RE	RE	FE	RE

资料来源：本研究计算得出。表中 *、**、*** 分别代表 10%、5%、1% 的显著性水平，括号内为标准差。

结合上述分析可以得出，对于点度中心度较小但旅游产业专业化水平较高且旅游资源特色鲜明的中西部省份（如，四川、贵州、云南、山西、青海等省份），应加强邻近区域间的旅游合作，提升其在网络中的点度中心度，进而形成以点带面的整体格局，实现旅游收入的提高。对于点度中心度、接近中心度和中介中心度均较高、旅游经济发展水平高的省份，如北京、上海、浙江、江苏、山东、广东等，应充分发挥其在整体网络中的中心地位优势，对其他省份进行反哺，重点支持中西部旅游资源特色鲜明的省份旅游经济发展，实现对其他省份的带动。对于接近中心度较小的省份，如吉林、黑龙江、青海、宁夏、河北等，可加强与旅游经济发展空间网络中心省份之间的旅游经济交流，实现其旅游产业专业化水平的提高。

五　主要结论及政策建议

（一）主要结论

通过以上的分析，可得到以下的主要结论：

从整体网络特征看，在样本考察期内，中国省域间的旅游经济发展空间网络关联度为 1，网络关联关系数从 2000 年的 136 上升到 2015 年的 211，各省之间旅游经济发展关联关系更加密切，旅游经济空间网络结构更加紧密，整体旅游经济关联效应明显。网络效率和网络等级度呈现出逐年下降的趋势，网络的稳定性在逐渐增强，整体网络带来的结构优化效应在逐步提升。然而，中国旅游经济发展空间网络密度的值比较低，最高的 2015 年也仅为 0.2268，同时网络密度在上升的过程中伴随着一定程度的波动，省域间旅游经济发展空间关联网络还有很大的提升和优化空间。此外，网络等级度和网络效率仍然维持在较高的水平，最低值都维持在 0.5 以上，整体网络等级特征明显，网络中各省旅游经济有效联系有待进一步增强。

从个体网络特征看，全国 31 个省份在旅游经济发展空间关联网络结构中的点度中心度均值为 35.484，高于该平均值的省份为 11 个，分别是上海、北京、天津、江苏、广东、浙江、福建、山东、河南、内蒙古、辽宁，其中，上海、北京、江苏和天津点度中心度数值超过 80，在网络中地位较高。区域旅游发展水平较高的东中部地区省份在旅游空间关联网络中影响力也更大，地位更高，旅游经济发展马太效应明显；全国 31 个省份的接近中心度最低值为 53.571，最高值为 88.235，均值为 61.653，整体较为均衡，这说明全国 31 个省份在旅游经济发展的空间网络中均能够较快地与其他省份产生关联；全国 31 个省份的中介中心度总值为 69.654，排名前十位的省份依次为上海、北京、天津、江苏、浙江、广东、甘肃、山东、内蒙古和辽宁，总和为 62.813，占总值的 90.178%，这些省份在网络结构中的掌控能力更强，发挥着强有力的中介和桥梁作用。

从整体网络结构效应看，旅游经济发展的空间网络结构对各省旅游经济发展水平具有显著影响。整体网络密度每提升 1 个百分点，省域间旅游经济发展的相对差异将减少 0.605 个百分点；网络等级度每提升 1 个百分点，省域间旅游经济的相对差异将提升 1.266 个百分点，较高的网络等级度明显影响着省域间旅游经济的差异；网络效率（网络中无效连线数量占比）每提升 1 个百分点，省域间旅游经济发展的相对差异将提升 1.106 个百分点，网络效率的下降将有助于缩小省份间旅游经济发展的相对差异。

从个体网络结构效应看，个体中心性指标同样对个体省份旅游产业专业化有着显著的影响。个体省份点度中心度、接近中心度和中介中心度每提升 1 个百分点，其旅游产业专业化水平将分别提升 0.095 个、1.274 个和 0.334 个百分点，个体中心性指标的提升有助于各省积极参与到整体旅游合作的过程中，充分发挥各自的比较优势，合作共赢，从而提升其旅游产业专业化水平。

从块模型分析看，由北京、山东、天津、内蒙古组成的板块在旅游经济发展整体网络中扮演着主受益角色；由上海、广东、江苏和浙江组成的板块扮演着旅游经济双向溢出角色；由安徽、江西、重庆、福建、甘肃、湖北、广西、贵州、海南、河南、四川、云南、湖南和西藏组成的板块扮演净溢出角色；由河北、山西、辽宁、吉林、黑龙江、陕西、青海、宁夏和新疆组成的板块，在接收其他省份旅游经济溢出的同时也向其他省份发出旅游经济溢出，扮演着"经纪人"角色。

（二）政策建议

为了促进我国旅游产业的均衡发展，发挥旅游经济空间网络结构的效能，可供采取的政策建议如下：

旅游发展政策应考量中国省际旅游经济发展的空间网络结构指标，为省际旅游经济互补发展创造条件。全局把握省际旅游经济发展的空间网络结构特征，将省际旅游经济发展关联关系作为重要的决策变量，创新旅游发展思路。充分利用部级联席会的平台，结合旅游经济发展的空间网络结构特征，给予跨区域、跨部门旅游合作更多的支持，以增加省域间旅游经济发展空间关联关系，为区域旅游经济发展空间互补创造条件，实现旅游协调发展。

实施旅游经济发展"一对一帮扶计划"，促进旅游经济发展要素的协调利用。鼓励旅游经济发展空间关联网络中中心性强的省份（如上海、北京、江苏、浙江、广东等地）与中西部省份（尤其是要加强西北地区、东北地区）开展旅游经济发展一对一帮扶与合作，将旅游经济发展水平高省份的资金和旅游客流带到中西部旅游资源特色明显的省份以提高网络关联数、提升网络密度，优化网络结构，缩小省份之间旅游经济发展的相对差异。

制定综合型跨省份旅游线路专项规划，全面提升省际旅游合作水平。旅游经济发展应结合供给侧改革的指导思想，从宏观层面规划和设计跨省份跨区域的综合性旅游线路（如长征之旅、丝绸之旅、泛长三角旅游综合线路等），将东中西部省的旅游经济发展串联起来，实现优势互补，在降低旅游经济空间网络等级度的同时实现跨区域协调发展，培育区域旅游经济协调发展的土壤，让更多的省份从中获益。

从空间角度考虑板块间的旅游经济合作与互补，根据不同板块的溢出效应，实施差异化发展战略；充分发挥沿海地区和旅游经济发展较好的省份的空间带动作用，激发其在整体网络中的旅游经济推动功能；结合目前西北和东北地区形成的"经纪人"板块特征，出台区域旅游合作发展政策，形成区域的大旅游圈以更好地发挥各省份在其中的旅游经济传导作用，实现抱团发展，缩小区域间旅游经济发展的差异，促进区域旅游经济平衡发展。

借力"互联网＋"，创新省际旅游经济合作模式。"互联网＋时代"、大数据的充分运用，尤其是移动互联网的迅速升级为旅游者带来了海量的旅游信息，使得消费者成为旅游市场的主导力量。因此，应充分发挥"互联网＋"的融合功能，在政策上支持发展一批省际旅游互联网合作与交易平台，通过信息技术连接各省之间的旅游经济合作，优化旅游经济网络结构效率，减少无效连线，降低交易成本，将有助于提升个体省份与整体旅游产业专业化水平。

休闲经济研究理论前沿与发展态势

魏 翔 雷尚君[*]

摘 要 休闲与人们的生活与工作息息相关，并与经济联系日益紧密。本文对国际前沿的休闲经济前沿，如休闲对绩效、创新的作用，休闲的宏观经济效应，以及时间配置的经济影响，进行了总结与概括。休闲对绩效的作用分别从休闲对工作的替代效应、互补效应及参与休闲运动对绩效的作用展开，而休闲的经济增长效应则从新古典出发，利用了休闲的互补效应。在时间配置方面，主要是引述了劳动经济学的最新进展在休闲－工作安排上的影响。同时，本文指出该领域在研究方法、研究内容上仍具有研究空间，不同休闲活动类型、活动强度对绩效、增长和劳动力供给的影响，外生变量的控制问题等，仍值得进一步探讨。

关键词 休闲 休闲经济 绩效 增长 时间配置

一 休闲对绩效－创新的效应分析

何谓"休闲"？"闲"是休闲时间，"休"是对休闲时间的多样化安排方式。人们曾对休闲持有贬义的看法，认为休闲是"无所事事"，是"浪费时间"、"毫无用处"。随着社会经济的发展，人们休闲观念逐渐改变，并逐

---

* 魏翔，中国社科院财经战略研究院副研究员，主要研究方向为休闲经济、服务经济；雷尚君，湖南工程学院经济学院教师，主要研究方向为服务经济与金融市场。

渐认识到休闲对工作与生活的重要作用。休闲使人们之所以"成为人"，不仅让人获得生理、心理的放松与慰藉，更在此基础上塑造着人们的个性、态度与能力，进而影响到人们的工作与生活。学者们将休闲与经济联系起来，不仅从宏观经济学的角度研究整个国家、国别之间休闲时间的使用与演进趋势，也从微观经济学的角度研究一个家庭、一个个体休闲时间的使用对劳动力市场供给、对工资收入的相互影响。休闲是否能够对人们的绩效、对人们的创新能力产生作用，如何作用，能产生多大的作用，成为学者们的研究热点问题。

人的时间被分成工作时间、家庭生产时间（如家务、照看孩子）和休闲时间，休闲时间从广义上来说，即除工作时间与家庭生产时间之外的所有时间，从狭义上来说，包括能产生直接效用的活动，如娱乐、社交、积极休闲与放松活动（Aguiar & Hurst，2007）。休闲时间的获得必然与其他时间存在权衡（trade‑off）的过程，家庭生产时间减少，休闲时间增多（Devoto、Duflo & Dupas，2012）；工作时间增多，休闲时间减少，总是存在一个此消彼长的动态变化。

（一）休闲对工作的替代效应

人们对休闲与工作的决策是基于对休闲或工作给自身带来边际效用的衡量。工作与休闲存在替代效应，工作会挤占人们的休闲时间，进而影响到人们对工作的态度、效率与绩效。人们选择休闲相应地也会承受工资损失（wage penalty）。学者们经常将欧洲人与美国人的生产率作对比，欧洲人虽经济增长低于美国，但欧洲人均工作时间较低，将生产率的提高用于增加休闲而非收入，去除有限的税收政策对休闲的影响（Albert、Glaeser & Sacerdote，2006），则是源于欧洲人对休闲的偏好（Blanchard，2004）。有时，人们选择休闲是"被动休闲"，收入、教育程度、消费支出的不平等，使得休闲也不平等（Aguiar & Hurst，2007；Sevilla、Gimenez & Gershuny，2012）。

休闲对工作产生替代效应，进而影响工作绩效，可以集中从以下两方面进行分析：

1. 弹性工作时间与工资损失

由于各种主观与客观因素，人们会从事临时工作、短期工作、兼职等来平衡工作、家庭与休闲时间之间的安排，但也承受着工资损失。Kranza、

Planas（2011）就指出西班牙兼职女工比合同女工每小时要少挣 17~19 个百分点。Jahn & Pozzol（2013）也表明临时中介工人比长久工人承受更高的工资损失，并且还提出随着工作时间越久，工资差距会不断缩小；女临时工工资差距要比男性小。更有贡献意义的是，该文提出临时中介工作对工资的影响，临时工可以在临时部门不断积累人力资本，进而增加工资，这种人力资本积累效应会因工作类型有所不同，如女性从事行政、办公室工作，更能获得通用的工作技巧运用到未来的工作，更易积累人力资本。

从短期来说，暂时的工作安置能增加人们工资，但一两年后就会被低工资和低雇用次数而抵消（Autor & Houseman，2010）；对公司来说，雇用短期代理工会与部门经营绩效正相关，但却与每个雇员高工资关系很弱（Bryson，2013），可见，不管人们是由于休闲偏好而主动选择，或是由于生存压力被动选择弹性工作时间，都面临着工资损失的境地。而当政府一旦想要增加非正式工作人群的福利时，却又使得正式部门劳动供给减少，整个社会的生产率遭受损失，如墨西哥针对非正式人群的大众医疗保险项目使得公司和个人转向非正式工作，GDP 减少了 0.08%~0.36%，输出减少 0.03%~0.09%（Bosch & Raymundo，2014）。

因此，短期工、临时工、兼职等弹性工作的存在，虽为人们平衡工作与休闲提供了更多的选择，但由于替代效应的存在，总是存在着一定的机会成本，对工作绩效造成一定的损失。

2. 休闲时间、通勤时间与工作偷懒

通勤时间作为一种典型工作时间外的"非休闲时间"，挤占了人们的休闲时间，将会引起工作中的偷懒行为，进而影响工作绩效。

首先，通勤时间的增多与偷懒行为之间也存在平衡（trade-off）的过程。Schwanen & Dijst（2002）利用交通-时间比（travel-time ratios）调查得出通勤时间会影响个体的持续工作时间，个体会平衡工作时间与通勤时间，当通勤时间过长时，个体有减少工作时间的意愿。更具有典型性的研究是，Burda、Genadek & Hamermesh（2015）利用"美国时间调查"（AT-US）数据发现如果工作时间外的"非休闲时间"（如睡觉、吃饭、通勤）增多，会加剧偷懒行为。这是因为，员工会将这种增多的非休闲时间视为没有加班费的"加班"，促使员工在正式工作时间内为了寻求补偿而故意偷懒。与之类似，Ross & Zenou（2008）在利用美国 2000 年人口普查数据对通勤时间与偷懒行为进行研究后表明，通勤时间与偷懒行为存在替代效应，每增加一单位通勤时间，将减少个人净时间利用，导致休闲时间减少，偷懒行为增加。

其次，由于通勤时间增多所引起的偷懒行为将直接影响工作绩效。一方面，由于通勤时间挤占个体的休闲时间，会给个体的工作带来负面的情绪、感受（Gottholmseder & Nowotny，2009；Delmelle & Haslauer，2013 等），增大员工的工作压力（Gottholmseder & Nowotny，2009），使其产生焦虑感、压抑、无精打采、悲观、疲惫、睡眠紊乱等身体与心理问题，进而影响工作绩效（Hämmig，Gutzwiller & Bauer，2009）。另一方面，偷懒行为作为一种道德风险问题（Kidwell，1993）显然不利于企业业绩。研究者证明员工偷懒行为与企业净收益负相关（Golden &Zajac，2001），并且，偷懒对团队目标完成困难程度及团队目标认同具有显著负向影响，进而对团队绩效产生负作用（Mulvey & Klein，1998）。由此造成的后果是，偷懒会提高员工的长期失业率（Burda，Genadek & Hamermesh，2015）。

综合休闲、通勤时间与偷懒的文献来看，大部分文献都认为通勤时间越长，偷懒行为发生的可能性越高。但也应看到，经典研究（如 Ross & Zenou，2008；Burda、Genadek & Hamermesh，2015）几乎没有建立起通勤和偷懒之间更为现实的不确定性动态选择模型，因此无法对偷懒行为做更为现实的模拟和分析。并且，国内外关于通勤影响偷懒的先行文献较少，实证研究尤其稀少，由于缺乏数据或观测手段，通勤时间影响偷懒行为的定量分析不足。对于三者之间的互动性仍具有研究空间。

（二）休闲对工作的互补效应

休闲的价值会受到身边人的影响，最突出的就是家庭夫妻之间休闲与工作的互补效应，夫妻会调整工作安排匀出休闲时间一起度过（Hamermesh，2002）。Michaud、Vermeulen（2011）研究老年人家庭的劳动供给，供给模型嵌入家庭行为的共同影响，通过使用夫妻、鳏寡数据来分析个人偏好和帕累托指数（与家庭协调过程有关），发现配偶休闲的边际效应对夫妻的偏好都有显著影响，当考虑到配偶劳动供给选择时，休闲的互补作用非常重要。该文证实了休闲的外部性，但对休闲互补作用具体表现，互补作用对家庭消费、收入、工作绩效会产生怎样的影响，并未进一步说明。Goux、Maurin & Petrongolo（2014）基于此进一步提出休闲的互补性存在性别差异，男性会通过减少非正常工时来应对女性工作时间减少，而女性对男性的互补作用由于工作弹性低而不显著。该文依然没有说明，休闲的互补性是否会对工作绩效产生影响。

（三）参与休闲运动对绩效的作用

人们对于休闲方式有不同的偏好，其中参与休闲运动、体育锻炼是重要的休闲方式，孕育了"运动经济"。Rooth（2011）通过调查与实验表明，参与休闲运动和身体健康对工作绩效、工资与求职具有积极影响。一项调查是对军队 18 岁人员身体健康素质及之后的工资收入进行调查，发现 1 个标准差的身体素质变动会引起 7% 工资效应的变动，相当于 1.3 年的工作经验；而另一项通过实验分析在求职简历中提及参与休闲运动的偏好将多增加 2% 可能性收到面试反馈，相当于 1.5 年额外的工作经验。但该文未进一步说明参与休闲运动对劳动力市场效应的影响机制，参与不同的休闲运动是否会产生不同的影响效果。

Barron、Ewing & Waddell（2000）以初中学生为研究对象，同样证实了参与体育运动比其他课外休闲活动更有利于生产率的提高，工资相比要高 4.2% ~ 14.8%，参与运动直接影响工资与教育成就。在大学时期，参与运动的积极影响仍然存在，男性参与运动工资能提高 4%（Long & Caudill, 2001）。

参与休闲运动的积极影响从长远来说是否一直成立呢？对此，Lechner（2009）基于 1984 年至 2006 年德国社会经济专门调查的个人数据，分析得出个人参与休闲运动对长期劳动力市场变量（工资和收入）存在正向效应，积极参加运动者比不参加或少参加者在 16 年间平均增加工资约 1600 欧元，是对 5% ~ 10% 运动参与变化的回报，相当于额外 1 年的教育。但遗憾的是，学者们在分析休闲运动的影响时，有时并未考虑到不同类型、不同强度的休闲运动是否会对工资收入影响产生差异。参与休闲运动也应符合边际效用递减规律，是否存在参与休闲运动时间、强度最佳值使得效用最大化，仍值得思考。

休闲运动对劳动力市场效应的积极影响，引起了学者们对其影响机制的研究热情。学者们提出了几种解释：

直接生产率效应。身体越健康，更加有活力，能够承受更长的工作时间、工作强度，病假越少，直接影响生产率，进而影响工资收入（Rooth，2011）。

社交能力效应。一些不可观测变量引起了参与运动与高工资的关系，如参与运动，社交能力提高，特别是在团队的休闲运动中，使得在劳动力市场更有竞争力（Rooth，2011）。

传递信号效应。参与运动能够向雇主释放更高个人能力和更好工作伦理、更加勤勉的信号（Barron、Ewing & Waddel，2000），表明自己享受更好的健康状态，能够表现得更好（Lechner，2009）。

人力资本积累效应。参与休闲运动，身体更健康，有更强的动机投资开发自身技能，如获得更高的教育（Bloom & Canning，2000），提升认知能力。人力资本理论认为，工资由人力资本决定，人力资本由各种有利于生产的能力组成，而生产技能的获取渠道之一便是源于休闲活动（Bowles、Gintis & Osborne，2001）。在人力资本中，认知能力对绩效的影响至关重要（Case & Paxson，2008）。

因此，休闲运动对生产率、对经济增长的作用是通过身体健康素质、人力资本间接实现的。其中，人力资本积累效应的解释尤为值得关注。另外，Long & Caudill（2001）、Lechner（2009）都提到参与休闲运动能够对个人信心、心理稳定、幸福感产生正向效应，这些方面的提升是否可以成为增加个人绩效的渠道之一，仍值得验证。

对于休闲运动对绩效影响机制虽未达成一致的看法，出于对休闲运动对劳动力市场效应的积极影响，学者们也进一步延伸研究，分析什么因素会影响人们参与休闲运动。Farrell、Shields（2002）即提出参与休闲运动与家庭收入正相关，教育程度更高的人更多地参与运动，家庭偏好对参与决策有重要影响。除此之外，时间机会成本也是重要决定因素（Humphreys & Ruseski，2009），个人特征会影响参与运动的时间，如男性比女性参与运动更多，而已婚、家中有孩子、年龄大都与低运动参与度相关（Lechner，2009）。

综上所述，大部分文献都通过丰富的纵向调查数据表明，参与运动作为休闲的重要方式，对工作绩效具有显著的积极效应，并从生产率、人力资本积累、习得技能、传递利好信号等方面解释其影响机制，探究参与休闲运动的影响因素。但也应看到，不同类型、不同强度的休闲运动可能对工作收入产生影响差异，可能存在效用递减的现象；由于社会的发展变化、人们休闲方式的多样化，仍需进行调查研究，探索可能的变化以及其他可能的影响机制。

创新能力，与创造力（creativity）、创意（originality）、创新（innovation）等概念相关联，用来衡量人的性格与特点（Horst H. S.，2000），对社会文化演变具有重要影响（Feinstein，2011）。鉴于创新能力的重要性，人们都期望通过各种方式培养自身的创造力。

创造力的培养需要花费一定的时间，并依托于某种活动形式来实现。Leonidas、Bourantab & Moustakisa（2010）提出，创造力，与时间安排有关，与每日计划行为正向相关，而休闲活动正是每日时间安排的重要内容。这正说明了休闲与创造力之间密切的关系。创造力的培养能够通过怎样的方式获得，在这过程中，休闲是否发挥了作用，又扮演了怎样的角色，成为学者们的研究重点。

（四）休闲时间是诞生创造力的"温床"之一

"有闲"是人们培养创造力的条件之一，不管是工作时间的主动减少还是失业的"被减少"，人们有更多的时间去从事创造活动，如绘画、音乐、舞蹈（Rose，2016）。进一步地，Davis & Hoisl（2013）基于组织创造力和知识重组的理论，利用德国工人3000项发明发现，休闲时间所创造的发明更多地观察到基于概念的问题，和外界人们的交流对创造力非常重要，而工作时间也能催生创造力，但更加依赖于环境氛围的营造。

（五）休闲活动提升创造力

在文献中，学者们提到可以通过以下方式来提高创造力：

通过学习活动。个人探索与学习是创造力的基础，人们在休闲时间选择能够使其价值最大化的学习领域，把学习元素创新组合，积累形成知识，从而促进文化与经济发展（Feinstein，2010）。

通过体育活动。Lupu（2012）通过多样化的调查方法发现，创造力是概念的重组，存在于人类的思想中，隐藏在潜意识中，根据需要就可以被激活；经常参与体育活动的人创造力更发达，体现在实验中经常参与体育运动的学生能够更流畅、更快地联想与组合词汇，提高了信息更新的能力。

通过旅游活动。Bloom、Ritter & Kühnel 等（2014）通过调查 46 位工作人员度假前后的创造力变化发现，度假后人们更高水平的创造性虽未提高，但认知灵活性提高，提高了创造力的概率。需要进一步扩大样本并深入探讨旅游对提高创造力的机制。

通过艺术活动。Whiting、Hannam（2014）提出创造力的提升与个体表现力、自我创造力密切相关，而这种自我表现与艺术、与美学也具有重要的相关性。与之相印证的是，Trnka、Zahradnik & Kuška（2016）基于情感创造力清单（emotional creativity inventory）来衡量情感创造与现实中参与不同类型创意休闲活动及四类大学专业之间的关系，调查发现，艺术生的 ECI 明显高于其他专业，五类休闲活动与 ECI 显著相关，即写作、绘画、作曲、表演戏剧与 DIY 家居设计。

从这些方式中可以发现，"闲中学"是培育创造力的最基本的途径，当人们在参与这些活动时都在有意无意、潜移默化地学习，内化成自身知识积累，为创造力的形成提供基础。

（六）休闲活动提高创造的价值

休闲活动与人们的爱好、兴趣有关，会将人们的态度与特性带到工作中来。Davis & Hoisl（2014）基于组织创造力互动论的视角，探讨休闲活动是否能够跨越人们家庭和工作地的创意空间，他们利用 21 个欧洲国家、美国、日本所有行业 4138 项发明的原始调查数据，用相关发明专利价值、发明的创新度来衡量组织创造力，发现员工下班后仍在思考工作能够创造更有价值的发明。休闲活动中人们多元化、更加面向社会、集中化的兴趣能增加发明的价值。这体现了休闲活动的外部性，能促进创造性工作的开展。

总之，首先，休闲时间的获得与工作存在替代效应，使得人们不断平衡休闲与工作之间的关系，一定程度上给人们带来工资损失；通勤时间对休闲时间的挤出，也可能导致人们在工作中的偷懒行为，进而影响绩效；其次，由于休闲时间具有外部性，家庭夫妻之间的休闲与工作存在互补性，虽未研究互补性对工作绩效的影响，但能影响劳动力市场供给。最后，参与休闲运动是人们休闲方式之一，大部分文献都支持参与运动对绩效具有积极影响，分别从直接生产率效应、人力资本积累效应、传递信号效应、社交能力效应等来解释其影响机制。休闲对绩效的研究仍存在一些问题值得进一步研究：休闲与工作的互补性对工作绩效的影响；通勤时间影响偷懒行为缺乏动态选择模型，需利用数据进行实证研究；不同类型、不同强度、不同持续时间的休闲运动是否会产生对绩效影响差异；参与休闲运动对工作绩效的影响是否具有稳定的信度，影响机制是否具有其他可能性，如心理、精神状态变量等。

休闲对创新的作用，不仅体现在休闲时间是进行创新活动的条件之一，可以通过学习、体育、旅游、艺术活动等来培养创造力，同时休闲活动具有外部性，能提升创造活动的价值。该领域研究仍存在空白，需进一步通过实证研究来验证休闲对创新的作用，探讨其作用机制及其影响，从而提高休闲的价值。

二　休闲与宏观经济的联系

经济增长问题的研究是世界经济学界一个永恒话题，经济增长理论也一直是宏观经济学中热点的领域，主要围绕着生产函数的概念来分析经济增长和经济周期。因此下文主要论述分析与休闲和经济增长有关的文献。

（一）忽略休闲的经济增长理论

在早期那些有关经济增长的理论中，休闲的因素似乎被忽视了，他们认为：休闲本身没有任何经济增长的价值。

20世纪50年代索洛等人提出新古典增长模型，他们认为生产函数是产量和资本、劳动相关的函数。即 $Y = F (K, L)$。在古典经济增长模型的基础上，虽然许多经济学家对休闲需求进行了分析（Pigou，1920；Knight，1921；Robins，1930），但是这种分析是为了解决生产函数中一个重要因素劳动力的供给问题。即休闲是作为劳动时间之外的剩余时间被运用的，其目的是通过在时间——收入空间（预算约束、时间约束）中对消费者效用函数、无差异曲线、时间预算线等的分析得出关于工作时间分配（即劳动力供给）情况以及工资变动等对这种分配的影响。在这里，休闲时间仅仅被当作收入的替代品。

经过几十年的发展，20 世纪 80 年代，卢卡斯等人（Lucas，1988）提出了内生增长理论模型，指出生产函数应该是一个产出量和资本、劳动、人力资本（劳动力的教育水平、生产技能训练和相互协作能力的培养等，这些统称为"人力资本"）以及技术进步相关的函数形式，即 $Y = F$（K，L，H，T），但是卢卡斯等人认为内生增长模型只是通过人力资本外部性等工作时间内生成的活动来解释经济增长。Lucas 对人力资本的外部性（externality）给出了一种明确的解释：他将人力资本的作用分为内部效应（internal effect）和外部效应（external effect，即外部性）两个方面，前者是指个人的人力资本能提高自身的生产率和收益；后者是指平均人力资本水平提高能提高所有生产要素的生产率，因为没有人会在人力资本投资时考虑这一影响，故称之为外部效应。并且，Lucas 认为这种人力资源的外部性是通过团体中的互动、相互学习产生的。所以，他回避了一个重要的问题，即除了工作时间里的活动以外，休闲时间内的活动显然也会对人力资本 H 的形成与积累产生类似的作用。同时，休闲时间内的活动也可能对技术进步 T 产生一定的影响。

同样，布坎南（Buchanan，1994）也曾就人们对休闲的偏好与经济增长之间的关系进行过讨论。他曾猜想，当某种社会道德规范如基督教伦理或儒家伦理鼓励人们不要贪恋休闲而是要勤奋工作时，则人们对休闲偏好的降低会使得所有人的工作时间增加，所有人这种自利行为交互作用的后果会使均衡的供求量增加、生产率上升，显然他认为休闲时间和经济增长有反比关系。

（二）引入休闲的经济增长模型

休闲作为经济本身的内生变量之一，它与收入和消费都存在密切的关系，因此也必然与经济增长之间存在着密切的关系。

从 20 世纪中期开始，以明瑟（Mincer，1962）、贝克尔（Becker，1965）等为代表的经济学家致力于突破传统经济学的工作、休闲二分法（休闲的增多意味着工作时间的减少，阻碍了经济的增长。这种理解是有误的，不应把休闲作为一个独立的范畴）。Zhang（1995）也将休闲时间作为一个内生变量引入新古典经济增长模型，建立了一个两国家的内生经济增长模型，模型表明，在不同国家，时间在工作和休闲上的分配存在不同，而这种不同将对世界经济的长期增长及外贸方式产生显著的影响。杨小凯（1998）将休闲纳入其新兴古典经济学的分析框架，证明如果效用函数是柯布—道格拉斯型 $[Y = A(t) L^{1-\varepsilon} K^{\varepsilon}]$ 的，则人们对休闲的偏好增加并不一定会降低生产率，或者说，减少对休闲的需求并不一定会增加产品的供给，因为随着分工的发展和交易效率的改进，会出现休闲时间、生产率和人均实际收入同时增加的情形。

最早对休闲在经济增长过程中的作用进行较为详细研究的是 Ladron - de - Guevara, Ortigueira 和 Santos（1995），他们在宇泽（Uzawa, 1965）和卢卡斯（Lucas, 1988）的基础上，引入休闲因素，从而建立了一个考虑休闲因素的二部门内生增长模型，实际上，这一模型只是 Uzawa 和 Lucas 最初所建立的模型的简单扩充，因为在"宇泽—卢卡斯"模型中，时间只花在工作上，而在他们的模型中则考虑到了时间花在休闲活动上的情形。而之所以在内生增长模型中引入休闲这一因素，主要是出于以下的考虑：休闲是现代经济波动理论中的一个关键因素，因为在一个经济周期中，大约 2/3 的产出变化是由于工作时间的波动引起的（Kvdland, 1995）。

1. 引入教育时间经济增长模型

早在 20 世纪 60~70 年代就有学者开始分析休闲时间中的正规教育时间与经济增长的关系（Chase, 1967；Ryder, Stafford 和 Stephan, 1976 等），他们在人力资本存量不改变休闲的边际效用的前提下，得出的结论是：投入到正规教育中的时间增多会通过提高人力资本进而提高物质产品的生产率，因此人们更倾向于通过多受教育、多工作来提高收入，相应地，就减少了对其他休闲时间的花费。但模型却忽略了对其他休闲时间的花费可能也会对教育和技术水平的边际影响，或者假定不存在这样的影响，然而，人是一个综合联系体，其他休闲时间里所从事的活动不可避免地会对其他方面产生影响，同样会带来要素改进和产生外部性效应。

2. 引入其他休闲活动的经济增长模型

近十几年来的研究将休闲对经济增长的影响提到了一个新的高度，主要表现为对实际经济周期理论（RBC）的挑战。标准的 RBC 模型认为，技术冲击与非工作时间（休闲）存在较高的负相关关系。但这一预测与很多国家尤其是发达国家的实际数据不一致——休闲时间与技术冲击的关系几乎为零或正相关。

魏翔（2005）认为除正规教育时间以外的其他休闲时间可以通过提高个体心智水平、创新精神和学习素质对人力资本形成影响，于是他将享受型休闲时间引入了人力资本形成方程；同时认为休闲时间对技术水平具有外部性，于是将享受型休闲时间也引入了生产函数。得出结论：在不考虑有意识的研发活动时，有两种外部性推动了经济持续增长：一是内生的物质资本积累过程中的"干中学"效应（Lucas，1988）；二是外生的享受型休闲时间的"闲而优"效应。同时他认为，相对于"干中学"效应，"闲而优"效应对技术进步的影响是短期的。

（三）考虑休闲的产出模型和消费函数

1. 产出角度

魏翔、虞义华（2011）认为休闲从两个方面影响经济的产出和效率，除了源于休闲对工作的替代作用外，最重要的原因是休闲对生产具有互补效应。休闲的互补效应包含三种效应："闲而优效应"是指休闲及休闲活动有助于提高个体的工作效率和工作质量。Lu and Hu（2005）的实验研究也发现，更有挑战性和更主动的休闲活动能更有效地提升劳动者的素质，提高劳动者使用资本进行生产的能力。"闲中学效应"是指人们在休闲中的有益活动和学习可以溢出到全社会，顺带提高全民素质、促进整个社会的创新能力，改进全社会的技术效率。休闲的"等势效应"是指某些休闲时间内的活动或服务具有生产性质（如家庭生产、家庭护理等），且其生产水平可以接近甚至超过工作时间内的专业水平，等势于市场生产。尽管休闲对生产具有一定的替代作用。但是，随着经济水平的提高、休闲的增多，越来越多的工作时间将被解放出来，越来越多的技术消化和技术更新将在人们自由与快乐的休闲时间中完成，休闲对生产产生的互补效应会更强（魏翔，2011）。

可见，当经济处于低水平时，休闲通常对生产及效率是替代作用更强，此时，休闲的增加只会降低经济效率。也就是说，此时适当减少休闲、增加工作时间有利于促进效率、促进生产，促使经济持续增长。另外，当经济处于高水平时，休闲对生产的互补效应便会超过替代作用，休闲的增加有利于效率的提高，这种效应如果具有动态连续性，就能抵消要素的边际报酬递减和技术进步的放缓，推动经济持续增长。

2. 消费角度

Linder，（1970）在 Mincer（1962）、Becker（1965）的基础上，进一步推进了休闲的经济学研究，他认为：休闲不是简单地不工作，它是个人或家庭为了消费用劳动所得的收入购买的商品或服务所必需的时间，休闲不亚于工作，它是经济系统不可分割的一部分。Hatcher（2004）研究了 19 世纪以前的劳动、休闲及经济思潮，将休闲时间分为自愿休闲时间与非自愿休闲时间，指出社会最早认为只有勤奋大量的工作才能保证经济的有效运行。刘孟奇（1996）则利用 CES 效用函数证明，当人们对多样化消费的欲求非常强烈时，对休闲偏好的增加会促进分工和生产率，而当对多样化消费的欲求很弱时，对休闲偏好的增加将导致相反的结果。

可见，休闲对经济增长的影响大小与程度是由一个国家经济发展的阶段决定的。宏观上来说，在工业化发展阶段，国家人均 GDP 普遍不高，这时人民就算有休闲时间也不会用于消费，此时休闲对经济的替代作用就很明显，只有工作才可以促进经济的有效增长。随着经济的增长（技术、生产率），当社会经济发展到一定水平的时候，人均 GDP 到了一定程度，人民收入有了显著提高，更多机器代替了人工工作，休闲开始增多，同时人们的消费观念及行为变得逐渐多样化的时候，收入的增加和消费的欲求使得人民乐于在休闲时间进行消费，消费需求的增加会产生乘数效应，加快市场中货币的流动速度，使得人均收入持续上升，形成一个良好的经济增长循环，生产总值也随之上升，休闲对经济的正向效用便更加突显。

（四）建议：我国的假日政策制定

国际货币基金组织（IMF）于 2016 年发布了《世界经济展望》，数据显示：2015 年中国 GDP 为 10.98 万亿美元，占全世界 GDP 总量的 15%，仅次于美国排名世界第二；人口为 13.74 亿，占世界总人口的 18.8%，人均 GDP 为 7990 美元，排名第 76 位。虽然我国的 GDP 排名世界第二，但是排在第 76 位人均 GDP 将我们从天堂拉回了现实，我们不能否认：我国还只是一个新兴的经济体，经济水平离西方发达国家仍然还有很长的一段距离要走，不过从另一方面来说，我国人均 GDP 还有很大的提升空间，经济发展潜力十足。可见，我国还处在工业化发展阶段，休闲时间对经济增长的影响作用并不大。从产出角度来说，休闲对生产及效率的替代作用表现得更强劲；从消费角度来说，休闲并不能充分地转化为消费，主要受我国居民现阶段较低的平均收入水平和相对较少的选择偏好等因素影响。

因此我国在制定假日政策时，需要适当控制居民的休闲时间享有量，通过合理安排休假制度和适度引导休闲与消费理念来把控休闲的经济影响。现阶段不宜较大程度地延长休闲时间，如：对带薪休假的过度提倡。但我们也需要认识到，随着我国逐步进入和谐社会，人均 GDP 与人均收入排名上升，服务经济的高速发展将带动居民的消费多样化，进而提高居民的休闲消费偏好，提高休闲对经济的正向作用。因此，我国的假日政策应该伴随着从工业化到后工业化的发展逐步改变，针对不同阶段采取针对性的休闲制度安排，切忌冒进。

三 时间配置与休闲的作用

（一）家庭内部时间配置

Mincer（1962）最早提出要在休闲时间中区分出家庭生产时间和休闲时间。1965 年经济学家贝克尔在《经济学杂志》上发表了《时间配置理论》，以独特的视角把时间配置研究引入家庭内部决策领域，使经济学家开始关注家庭时间的研究。

1. 贝克尔单一家庭模型

贝克尔单一家庭模型也就是比较优势模型，基于家庭内比较优势，家务的机会成本最低（人力成本最低或家务生产率最高）的成员，其家务劳动时间或投入最多（Becker，Murphy and Tamura，1990）。Gronau（1977）认为当工资率上升时，家庭生产时间有望下降，而工作时间增加，家务时间减少，休闲时间通常保持不变。丈夫与妻子工资比被认为是家庭内比较优势的衡量变量，该比值越大，说明越有必要分工和家庭内交易，以实现价值最优。然而，这种比较优势是否可以通过交易来实现，取决于女性的家务生产率高低和市场替代品价格。很多时候，工资高的女性家务生产率也高，或是女佣的价格很高，因此即便女性工资高，也适合留在家里。为了实现家庭内比较优势，应该降低女佣的市场价格，比如通过对家政市场减税。

2. 家庭内议价模型

女性在家庭外经济机会的增加，提高了其在家庭内的议价能力，导致女性做家务的时间会减少（McElroy and Horney，1981；Manser and Brown，1980）。该模型存在一定的缺陷，即无法解释女性家务劳动时间随收入上升而不变的事实。因此，需要注意到"性别习俗"的影响，性别习俗可能使威胁点不是离婚，而是在婚姻内达成的。因此，女性会多做些家务，无论她们的工资如何变化。"性别习俗"会降低女性的议价能力（Lundberg and Pollak，1996），或是限制议价对象（Agarwal，1997）。

3. 身份模型

身份模型中的 doing‑gender 模型认为，当男人的收入低于女人时，性别习俗就受到了挑战。此时，收入高的女性反而会多些家务，以免身份受到挑战的丈夫认为自己做了女人"该做"的事情而倍加失落，而女性增加家务劳动以平衡家庭总体效用不下降（Akerlof and Kranton，2000）。该模型也得到一些实证支持（Brines，1994；Greenstein，2000），但稳健性还需进一步提高（Gupta，1999）。Evertsson & Nermo（2004）的研究也支持该模型，他们发现，美国女性在收入上升后家务也上升的 doing gender 效应要强于瑞典，是因为美国的性别习俗更严重（女性多靠男性养家），因此女性的收入上升导致性别角色偏差后，女性做家务以弥补男性心理落差的需要更强烈。Kuroda（2010）发现最近 30 年，日本全职男性 1985～2005 年工作日的平均工作时间（相较于 1985 年）增加了 0.4 小时。1985～2005 年，日本女性的工作时间基本未变，但家庭生产时间平均减少 3 小时。相应地，休闲时间增加 3 小时。而 Stratton.（2012）发现，男人的偏好更加决定家庭内的时间分配，这说明男女工资差对家庭内男女家务时间分配不是主要决定因素。

Almudena Sevilla‑Sanz，Gimenez‑Nadal & Fernández（2010）利用西班牙时间使用调查（STUS）的实证研究结果是对以上三种模型的验证：女性的家务劳动随收入增加而减少，此时符合贝克尔单一家庭模型或是家庭内议价模型。但当女性的工资超过其丈夫时，家务劳动时间不减反增，而这恰恰支持了 doing gender 的身份模型。

另外，婚姻满意度也会对女性家庭劳动时间产生影响。当女性的婚姻满意度下降时，人力资本积累假说认为，就业女性或家庭妇女会减少投入在家庭中的无偿劳动而会增加工作时间以应对未来将提高的离婚可能性。Johnson and Skinner（1986）的研究也认同了以上说法，而性别展示假说则认为，女性会同时增加工作时间和家务时间。这是因为对婚姻的负评价和对妻子工作的负评价相联系，她们为应对离婚而延长工作时间的努力受到捍卫性别责任的限制。Ono and Raymo.（2006）利用日本的数据证实，性别展示假说获得了支持。

Imenez - Nadal and Sevilla - Sanz（2011）研究显示男女间的休闲时间差别微小，但利用西欧国家的时间使用数据显示，工作的母亲的休闲时间显著少于父亲。她们的休闲满意度也最低。而 Bittman and Wajcman（2000）；Sullivan（1997）认为女性比男性更多地从事多任务家务或休闲。女性的休闲质量比男人低，因为她们从事的休闲活动多是多任务的（Zaiceva Klaus and Zimmermann. 2011）。同时，由于家庭生产通常被资本（如家庭设备改进）和服务外包所替代（后者要通过工作时间来完成）。因此，通常会出现家庭生产时间下降的同时，平均的社会休闲时间上升（Aguiar and Hurst，2007）。总体上，家庭的休闲时间和家庭生产时间随着工资率的上升而减少（Jean. and Rachel，2007）。

（二）照料儿童时间的经济作用

发达国家学者使用 TUS 数据研究了多种因素对父母照料儿童的时间的影响。这些因素包括：政府给予的育儿补贴、日托机构、公共教育支出、父母的工作时间、父母的工资率、母亲的受教育程度、孩子的性别等。这些研究的结果中，有些与人们通常的直觉并不一致。

Jean and Rachel（2007）发现，母亲照顾孩子时间随孩子个数的上升而上升，但随孩子年龄的增加而减少。这是因为孩子小的时候属于"时间密集品"，因此母亲的工资上升，会增加家务时间的机会成本，于是对带孩子时间或生孩子带来负面作用；当孩子长大后，大孩子属于"商品密集品"，主要通过市场商品来维持生长。此时，母亲工资上升，则相对降低孩子的价格。孩子的总体需求，受到市场替代品（如女佣的价格，女佣的价格低，则孩子的相对价格就低）和贴现率等的影响（Gronau，1977）。

Hurst（2008）对美国时间利用调查数据进行分析后发现，受教育水平高的父母会花更多的时间和自己的孩子在一起；但同时，他们在外工作的时间也更多。并且，照顾孩子是明显不同于典型的家庭生产或是休闲活动的一种模型，这也推翻了 Becker 在 1965 年的结论。

在美国，女性做家务或带孩子的时间没有随她们的劳动参与率或工资率的提高而出现显著变化（Bittman and Wajcman，2000；Aguiar and Hurst，2007）。Sevilla – Sanz，Gimenez – Nadal & Fernández（2010）女性照看孩子的时间不随收入变化，而是基本不变。这不符合关于家庭的三个模型预测，这是因为男子主义的性格习俗（认为女人应该做家务）对女性的家务劳动有决定作用，而女性主义的性别习俗在照看孩子上有决定作用（认为女性应该看孩子）。

（三）休闲时间的结构

休闲时间的结构是时间分配研究很重要的一部分。人们在休闲时间内的活动尽管是多元化的，仍然显示出一定的规律性。Pantzar and Shove（2005）认为，英国 1975 年和 2000 年的 TUS 数据对比显示：休闲活动中，仅仅做饭、在外就餐、整理花园、运动和业余活动的时间在增加，其他的休闲时间在减少，这说明，英国人的休闲时间在增加，但休闲活动更具专业化（某些休闲活动在增加）和排他性（以至于其他休闲活动在减少），进而使休闲出现分水岭，即分散化。文献研究发现，20 世纪 80 年代后，芬兰总体人口的自由时间增加了（Niemi & Pääkkönen，2001，pp. 54 – 55）；与此同时，荷兰和加拿大受雇人员的自由时间却减少了 Zuzanek，Beckers and Peters（1998，pp. 5，9）。

Humphreys and Ruseski（2009）通过阐述一个参与性的消费者选择模型来考察参加体育运动的经济性问题。结论显示，像收入和时间机会成本这类经济因素是决定参加体育运动的重要因素，体育运动是一种一般商品。个体特征在决定花费多长时间来进行体育锻炼中也扮演着重要角色。参加活动次数和花费的时间随着年龄的增加而减少。女性、已婚人士、家中有孩子的家庭、黑人和西语人群比男性、未婚人士、没有小孩的家庭和白人用于运动的时间要少。

（四）失业和退休人员的休闲

失业和退休人员在某种程度上存在着一定的相似性，即没有工作时间。

然而前者是被迫地增加休闲时间，仍然存在再就业的可能，后者则是职业生涯发展到一定阶段的自然结果。

Scherger, Nazroo and Higgs（2011）的研究显示，退休人员间的社会不平等（用休闲参与来衡量）主要受连续性的影响，即退休前的活动模式会带入退休后。用休闲活动参与程度来衡量老年人的社会地位，退休减少社会资本和社会联系，使休闲参与受抑制，其社会地位也受到一定的影响。与此同时，退休后收入下降，社会地位下降，能参与的休闲活动档次会下降。Niadek and Zajadacz（2010）通过调查波兰老年人如何利用空闲时间从而发现刺激老年人参与休闲活动的因素，并推荐了针对这一特殊市场的市场政策。

Krueger and Mueller（2012）发现，失业人员再就业后，家庭生产的时间急剧减少，休闲活动也减少。部分因为之前他们花费很多时间用于工作搜寻。该研究结果这和 Aguiar, Hurst and Karabarbounis（2011）的发现类似，即经济萧条后休闲时间增多时，家庭生产的时间会增多。同时，该研究数据显示，尽管失业工人的休闲时间增加，但是在这些活动上的幸福感低于就业者。失业者寻到工作后，休闲活动上的不幸感会迅速降低。

（五）社会发展与休闲的关系

人们对休闲和工作的权衡发生了改变。我们所处的这个环境中，个人对工作和生活平衡做出选择时会受到制约。在此基础上，Nichols（2009）主要讨论社会不公平对于休闲的时间压力、个人对工作与生活平衡的选择以及休闲社会的本质的影响。许多不平等的国家趋向于有更长的工作时间，但经过几十年的时间，工作时间的差异随之变化。在不平等的社会人们每年要额外多做 2~3 个月的工作量（Wilkinson & Pickett, 2009）。

而 Rojek, Shaw and Veal,（2006）认为休闲可以通过文化、政治、道德和精神等方式来提升社会的总体质量。Russell and Russell（1923）揭示人们预期着有这样的一个社会，这个社会里生产力有较大幅度的增长，使必要的工作时间得以减少，从而释放出更多的时间用于休闲。真正的人生不在于为了吃饱穿暖而工作，在于对世界的艺术、思想和爱，美的创造和科学性的深入思考。

（六）展望

国外关于休闲在时间配置中的研究，可以看到一个明显的发展趋势，从社会学研究范畴进入经济学领域。早期的时间配置研究比较接近纯学术，以对人们生活方式的探究及其国际比较为主。20 世纪 90 年代以来，出于承认妇女经济贡献、提高妇女社会地位的需要，基于 TUS 数据的无酬劳动估价研究大量涌现，推动了各国时间利用调查的发展。反过来，TUS 数据的增加又促进了时间配置研究的进一步发展，使时间利用研究与公共政策得到了更加紧密的结合。

反观我国，作为世界人口第一大国和世界第二大经济体，在经济快速发展、社会全面转型的过程中，如何对待十几亿人口的休闲问题，如何引导人们通过积极健康、丰富多样的休闲活动提升自身生活质量并促进社会经济健康有序发展是重中之重。

参考文献

［1］魏翔：《休闲时间与经济增长——兼对中国数据的实证检验》，《财经研究》2005 年第 10 期。

［2］魏翔、虞义华：《休闲效应对经济产出和技术效率的影响》，《中国工业经济》2011 年第 1 期。

［3］Aguiar, Mark and Erik Hurst. , 2007, "Measuring Trends in Leisure: The Allocation of Time over Five Decades," *Quarterly Journal of Economics*, 122 (3): pp. 969 - 1006.

［4］Alberto, Alesina, Glaeser, Edward, and Sacerdote, Bruce, 2006, . "Work and Leisure in the United States and Europe: Why so Different?" *NBER Macroeconomics Annual* 2005, 20, pp. 1 - 100. Cambridge, MA: MIT Press.

［5］Autor, D. , Houseman, S. , 2010, "Do temporary help jobs improve labor market outcomes for low-skilled workers? Evidence from work first. American Economic Journal," *Applied Economics*, 2, pp. 96 - 128.

［6］Aguiar, Mark and Erik Hurst. , 2007, "Measuring Trends in Leisure: The Allocation of Time over Five Decades," *Quarterly Journal of Economics*, 122 (3):

pp. 969 - 1006.

[7] Barron, J. , Ewing, B. , Waddell, G. , 2000, "The effects of high school athletic participation on education and labor market outcomes", *The Review of Economics and Statistics*, 82, pp. 409 - 421.

[8] Blanchard, Olivier. 2004, "The Economic Future of Europe", *Journal of Economic Perspectives*, 18 (4): pp. 3 - 26.

[9] Bloom, David E. , and David Canning. , 2000, "The Health and Wealth of Nations", *Science* 287 (5456): pp. 1207 - 1209.

[10] Bosch, Mariano, Raymundo M. Campos-Vazquez, 2014 "The Trade-Offs of Welfare Policies in Labor Markets with Informal Jobs: The Case of the 'Seguro Popular' Program in Mexico" . *American Economic Journal: Economic Policy*, 6 (4): pp. 71 - 99.

[11] Bryson, A. , 2013. "Do temporary agency workers affect workplace performance?", *Journal of Productivity Analysi*, 39 (2), pp. 131 - 138.

[12] Burda, Michael C. , Genadek, Katie R. and Hamermesh, Daniel S. , 2015, "Not working at work: loafing, unemployment and labor productivity", Labour Economics Discussion Paper, 10712, pp. 1 - 42.

[13] Case, A. , Paxson, C. , 2008. "Stature and status: height, ability, and labor market outcomes", *Journal of Political Economy*, 116 (3), pp. 499 - 532.

[14] Davis, Lee N, Davis, Jerome D. , Hoisl, Karin, 2013, "Leisure Time Invention", *OrganizationScience*, 5, pp. 1439 - 1458.

[15] Davis, Lee N. , Hoisl, Karin, Jerome D. , Hoisl, 2014, "Spanning the Creative Space between Home and Work: Leisure Time, Hobbies and Organizational Creativity", *DRUID Society Conference* 2014, CBS, Copenhagen, June 16 - 18.

[16] Delmelle, Elizabeth C. , Haslauer, Eva, et al. , 2013, "Social satisfaction, commuting and neighborhoods", *Journal of Transport Geography*, 30, pp. 110 - 116.

[17] Devoto, Florencia, Duflo, Esther, Dupas, Pascaline. etc, "Happiness on Tap: Piped Water Adoption in Urban Morocco", *American Economic Journal: Economic Policy* 2012, 4 (4): pp. 68 - 99.

[18] Farrell, L. , Shields, M. , 2002, "Investigating the economic and demographic determinants of sporting participation in England", *Journal of the Royal Statistical Society*, 165, pp. 335 - 348.

[19] Golden, Brian R. , and Zajac Edward J. , 2001, "When will boards influence strategy? Inclination × Power =Strategic Change", *Strategic Management Journal*,

22，pp. 1087 - 1111.

[20] Gottholmseder, Georg, Nowotny, Klaus, et al. , 2009, "Stress perception and commuting", *Health Economics*, 18, pp. 559 - 576.

[21] Goux, Dominique, Maurin, Eric, and Petrongolo, Barbara, 2014, Worktime Regulations and Spousal Labor Supply. *American Economic Review*, 104 （1）: pp. 252 - 276.

[22] Hamermesh, D. , 2002, "Timing, togetherness and time windfalls", *Journal of Population Economics*, 15, 601 - 623.

[23] Horst H. , S. 2000, "Personality Tests. Profiles and Personality Types, Complete Tests and Exercises. Analyses and Evaluations. 400 Questions", *Gemma Press Publishing House*, Bucharest, 99, pp. 100 - 128.

[24] Humphreys, B. , Ruseski, J, 2009, "The Economics of Participation and Time Spent in Physical Activity", *Working Paper*, 09.

[25] Jahn, Elke J. , Pozzoli, Dario. 2013, "The pay gap of temporary agency workers—Does the temp sector experience pay off?", *Labour Economics*, 24: pp. 48 - 57.

[26] Jessica de Bloom, Simone Ritte, Jana Kühnel, etc. 2014, "Vacation from work: A 'ticket to creativity'? The effects of recreational travel on cognitive flexibility and originality", *Tourism Management*, 44, pp. 164 - 171.

[27] Kidwell, Roland E. , 1993, "Employee Propensity to Withhold Effort: A Conceptual Model to Intersect Three Avenues of Research", *Academy of Management Review*, 18. pp. 429 - 456.

[28] Kranza, Daniel Fernández, Planas, Núria Rodríguez. 2011, "The part-time pay penalty in a segmented labor market". *Labour Economics*, 18: pp. 591 - 606.

[29] Lechner, M. , 2009. "Long-run labour market and health effects of individual sports activities". *Journal of Health Economics*, 28 （4）, pp. 839 - 854.

[30] Leonidas A. Zampetakisa, Nancy Bourantab, Vassilis S. Moustakisa. 2010, "On the relationship between individual creativity and time Management", *Thinking Skills and Creativity*, 5, pp. 23 - 32.

[31] Long, J. , Caudill, S. , 2001, "The impact of participation in intercollegiate athletics on income and graduation", *The Review of Economics and Statistics*, 73, pp. 525 - 531.

[32] Michaud, Pierre-Carl, Vermeulen, Frederic. A collective labor supply model with complementarities in leisure: Identification and estimation by means of panel data. Labour Economics. 2011, （18）: 159 - 167.

[33] Mulvey, Paul W. , Klein, Howard J. , 1998, "The Impact of Perceived Loafing and Collective Efficacy on Group Goal Processes and Group Performance", *Organizational Behavior And Human Decision Process*, 1, pp. 62 - 87.

[34] Rooth, Dan-Olof, 2011, "Work out or out of work—The labor market return to physical fitness and leisure sports activities", *Labour Economics*. 18: pp. 399 - 409.

[35] Rose. John La, 2016, "Unemployment, leisure and the birth of creativity", *The Black Scholar*, 2, pp. 29 - 31.

[36] Ross, Stephen L. Zenou, Yves, 2008, "Are Shirking and Leisure Substitutable? An Empirical Test of Efficiency Wages Based on Urban Economic Theory", *IZA (Institute for the Study of Labor) Discussion Paper*, 2601, 1 - 45.

[37] Sevilla, A. , Gimenez-Nadal, J. , & Gershuny, J. , 2012, "Leisure Inequality in the United States: 1965 - 2003", *Demography*, 49 (3), pp. 939 - 964.

[38] Schwanen, Tim, Dijst, Martin, 2002, "Travel-time ratios for visits to the workplace: the relationship between commuting time and work duration", *Transportation Research Part A*, 36, pp. 573 - 592.

[39] Trnka, Radek, Zahradnik, Martin, Kuška, Martin, 2016, "Emotional Creativity and Real-Life Involvement in Different Types of Creative Leisure Activities", *Creativity Research Journal*, 3, pp. 348 - 356.

[40] Whiting, Whiting, Hannam, Kevin, 2014, "Creativity, self-expression and leisure", *Leisure Studies*, pp. 1 - 14.

[41] Buchanan J. The return to increasing returns [A]. In Buchanan J, Yoon Y (eds). The Return to Increasing Returns, Ann Arbor, The University of Michigan Press, 1994.

[42] Chase E S. Leisure and consumption [A]. in K. Shell (ed.), Essays on the Theory of Optimal Economic Growths [C]. Cambridge: MIT Press. 1967.

[43] Linder: The harried leisure class. New York: Columbia U. P, 1970.

[44] Lucas R E. On the mechanism of econanic development [J]. Journalof Monetary Economics, 1988, 22; 3 - 42.

[45] Lu. , L. &Hu. , C. H. Personality, Leisure Experience and Happiness [J]. Journal of Happiness Studies, 2005, (6).

[46] Mincer J. Labor force participation of married women [J]. in Aspects of Labor Economics, edited by Lewis H. J. , University—National Bureau Conference Series No 14, Princeton University Press, 1962.

[47] Pigou. A. , The Economics of Welfare, London: Macmillan. QuarterlyJournal

of Economics. (1973). Symposium: Time in economic life. Quarterly Journal of Economics, 1920, 87, 4, November. 75 - 627.

[48] Robison, J. P, and Godbey, G. , Time for Life: The Surprising Ways American Use Their Time. , University Park, PA: Penn State Press, 1997.

[49] Ryder H E, Stafford F P, Stephan, P E. Labor, leisure and training over the life cycle [J]. International Economic Review, 1976, 17: 651 - 674.

[50] Zhang Wei-Bin. "Leisure Time, Savings, and Trad Patterns—A Two-Country Growth Model", Economic Modeling, Vol. 12, No. 4, 1995.

[51] Wilensky. , H. L. 1961. uneven distribute of Leisure on Growth: The Impact of Economic Growth on "Free Time" . *Social Problems*, Vol. 9, No. 1, 32 - 56.

[52] Gronau. , R. 1977. Leisure, Home Production and Work: The Theory of the Allocation of Time Revisited. *Journal of Political Economics*, Vol. 85, No. 6, 1099 - 1123.

[53] Juster. , F. T. and Stafford. , F. P. 1991. Work and Leisure: On the Reporting of Poll Results. *Public Opinion Quarterly*, Vol. 55, No. 3, 357 - 359.

[54] Rones. , P. L. and Ilg. , R. E. 1997. Trends in hours of work since the mid - 1970s. *Monthly Labor Review*, Vol. 120, Issue 4, 3 - 15.

[55] Dora. , L. C. 1998. The unequal work day: A long-term view. *The American Economic Review*, Nashville: May. Vol. 88, Issue. 2: 330 - 335.

[56] Zuzanek. , J. Beckers. , T and Peters. , P. 1998. The "Harried Leisure Class" Revisited: Dutch and Canadian Trends in the Use of Time from 1970s to the 1990s. *Leisure Studies*, Vol. 17, 1 - 19.

[57] Pantzar. , Mika and Shove. , E. 2005. Manufacturing leisure. Innovations in happiness, well-being and fun. Helsinki, Finland: National Consumer Research Center.

[58] Niemi, I. & Pääkkönen, H. (2001). Ajankäytön muutokset 1990 - luvulla. Tilastokeskus, Kulttuuri ja viestintä 2001: 6, Helsinki.

[59] Zuzanek, J. & Beckers, T. & Peters, P. (1998). The "Harried Leisure Class" revisited: Dutch and Canadian trends in the use of time from the 1970s to the 1990s, Leisure studies, 17, 1 - 19.

[60] Hiromi Ono, James M. Raymo. 2006. Housework, market work, and doing gender when marital satisfaction declines. *Social Science Research*, 35: 823 - 850.

[61] Jean. , K. and Rachel. , C. 2007. Mothers' Time Choices: Caregiving, Leisure, Home Production, and Paid Work. *Journal of Human Resources*, Vol. 42, No. 3, 643 - 681.

［62］ Michael. , J. and Sabine. , W. 2007. Time is money and money needs time? A secondary analysis of time-budget data in Germany. *Journal of Leisure Research*, Vol. 39, Issue 1, 86 - 109.

［63］ Marie. , C. 2008. Here Comes the Rain Again: Weather and the Inter-temporal Substitution of Leisure. *Journal of Labor Economics*, Vol. 26, Issue 1, 73 - 100.

［64］ Liang, Z. (2008). The Way to Wealth and the Way to Leisure: The Impact of College Education on Graduates' Earnings and Hours of Work. Research In Higher Education, 49 (3), 199 - 213. doi: 10. 1007/s11162 - 007 - 9080 - 5

［65］ B. Humphreys, J. Ruseski. 2009. "The Economics of Participation and Time Spent in Physical Activity, working paper, The Department of Economics, The Institute for Public Economics, and the University of Alberta

［66］ Holder, R. (2009). Redistribution and Inequality in a Heterogeneous Society. Economic, 76 (304), 704 - 718. doi: 10. 1111/j. 1468 - 0335. 2008. 00727. x

［67］ Kuroda. , S, 2010. Do Japanese Work Shorter Hours than before? Measuring trends in market work and leisure using 1976 - 2006 Japanese time-use survey. *Journal of The Japanese and International Economies.* Vol. 24, 481 - 502.

［68］ Scherger, S. , Nazroo, J. , & Higgs, P. (2011). Leisure activities and retirement: do structures of inequality change in old age? Aging & Society, 31 (1), 146 - 172. doi: 10. 1017/S0144686X10000577

［69］ Almudena Sevilla-Sanz, Jose Ignacio Gimenez-Nadal & Cristina Fernández (2010) Gender Roles and the Division of Unpaid Work in Spanish Households, Feminist Economics, 16: 4, 137 - 184, DOI: 10. 1080/13545701. 2010. 531197

［70］ Gimenez-Nadal, J. , & Sevilla-Sanz, A. (2011). The Time-Crunch Paradox. Social Indicators Research, 102 (2), 181 - 196. doi: 10. 1007/s11205 - 010 - 9689 - 1

［71］ Cowling, K. , Poolsombat, R. , & Tomlinson, P. R. (2011). Advertising and Labour Supply: Why Do Americans Work Such Long Hours? International Review Of Applied Economics, 25 (3), 283 - 301.

图书在版编目（CIP）数据

中国服务经济理论前沿. 2 / 夏杰长，刘奕主编. --
北京：社会科学文献出版社，2018.4
（中国经济科学前沿丛书）
ISBN 978 - 7 - 5201 - 1369 - 4

Ⅰ.①中…　Ⅱ.①夏…　②刘…　Ⅲ.①服务经济 - 经
济理论 - 中国 - 文集　Ⅳ.①F719 - 53

中国版本图书馆 CIP 数据核字（2017）第 220529 号

·中国经济科学前沿丛书·

中国服务经济理论前沿（2）

主　　编／夏杰长　刘　奕

出 版 人／谢寿光
项目统筹／邓泳红　陈　颖
责任编辑／陈晴钰

出　　版／社会科学文献出版社·皮书出版分社（010）59367127
　　　　　地址：北京市北三环中路甲 29 号院华龙大厦　邮编：100029
　　　　　网址：www. ssap. com. cn
发　　行／市场营销中心（010）59367081　59367018
印　　装／三河市龙林印务有限公司

规　　格／开　本：787mm × 1092mm　1/16
　　　　　印　张：18.5　字　数：300 千字
版　　次／2018 年 4 月第 1 版　2018 年 4 月第 1 次印刷
书　　号／ISBN 978 - 7 - 5201 - 1369 - 4
定　　价／79.00 元